中国少数民族的差异性研究

丁　赛
李克强
别雍·古斯塔夫森
佐藤宏
瑞萨·汉斯姆斯　等

著

社会科学文献出版社
SOCIAL SCIENCES ACADEMIC PRESS (CHINA)

作者简介

丁　赛　现为中国社会科学院民族学与人类学研究所民族经济研究室主任、研究员、硕士生导师、经济学博士。2009 年至今为美国明尼苏达大学公共事务 Hubert H. Humphrey 研究所兼职研究人员。主要研究领域是发展经济学与劳动经济学，主要研究方向是西部少数民族劳动力流动、收入分配等。迄今已在《中国社会科学》《经济研究》《民族研究》《经济学（季刊）》以及 *The China Quarterly*，*China Economic Review*，*Review of Income and Wealth*，*Feminist Economics* 等 SSCI 外文学术期刊和中文核心期刊发表论文 30 余篇。

李克强　经济学博士，中央民族大学经济学院副院长、教授、博士生导师。主要从事财政理论和中国财政政策问题研究以及中国少数民族地区经济发展问题研究，公开发表论文 80 余篇。

别雍·古斯塔夫森（Björn Gustafsson）　瑞典哥德堡大学社会工作系终身教授、博士生导师。通晓瑞典语、英语、德语。研究领域为发展经济学、劳动经济学、人口经济学。长期从事中国经济发展问题研究，是国际知名的中国经济问题研究专家，并在 SSCI 英文学术杂志发表有关中国研究论文二十余篇。

佐藤宏（Sato Hiroshi）　日本一桥大学副校长，教授、博士生导师。曾担任日本一桥大学经济学院副院长。研究领域为发展经济学、劳动经济学，长期从事中国农村经济问题研究，是国际知名的中国经济问题研究专家。

瑞萨·汉斯姆斯（Reza Hasmath）　牛津大学政治学和哲学博士，曾在牛津大学任教两年，现为加拿大阿尔伯塔大学政治学系副教授。主要研究领域为政府管理和发展战略。

前　言

民族之间的差异性不仅普遍存在于世界各国，而且在各种社会问题中越来越明显。很多不断涌现的经济与社会发展问题，可以通过制定和调整相应的政策措施加以调控、缓解甚至彻底解决。但是从世界范围看，涉及各种肤色、民族意识、语言文字、宗教信仰和方兴未艾的各色移民现象，以及其中关涉的文化多样性因素，则随着时代变迁和社会发展，不断产生新现象和新问题。

中国在经历了三十余年的改革开放、社会转型和经济快速发展后，由民族多样性带来的发展差异性越来越明显，这既是事实也是当下的热点。中国有 55 个少数民族，人口约为 1.14 亿，占全国人口总数的 8.49%；少数民族自治地方面积为 631.73 万平方公里，占国土总面积的 63.72%。随着改革开放的不断深入，民族经济研究在我国逐渐兴起、不断壮大。总体上，民族经济学界始终围绕着民族地区和少数民族两大主题开展分析研究，不断拓宽研究领域。但国内学术界对汉族和 55 个少数民族的差异性研究还很不够。

本书主要基于中央民族大学经济学院与中国社会科学院民族学与人类学研究所在 2012 年共同完成的"西部民族地区经济社会状况家庭调查数据"，着重分析研究不同民族在发展过程中的差异性，尤其是汉族与不同族别的少数民族之间的差异，具体围绕微观的家庭和个体层面，对少数民族的家庭经济生活状况、收入分配、贫困、语言能力与城市劳动力市场的竞争力、农村劳动力转移、幸福感、各类经济政策对家庭生计的影响等问题进行了较为深入的分析研究。本书主要采用定量分析方法，通过对发展过程中不同地域、城乡之间、民族之间的差异性进行微观分析得到更为具体的结果并希望对未来的研究工作有所裨益。国内外对本书所关照内容的定量研究成果还不多见，其主要原因是微观调查数据的获得较为困难。根据目前公开的统计数据只能了解民族地区与非民族地区的差异，无法借此对不同民族的差异性进行深入分析研究。

本书由中外十九名学者共同参与完成，其中既有国际知名的中国经济问题专家，瑞典哥德堡大学别雍·古斯塔夫森（Björn Gustafsson）教授、英国牛津大学经济学院约翰·奈特（John Knight）教授、日本一桥大学副校长佐藤宏（Sato Hiroshi）教授、美国贝兹学院梅玉珍（Margaret Maurer-Fazio）教授、美国鲍登学院瑞秋·可奈尔（Rachel Connelly）教授、法国里昂大学赛尔薇·迪木格（Sylvie Démurger）教授、美国宾夕法尼亚大学艾米丽·汉娜（Emily Hannum）副教授；也有近十年来才开始关注中国问题的美国明尼苏达大学萨缪尔·梅尔斯（Samuel Myers）教授以及其他一些美国、加拿大的中青年学者：格利高理·普瑞斯（Gregory N. Price）教授（美国）、瑞萨·汉斯姆斯（Reza Hasmath）副教授（加拿大）、安东尼·豪威尔（Anthony Howell）博士（美国）、华宇·塞巴斯迪博士（Hua-Yu Sebastian Cherng）（美国）、安德鲁·麦克唐纳（Andrew MacDonald）博士（加拿大）。

中方学者主要有中国社会科学院民族学与人类学研究所所长王延中研究员，北京师范大学长江学者、中国收入分配研究院执行副院长李实教授、中央民族大学经济学院副院长李克强教授、中国社会科学院民族学与人类学研究所民族经济研究室主任丁赛研究员、国家民族事务委员会的李渊呈等。

有十三位外国学者参与了本书各章的撰写，中央民族大学经济学院2014级、2015级硕士生、博士生承担了相应的翻译工作。

全书的具体分工为：

第一章绪论，由丁赛、别雍·古斯塔夫森、瑞萨·汉斯姆斯共同撰写，王博翻译。第二章农村不同民族间收入分配的差距及原因，由丁赛、李克强、别雍·古斯塔夫森共同撰写。第三章民族地区农村青年的语言资本、信息获取和经济机会，由艾米丽·汉娜和华宇·塞巴斯迪博士共同撰写，刘敏翻译。第四章农村老年人工作或退休选择的文化与民族差异比较，由瑞秋·可奈尔和梅玉珍共同撰写，姚志康翻译。第五章农村惠农政策的再分配效应，由佐藤宏和王延中共同撰写，沈韵翻译。第六章农村公共产品供给的变化（2007~2011年），由李克强和佐藤宏共同撰写，郝强翻译。第七章民族地区农村少数民族更贫穷却更幸福？由约翰·奈特、李实和袁畅共同撰写，张凯翻译。第八章城市少数民族的劳动参与和收入比较，由赛尔薇·迪木格撰写，刘韩英男翻译。第九章是否存在少数民族就业收入歧视？——来自西部民族地区城市的证据，由安德鲁·麦克唐纳和瑞萨·汉斯姆斯共同撰写，李大飞翻译。第十章汉族和少数民族城镇收入差距的影响因素，由萨缪尔·梅尔斯、李克强、李渊呈、格利高理·普瑞斯共同撰写，胡若楠翻译。第十一章汉族和少数民族家庭流动模式及影响因素，由安东尼·豪威尔和别雍·古斯塔夫森共同撰写，郭峻翻译。第十二章汉族与少数民族城乡贫困的比较，由丁赛、别雍·古斯塔夫森和佐藤宏共同撰写。

鉴于农村是我国少数民族更加集中居住的地区，本书用六章的内容阐述了农村少数民族和汉族的差异性。其中第二章分析了调查的七个地区内不同民族间的收入差距；第三章探讨了少数民族年轻人的语言能力、信息获得与经济机会的关系；第四章关注了农村不同民族家庭的老年人的退休与就业情况；第五章、第六章讨论了中国农村政策、公共服务提供对不同少数民族家庭经济的影响；第七章是农村不同民族的幸福感研究。本书涉及城市民族间差异的研究共有三章，分别是对不同民族在城镇劳动力市场的就业状况、城市少数民族就业群体中是否存在收入歧视和城市中汉族与少数民族收入差距的分析研究。此外，同时涉及城乡的两章内容为农村不同民族的劳动力转移影响因素比较和城乡不同民族间的贫困状况比较。本书的附录重点介绍了调查数据的情况。

本书从酝酿写作到成稿历时近四年，十九位中外学者为此付出了大量的心血。全书各章既相互独立又有所关联，研究视角新颖、研究方法规范、得到的研究成果具有说服力。

本书是集体辛勤劳动的结晶，不仅要感谢书中十九位中外学者对本书出版所做出的贡献，同时也要感谢"西部民族地区经济社会状况家庭调查数据（2011 年）"（Chinese Household Ethnicity Survey 2011）课题组在数据搜集、整理以及数据分析中提供的大力支持，尤其是中国社会科学院民族学与人类学研究所民族经济室龙远蔚研究员（现已退休）、刘小珉副研究员对本书各章提出的宝贵修改意见。

此外，中央民族大学经济学院院长张丽君教授、中国社会科学院民族学与人类学研究所所长王延中研究员对本书的成稿与出版给予了大力支持，在此我们一并表示深深的谢意。

丁赛　李克强
2016 年 5 月

目　录

第一章　绪论

中国在经历了三十余年的改革开放、社会转型和快速经济发展后，各民族之间的差异性越来越明显，这成了当下研究的热点。中国 55 个少数民族共有人口 1.14 亿，占总人口的比例是 8.49%，主要聚居在 5 个自治区、30 个自治州和 120 个自治县。这些少数民族自治地方，面积占国土总面积的 64% 左右（郝时远，2015）。民族多样性特别是差异性对民族间和睦融洽关系的影响已经成为全球性问题。国内外学界对此的相关研究成果已很丰富，例如，针对非洲裔美国人、西班牙裔美国人和美国白人工资和收入水平不均等的分析研究是美国经济学界的长期热点之一。但是，国内学术界对汉族和 55 个少数民族的差异性研究还很不够。本书主要基于中央民族大学经济学院与中国社会科学院民族学与人类学研究所在 2012 年共同完成的"西部民族地区经济社会状况家庭调查数据（2011 年）"（Chinese Household Ethnicity Survey 2011），着重分析研究不同民族间的差异性，尤其是汉族与不同族别的少数民族之间的差异，具体围绕微观的家庭和个体层面，包括了少数民族家庭的经济生活状况、收入分配、贫困状况、语言能力与城市劳动力市场的竞争力、农村劳动力转移、幸福感以及宏观层面的各类经济政策对不同少数民族家庭生计的影响等问题进行了较为深入的分析研究。

本书的作者为国内外从事中国少数民族问题研究的学者，主要采用定量分析方法，通过对城乡不同地域的民族间差异性的微观分析得到更为具体的结果并希望对未来的研究工作有所启示。同既有的研究成果相比，本书各章所涉及内容的同类国内外定量研究成果还不多见，其主要原因是微观调查数据的获得较为困难。根据目前公开的统计数据只能了解民族地区与非民族地区的差异，无法借此对不同民族的差异性进行深入分析研究。本书所采用的分析数据来自对新疆维吾尔自治区、内蒙古自治区、宁夏回族自治区、广西壮族自治区、青海省、贵州省黔东南苗族侗族自治州和湖南省等七个地区城镇、农村的家庭调查，调查共获得家庭总样本 10516 户，个人总样本 41733 人。

调查样本的分布如下图所示：

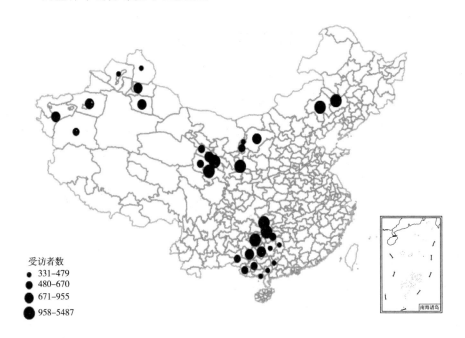

图1-1　调查样本分布示意图

鉴于农村是我国少数民族更加集中聚居的地区，本书用六章的内容阐述了农村少数民族和汉族的差异性。其中第二章分析了调查的七个地区内农村不同民族间的收入差距；第三章探讨了农村少数民族和汉族青年的语言能力、信息获得与经济机会的关系；第四章关注了农村不同民族家庭的老年人的退休与就业情况；第五、六章讨论了中国农村政策、公共服务提供对不同少数民族家庭经济的影响；第七章是对民族地区农村不同民族的幸福感研究。本书涉及城市民族间差异的研究共有两章，第八章比较了劳动力市场中不同民族的就业和收入；第九章分析了民族地区城市劳动力市场是否存在收入歧视。涉及城乡的两章内容为第十一章农村不同民族的劳动力转移影响因素比较和第十二章城乡不同民族间的贫困状况比较。本书的附录重点介绍了调查数据的情况。

本书各章研究了中国不同民族在家庭和个人层面的经济状况差异，主要以下有七点结论。

结论一：调查数据覆盖的七个地区的农村和城市中，不同民族间存在家庭收入差距。

自改革开放后，不同民族间的收入差距在不同空间层面上似乎都有所加剧。第二章的研究重点是西部民族地区的农村。根据"西部民族地区经济社会状况家庭调查数据（2011年）"中的农村汉族、蒙古族、藏族、回族、撒拉族、维吾尔族、哈萨克族、壮族、苗族、侗族、瑶族、土家族之间家庭人均纯收入差距的分析研究，得到：

第一，同一省区内农村汉族与少数民族在家庭纯收入上存在差距。其中内蒙古的蒙古族家庭人均纯收入高于当地汉族家庭，其余地区的少数民族家庭人均纯收入都低于汉族。新疆维吾尔族和广西壮族同当地汉族家庭相比，家庭人均纯收入的差距较为明显。但如果在七个省区内进行比较，维吾尔族家庭人均纯收入和壮族家庭人均纯收入与汉族平均的家庭人均纯收入间的差距显著缩小。在被调查的11个少数民族中，湖南的土家族家庭人均纯收入与七个地区汉族平均的家庭人均纯收入间的差距最大，前者仅为后者的51%。

第二，农村家庭劳动人口的年龄和规模、以生产条件为主的物力资本和以家庭成员共产党员身份为代表的社会资本对家庭人均纯收入产生正向影响，少数民族对当地汉语的掌握水平与家庭人均纯收入相关。家庭中16～60岁劳动人口平均年龄越大、家庭中16～60岁劳动人口比例越高，家庭人均纯收入也越高；家庭16～60岁劳动人口中共产党员的比例所代表的社会资本增加会提高家庭人均纯收入；家庭人均耕地面积越大、家庭所在地区是平原会使家庭人均纯收入增加；而家中不健康劳动人口的比例高和少数民族对当地汉话的掌握水平较低会降低家庭人均纯收入。

第三，农村收入差距的影响因素分解结果表明，家庭人口规模对收入的贡献程度在七个地区都较高；内蒙古、新疆、贵州黔东南州的农村家庭人均耕地面积对当地的收入影响程度较为明显；宁夏、广西农村家庭所处的地区是平原或丘陵使得家庭人均纯收入高于位于山区的农村家庭人均纯收入；青海、贵州黔东南州的农村家庭劳动人口比例，青海、湖南和广西农村家庭劳动人口中共产党员的比例也都对收入差距起到了一定的作用。内蒙古、新疆和广西的少数民族与当地的汉族因民族差异表现出了收入差距。

第十章通过对"西部民族地区经济社会状况家庭调查数据（2011

年）"中的城市调查数据进行加权和校正选择性偏差后发现，在民族地区，城市少数民族家庭比汉族家庭人均收入更高，并且少数民族在家庭人均收入上的这种优势并非来源于少数民族的优惠待遇。在第十章的模型估算结果中，不同民族的变量系数有利于汉族，而不是少数民族。例如，优秀的语言技能对汉族产生积极影响，与之形成对照的是，普通话能力差对少数民族产生更大的负面效应。

相反，城市少数民族享有的明显收入优势归功于这样一个事实：西部民族地区的城市少数民族与这些地区的汉族居民相比，大学毕业率更高、平均年龄更低。很多替代性解释都可以论述这一优势的存在。一种解释是，一些自治区有少数民族大学，并且这些大学优先录取所在区域的少数民族学生。吴晓刚（2012）提出的另一种解释是自治区的城市地区为农村地区少数民族提供创业的可能性。这种创业前景可能弥补城市劳动力市场的歧视性就业障碍。还有另一种猜测是"民俗旅游"是许多城市少数民族地区的收入来源。事实上，一些民族大学已经开设了旅游专业。

总之，城市少数民族家庭收入优势凸显了年轻劳动力从农村向城市转移，显示出活力的重要方面，这一活力揭示了提高教育成果等因素对少数民族的作用。这一优势不能归结为少数民族地区城区反向歧视或优惠待遇的结果。恰恰相反，这一优势似乎是由居住在这些地区的少数民族与汉族的属性的真正差异造成的。

结论二：西部民族地区的农村少数民族尽管比汉族穷，但由于生活方式、文化、人际交往、主观态度的原因，却比汉族感觉更加幸福。

本书的第七章围绕影响主观幸福感的物质和非物质的决定因素的相对重要性进行了分析，通过提出并检验了五个假设后发现少数民族和汉族的幸福感数值是一样的，但考虑到他们更低的收入状况以后，少数民族实际上固有的（即有条件的）幸福感要高于汉族。研究发现的具体结论为：

第一，通过幸福函数的分析得知少数民族变量对其幸福感有直接的正向影响，也就是少数民族比汉族的幸福感更高。然而，较低的绝对收入和在村内的收入位置所体现的相对收入状况减少了少数民族的幸福感，使得少数民族的绝对幸福感和汉族一样。

第二，少数民族幸福函数和汉族幸福函数统计结果出现差异，通过分解分析更准确地测算了少数民族变量对幸福感的影响。汉族拥有较高的以收入为代表的资源禀赋增加了他们的幸福感，但是这种优越性几乎被少数民族对于感受幸福的巨大内在能力所抵消，特别是少数民族从家庭和朋友两个方面显著提升了幸福感。

第三，我们对回族、苗族、侗族、维吾尔族等八个民族的分析显示了他们各自有条件的幸福感分值方面的明显不同。蒙古族、回族和侗族比汉族更加感到幸福，藏族、苗族和壮族则和汉族相差无几，但维吾尔族却没有汉族幸福。这些结果可能反映出文化的不同或者对民族差异认定的不同。主观态度对幸福感很重要，例如，家庭的重要性会显著增加回族的幸福感，收入预期的不足会降低维吾尔族的幸福感。

第四，通过检验，少数民族聚居区内的主体少数民族更幸福这一观点没有被证实。利用幸福函数我们发现村内人口最多的少数民族和非村内人口最多的少数民族的幸福感没有区别。

第五，针对少数民族是否比汉族更不在意物质条件这一观点，第七章进行了相关检验，但没有证实少数民族面对比汉族更低的绝对家庭人均收入前提下对现有家庭人均收入状况更加满意的假设。而可以明确的是，家庭和朋友是少数民族提升其幸福感的两大重要原因。

结论三：不同少数民族青年对国家通用语言——普通话的掌握能力与其获取信息和经济机会息息相关。

一个国家的通用语言是语言资本的核心形式，对国家通用语言的掌握能力在社会分层和流动的过程中有着一定的作用，人们对这种作用知之甚少。第三章以中国西部少数民族地区的农村年轻人为研究对象，试图探究他们获得这种语言资本的方式并阐述拥有这种语言资本对他们的意义。最后得到了三个主要结论：第一，以普通话为标准的语言资本在"西部民族地区经济社会状况家庭调查数据（2011 年）"中有很大的变异性。差距最大的是在新疆，当地汉族居民的普通话能力非常好，但是少数民族居民的普通话能力较差。在其他一些省份，不同民族间的差异非常小。第二，普通话通过网络使用的形式与信息获取密切相关，而少数民族语言与信息获取没有显著的相关关系。第三，少数民族青年的经济机会与普通话能力息息相关，而与少数民族语言能力无关。

虽然这些变量之间排除语言资本对信息获取和就业收入的因果联系后还有复杂的理论关系，但第三章采用的模式提出了一些关于语言和不平等的见解。第一，青年人普通话能力和少数民族语言能力的不同与就业方式的不同存在很大的关系。在 Bourdieu（布迪厄）的概念中，所有语言是为市场产生的也是通过市场存在及表现它具体的属性。不同的"市场"赋予特定的语言产品不同的价值，而"语言共同体中的每一位发言者都拥有一定数量的语言资本"，这让他在特定市场产生被高度重视的表达方式。研究结果表明，普通话水平高的人与少数民族语言水平高的人活跃在不同的语言市场和经济市场，他们各自在未成年早期形成的不同模式可能在整个生命过程得到积累和巩固。

第二，普通话能力与教育相关，例如，人力资本低的人可能更缺乏语言资本。此外，那些经济状况最脆弱的人群，往往是那些缺少教育和没有语言资本的人，他们也更容易缺乏信息。青年人生活中各种各样不利因素的组合代表了不同资本形式——语言、文化、人力、经济和象征等可转换的一面。从 Bourdieu 写的关于欧洲的案例和 Loos 举的例子看，"良好的教育（人力资本和文化资本）意味着掌握好一门外国语言（语言资本），这可能有助于在一家跨国公司获得一份好的工作（经济资本）和获得声望（象征资本）。"在当前情况下，对于农村青年，一个"良好的教育"，其隐含的人力和文化资本可以部分地由普通话能力来体现。对于说方言和少数民族语言的人而言，在劳动力市场上，普通话能力的缺乏可能让人们对他们的其他资本形式质量也产生怀疑，如人力资本和文化资本，从而整体上就损害了他们的"市场"价值。

虽然"西部民族地区经济社会状况家庭调查数据（2011 年）"中对语言能力的测量还不够精确，这个问题的确形成了一个限制性因素。但这种模式的研究结果表明了已被记录的一种常识性的观点，即语言资本在中国的分层过程中可能是很重要的。进一步的研究需要阐明当地环境如教育基础设施、跨文化交流环境、民族语言成分和当地的自然劳动力市场在塑造语言、信息和经济机会之间关系上的作用。此外，对语言资本、劳动力市场差异和语言能力联系的详细研究，会增加我们对语言在中国社会分层过程中的作用的有效理解。最后，非少数民族青年在某些情况下也只有低层次的语言资本阶段。这一发现表明，说方言类似于说少数民族语言，在获取经济机会时也会遇到象征性的或直接的障碍，但是，这些"隐形语言"是很难用当前数据记录的。将来的研究可以进一步探讨方言在教育和劳动力市场中形成的优势和劣势。

结论四：民族地区的农村，绝对贫困和相对贫困标准下少数民族贫困发生率都高于汉族；城市中，绝对贫困标准下少数民族的贫困发生率低于汉族但相对贫困标准下少数民族的贫困发生率高于汉族。

民族地区是贫困人口最多、贫困面积最大、贫困发生率最高的地区，也是 2020 年全面建成小康社会的难点和重点所在。第十二章通过分析研究 2011 年调查数据中的七个地区的汉族和少数民族城乡贫困分布状况和贫困发生的影响因素，得到的主要结论有以下几点。

第一，在绝对贫困标准下，2011 年民族地区农村少数民族贫困发生率高于汉族，城市少数民族贫困发生率低于汉族；城市汉族和少数民族的贫困发生率都比农村要低，城市少数民族的贫困发生率因地区不同与汉族贫困发生率呈现出高低不等的分布，且两者差距低于农村。

FGT 贫困指数通常包括三个，FGT（0）是贫困发生率，FGT（1）是贫困差距率，FGT（2）是平方贫困距。Forster，Greer 和 Thorbecke 在 1984 年提出了该指数农村少数民族贫困发生率 FGT（0）和代表贫困深度的 FGT（1）指数均高于汉族，表明贫困强度的 FGT（2）在除内蒙古和贵州外的其余五个地区也是少数民族高于汉族，其中广西农村汉族和壮族、新疆农村汉族和维吾尔族的绝对贫困发生率差异显著。城市中，湖南、广西的城市少数民族绝对贫困发生率低于汉族，其余五个地区少数民族绝对贫困发生率略高于汉族；同西北相比，南方城市汉族和少数民族的绝对贫困发生率差异略小。

第二，在相对贫困标准下，农村的少数民族贫困发生率明显高于汉族，其总体状况和差异同绝对贫困标准下的状况基本一致。城市相对贫困标准即低收入家庭标准下，七个地区城市汉族相对贫困发生率低于城市少数民族。西北四个省区的城市少数民族相对贫困发生率都高于城市汉族；南方三地的城市汉族相对贫困发生率都高于城市少数民族。城市汉族和少数民族的相对贫困发生率差异在南方三地低于西北四省区。

第三，将贫困人群按年龄划分后发现，民族地区农村 16～60 岁劳动人口的贫困发生率最低，儿童贫困发生率和老年贫困发生率因不同地区和民族表现出了差异性，新疆和广西的三个不同年龄人群的贫困差异最大。在相对贫困标准下，农村三个不同年龄段的贫困发生率差异同绝对贫困标准下的情况大致相同。农村汉族和少数民族之间，除内蒙古汉族的贫困发生率在三个年龄段都明显高于少数民族外；其余地区汉族贫困发生率都基本低于少数民族，尤其是新疆和广西的农村，不同民族贫困发生差异更为显著。

城市绝对贫困标准下，七个地区的城市中不同民族和不同年龄间的差异都明显缩小，且汉族的贫困发生率高于少数民族贫困发生率。总体上，少数民族老年贫困发生率最低，劳动人口贫困发生率居中，儿童贫困发生率最高；汉族劳动人口贫困发生率最低，其次是老年贫困发生率，儿童贫困发生率也是最高。相对贫困标准下七个地区的总体趋势与绝对贫困标准下的状况表现出了一致性。

第四，教育水平的提高、家庭人均耕地面积增加以及相对于山区的平原和丘陵居住地都会减少农村 0 ~ 15 岁儿童、16 ~ 60 岁劳动人口和 60 岁以上老人的贫困发生概率。家中儿童数量、家庭人口规模以及老人与子女或孙子女共同居住都对贫困发生有显著的正向作用。相对于汉族家庭，少数民族家庭的贫困发生概率更高。劳动人口中的社会资本变量都对贫困发生有显著的负向作用，老年人口中该变量不起作用，家庭劳动人口中乡村干部的比例在儿童人口中也有显著的负向作用。

城市劳动人口的人力资本、社会资本的提高和就业会减少贫困发生的可能性；家庭人口规模和不健康的家庭成员比例的上升会增大贫困发生的概率。与农村不同的是，南方城市少数民族家庭相对于汉族家庭的贫困发生可能性更低，而北方少数民族没有表现出比汉族家庭更高的贫困发生可能性。

结论五：民族地区农村公共转移支付中的农业补贴、农村社会保障项目的实施起到了再分配缩小收入差距和减少贫困的作用。而村级公共投资项目中，少数民族村得到了更多的优惠政策，县级政府更重视公共投资的财政效率。

随着中国西部大开发战略的实施和新农村建设，西部民族地区公共投资项目和公共转移支付力度在 21 世纪初明显快速增加。

第五章的研究证实了农村税费改革、农业补贴和农村社会保障项目的实施起到了公共转移支付再分配缩小收入分配差距的作用，彻底扭转了自 20 世纪初期公共转移支付再分配扩大收入分配差距的情况。虽然净公共转移在全部家庭收入中所占份额较小（大约占了全部样本家庭的 5%），却表明长时间倾向于城市的公共政策发生了转变。该章同时还发现了公共转移支付再分配中的民族差异及其对贫困的影响。第一，农产品补贴作为公共转移支付中占比最大的部分，汉族家庭比少数民族家庭受益更多。也就是说，在相同的政策下，汉族家庭相对于少数民族家庭能获得更多的农村产品补贴。此外，少数民族家庭中与人力资本和社会资本的显著性表明对于少数民族家庭获得农业补贴的重要性大于汉族家庭。第二，公共转移支付中的农产品补贴和新型农村合作医疗对少数民族家庭的缓解贫困作用小于汉族家庭。第三，农村最低生活保障制度对少数民族家庭的减贫作用更突出，尤其体现在缩小少数民族家庭间的贫困差距方面。

另外，第五章还发现公共转移支付的平均水平和再分配作用在不同地区存在差异。这些都表明我国农业补贴和社会福利的高度分散，从而形成了公共转移支付在地区和民族间的复杂差异。本章再次证实了林万龙等已论证过的观点，即：公共转移支付越集中，地区和民族均等的效果就越明显。

第六章经过对"西部民族地区经济社会状况家庭调查数据"（CHES）数据中的行政村调查数据分析后发现，在2007～2011年社会主义新农村建设过程中，村级公共投资项目数量明显增多了。从县政府目标、村庄治理以及当地农民的需求对村级公共投资项目的位置选择以及它的财政预算分配结构角度进行解释和估计，得到以下观点。

第一，关于县政府目标，第六章分析发现政府更加偏爱少数民族村庄，同时也更加注重对村级公共投资的财政效率的考虑。第二，一个村庄的社会资本以及乡村自治，影响了公共投资项目的位置分配。第三，关于当地农民的需求，与现有的一些文献相反，没有发现劳动力转移规模提高会减少当地居民对公共投资的利益。相反，结果显示劳动力转移规模提高的同时，当地的公共投资也在增加。

第六章还进行了一个村级公共投资项目的研究案例，阐明了受访家庭儿童所上的完全小学状况。尽管大部分小学都具备基础设施，但还是有相当部分的小学面临危房的问题。对学校整合政策的考察，再一次证明了少数民族村存在优惠政策。

结论六：民族地区城乡劳动力市场中，女性尤其是回族和维吾尔族女性的劳动参与率低。研究表明在劳动力市场没有少数民族收入歧视；如果存在一定的歧视也因为少数民族通过教育水平的提升获得较好的工作机会而得到补偿。

第八章针对民族地区城市劳动力市场进行了分析研究，研究结果表明各民族之间和不同性别在劳动参与和收入方面存在明显差异。第一，各民族女性在就业方面差异明显而男性在收入差距方面尤为明显。第二，各民族在劳动力市场参与方面的差异性十分明显，尤其是女性。控制了区位变量后，回族和维吾尔族女性的工作可能性较低，与之相比的是哈萨克族女性，她们的工作可能性显著高于维吾尔族女性。其他民族没有表现出与汉族的显著差异。有趣的是，对于维吾尔族和哈萨克族来说，如果他们是当地的主体民族，那么其参加劳动的可能性会减少；特别是哈萨克族的边际负效应十分大，超过了边际正效应的补偿。第三，通过收入方程的测算，我们发现当一个民族是当地主体民族时，这种民族之间的收入差距对他们是不利的。对于回族、土家族、维吾尔族、哈萨克族、壮族、苗族、瑶族来说，当地主体民族的男性通常收入会更低一些。最后，分解结果表明，即使将个人特点设为常量，还有一些不能解释的差异存在于土家族和维吾尔族男性身上。

第八章的研究结果也和第九章有所呼应，且第九章的内容也补充了对上述问题的理解。最后，应该注意到 2011 年"西部民族地区经济社会状况家庭调查数据"也仅集中在 7 个样本地区。所以，得到的研究结果并不能够在总体上概括西部民族地区的城市和中国城市劳动力市场状况，尤其要指出的是，在这里与各民族比较的汉族并不能完全扩展为中国城市地区的汉族。

关于劳动力市场尤其是城市劳动力市场是否存在对少数民族劳动力歧视的讨论一直在持续。很多少数民族自己也表示由于民族身份的缘故在找工作和适应工作的过程中遇到很多困难。第九章的分析研究结果证实，在劳动力市场不存在少数民族收入歧视；如果存在一定的歧视也会因为少数民族通过教育水平的提升获得较好的工作机会而得到补偿。第九章通过使用收入回归模型发现少数民族全体特别是 45 岁以下的少数民族，几乎不存在收入歧视。对于"有差异"的少数民族，尤其是 45 岁及以上的人群，他们的少数民族地位会影响收入，表现出一定的收入歧视。但少数民族精英群体通过良好教育的补偿方式获得了较高的工作收入。

从公共政策的角度来看，少数民族的优惠政策需要更加集中，优惠范围应只针对贫困少数民族，帮助他们提高教育水平。从更大的意义上说，这些结果有力地表明了少数民族对待就业竞争的反应策略，他们积极地寻求替代途径和策略，以实现在就业市场的成功。

第四章论述了生活在七个少数民族地区中农村老人劳动参与退休的生活变化。对于老年女性，与成年子女共居将会改变他们的劳动参与，即远离以市场为导向的非农劳动，更多从事以当地为导向的农业劳动。对于老年男性来说，并没有表现出这种倾向。

模型结果显示，除教育变量之外，最能影响调查地区农村老年人劳动参与的变量是年龄、是否残疾、是否寡居和少数民族身份。相比大多数的少数民族，汉族老年男性将会更少地参与劳动；但不同的少数民族中，老年男性的劳动参与比例有很大差异。对于女性老年人来说，回族和藏族相比汉族参与劳动比例更低，但是蒙古族、苗族、壮族、侗族、土家族将更有可能参与劳动。土家族和汉族之间的差异在男性和女性中表现得十分突出。维吾尔族在少数民族中较为独特，在调查数据中，维吾尔族老年女性参加劳动的比例很低，而老年男性则相反。通过分解研究发现，如果不考虑文化因素，汉族应比其他少数民族有更多的劳动参与。但调查数据显示，少数民族老年男性和女性的劳动参与比例超过汉族，唯一的原因应该是文化的差异。

第四章的结论对于农村劳动力转移、老龄化和社会保障问题的解决和政策制定也许能有一定的启示。随着农村劳动力转移速度的加快，农村老年人很快会发现他们较之从前继续从事劳动的可能性会大大提高。是否寡居和年龄会对老年人选择从事市场性工作或退休形成显著影响。政策制定者需要考虑当寡居的老年人真正意识到他们独自在农村生活时会发生什么。同时也需要注意老年人在年龄不断增长过程中，文化对其工作、生活安排的影响。

结论七：西部民族地区大多数少数民族家庭与汉族家庭相比，在劳动力流动上有着参与少、时间短的共同特点。

第十一章的分析集中于西部民族地区不同少数民族的农村劳动力流动。总体而言，家庭劳动力的流动在不同少数民族中有所不同，且受到家庭特点的影响。在一般情况下，虽然有着家庭特征的影响，但大多数少数民族家庭与汉族家庭相比，在劳动力流动上有着参与少、时间短的共同特点。对此的解释至少有两方面：第一，少数民族群体因个人或文化偏好选择不进行流动，或流动的时间较短。第二，少数民族群体对流动成本的预期比汉族家庭高，如缺乏市场中的目标信息，或在市场上感觉到被歧视。少数外出流动者面临更高的寻找工作机会的成本，这同样可以解释为何其流动的持续时间较短。也就是说，如果少数民族群体在目标区域中寻找工作不成功，大多会选择重返原住地。

　　在进一步分析某些家庭人力资本和有形的物质资本的变化是否将促进少数民族流动率接近汉族流动率时发现，增加教育程度，例如提高维吾尔族和侗族的受教育年限将会增加流动概率。鼓励苗族和其他少数民族参与本地非农就业也会增加他们的流动概率。很明显，在某些情况下改善少数民族家庭的人力资本和有形资本会增加其流动率。这些发现关乎农村劳动力转移政策，将增加少数民族流动的积极性以提高在贫困偏远地区的农村少数民族的福利。

参考文献

　　Wu，Xiaogang，and Guangye He. 2014. "Changing Ethnic Stratification in Contemporary China." *University of Michigan PSC Research Report*，*Ann Arbor*，*MI*

　　赦时远，2015，《民族区域自治：中央民族工作会议讲了什么?》，《中央民族大学学报（哲学社会科学版）》第 2 期。

第二章 农村不同民族间收入分配的
差距及原因

我国收入差距的不断扩大是改革开放以来的基本特征。收入差距扩大的问题已经引起了学术界、国际组织、政府机构、媒体和公众的广泛关注。众所周知，我国的经济地理环境差异很大，西部地区，特别是少数民族聚居地区的经济社会发展程度与内地、东南沿海地区存在着显著的差距。西部民族地区贫困人口集中、贫困发生率较高是长期存在的现实，并已成为我国扶贫开发工作的重点和难点。从收入分配的角度看，不同民族之间存在收入差距已成为基本事实，由此产生的社会摩擦和冲突也时有发生（丁赛，2013）。

与地区间差异相比，同一地区不同民族间的收入分配差距可能对当地的社会经济发展及民族关系影响更显著。在对未来收入差距可能依旧在高位徘徊的预期下（宋晓梧等，2013），为加快民族地区全面建成小康社会的进程，分析研究民族地区尤其是少数民族聚居更加集中的农村地区内不同民族间的收入差距状况及影响因素，也就具有很强的现实意义和学术价值。

一 研究文献回顾

目前，存在以性别、民族、区域等划分的不同群体间的收入差距的经济不平等状况，是世界上任何一个国家都无法回避的事实和难题。2007年，美国白人平均财富净值是黑人的 15 倍（新浪财经，2011）。由美国少数族裔受教育程度和语言能力上的弱势导致的劳动力市场分割，表现为少数民族与白人的就业收入差距在近年来不断扩大（Judith K. Hellerstin and David Neumark，2008）。世界银行研究报告也显示，拉丁美洲的玻利维亚、巴西和委内瑞拉的不同族裔都存在不同程度的收入差距，且上述各国内部不同族裔之间的收入差距对全国总收入差距的影响幅度都在 10% 左右（David de Ferranti 等，2004）。新加坡 1980 年的基尼系数已高达 0.44。之后因实行了全国公平性的教育制度和公共房屋计划从而使得不同族裔之间的收入差距在 1980～1990 年明显缩小，其整体基尼系数也略有下降（R. Quinn Moore，Ann Arbor，2000）。但 1998 年后新加坡的基尼系数大幅增加，2007 年已达 0.48（新华网，2013）。相应的，不同民族间的收入差距也随之扩大并对社会稳定产生了负面影响。

关注与讨论收入分配问题在我国学界由来已久，城乡分割是我国经济二元结构的重要特征并因户籍制度这堵"无形之墙"造成了就业分割（吴晓刚、张卓妮，2014），从而导致了城乡居民之间的收入差距长期居高不下。学界有关我国城乡之间、城乡内部、行业之间、性别之间的收入差距研究不断深入。

对于不同地域不同民族间的收入差距研究表明：1988～1995 年，全国范围内汉族和少数民族间的人均收入差距虽然在扩大，但小于同期东西部地区之间人均收入差距的扩大幅度，造成汉族和少数民族收入差距的主要原因是地理环境不同和以往的历史原因（Björn Gustafsson and Li Shi，2003）。

2002 年中国家庭收入调查（CHIP）数据对全国 756 个汉族行政村和 151 个少数民族行政村分析研究后发现，少数民族村年人均纯收入低于汉族村 37 个百分点，较全国平均水平低 31 个百分点。少数民族村和汉族村的年人均纯收入差距在东北地区最小，其次是西北，在西南地区差距最大（丁赛，2006）。利用中国社会科学院民族学与人类学研究所 2006 年宁夏回族自治区的社会经济调查数据，对宁夏城镇劳动力市场中汉族和回族的就业收入进行分析研究，发现两者之间的收入差距微乎其微，表明了在同一地区内部由民族因素带来的劳动力市场分割并没有导致明显的民族之间的收入差距。研究证实，如果在一个更大的区域内发现民族之间的收入差距，特别是汉族收入高于少数民族，那么这种差距主要是由不同地区的不同民族人口分布差异引起的。而且，长期以来政府实行的各种少数民族优惠政策使得回族身份不仅没有受到收入决定上的歧视，反而有助于其获得更高的收入报酬（丁赛，2012）。

基于 1995 年、2002 年和 2007 年中国家庭收入调查（Chinese Household Income Project，CHIP）数据，以民族和性别两个交叉视角分析研究城镇劳动力市场就业收入后发现，城镇少数民族与汉族之间的就业收入比值在 1995 年是 91.3%，在 2002 年缩小至 98.1%，而 2007 年又扩大至 87.4%，少数民族女性的就业收入波动是造成收入差距缩小至扩大的主要原因（李实、佐藤宏、史泰丽，2013）。依据 2006 年和 2011 年宁夏社会经济调查数据，宁夏农村、城市以及农村和城市中的汉族和回族的收入差距在 2006 至 2011 年间都明显扩大。研究证实了宁夏城乡汉族和回族之间的收入差距对总体收入差距的贡献非常小，汉族内部和回族内部的收入差距是造成宁夏城乡居民收入差距的主要原因。此外，农村汉族和农村回族居民的财产性收入和家庭经营净收入具有收入不平等的扩大效应，工资性收入和转移收入具有不平等的缩小效应。宁夏城镇中汉族和回族的工资性收入具有扩大家庭人均可支配收入不平等的效应（丁赛，2013）。

综观 55 个少数民族、5 个自治区、30 个自治州、120 个自治县，虽然客观存在不同民族之间、不同地区之间的收入差距，但是基于微观数据的具体分析研究还不是很多。上述研究成果也未能全面体现我国民族地区和各个民族之间在收入分配上的差异。为此，中央民族大学经济学院与中国社会科学院民族学与人类学研究所民族经济研究室在 2012 年共同组织了"西部民族地区经济社会状况家庭调查数据"课题组，目的是为研究少数民族地区经济社会发展问题提供可靠的数据支持，同时通过对调查数据的挖掘和分析为少数民族地区经济社会发展提供理论基础（李克强、龙远蔚、刘小珉，2014）。根据调查数据，课题组对西部民族地区农村家庭收入按调查涉及的民族七省区、西北、西南以及汉族、蒙古族、回族等 12 个民族的家庭收入结构、收入差距进行了统计描述分析并在民族之间加以比较。分析结果显示，西部农村地区汉族家庭人均收入高于少数民族家庭人均收入，西北四省区（新疆、青海、内蒙古、宁夏）的家庭人均收入高于西南三省区（广西、湖南、贵州黔东南苗族侗族自治州）。本章的研究也基于"西部少数民族地区经济社会问卷调查"数据，与上述描述统计分析有所不同的是，本章将着重分析研究影响收入差距的原因。

在具体分析之前，通过调查数据我们可以对七个地区的民族交往、交流情况有所了解。

调查中询问了受访者最好的三个朋友的民族身份，这一问题也常常用

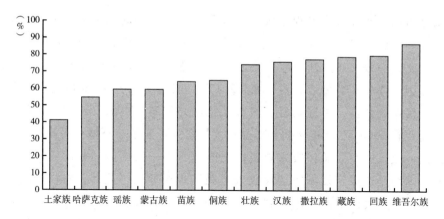

图2-1 最好的三个朋友都是本民族的农村受访者所占比例

注：图中结果根据调查数据计算得到。

于分析民族交往的程度。图2-1给出了七个地区不同民族的回答情况。土家族受访者中回答三个最好的朋友都是本民族的比例只有41%，是12个民族中最低的。维吾尔族受访者中该比例最高达到了86%。总体上，南方少数民族的跨民族交往更为普遍。

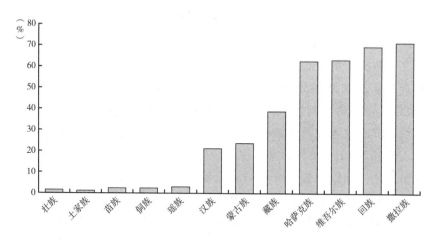

图2-2 反对儿女与其他民族通婚的农村受访者比例

注：图中结果根据调查数据计算得到。

图2-2是农村少数民族受访者对儿女与不同民族通婚的态度情况，南方少数民族反对不同民族通婚的比例在3%以下，而北方少数民族特别是哈萨克族、维吾尔族、回族和撒拉族都超过60%。

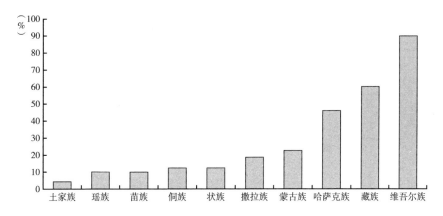

图 2 - 3　家中成年人当地汉语方言能力差的平均比例

我国的 55 个少数民族大多有自己的民族语言，图 2 - 3 中南方的土家族、瑶族、苗族、侗族和壮族受访家庭中成年人当地汉语方言能力差的比例较低，而藏族受访家庭中该比例达到了 59%；最高的是维吾尔族农村受访家庭，该比例达到了 89%。这也说明在调查地区农村，藏族和维吾尔族受访者的汉语能力存在一定的问题。

二　研究数据和对收入的界定

"西部民族地区经济社会状况家庭调查数据（2011 年）"（Chinese Household Ethnicity Survey 2011）是对新疆维吾尔自治区、内蒙古自治区、宁夏回族自治区、广西壮族自治区、青海省、湖南省和贵州黔东南苗族侗族自治州七个地区的城镇、农村家庭调查。本次调查由中央民族大学经济学院和中国社会科学院民族学与人类学研究所民族经济研究室于 2012 年 6 月共同完成。

"西部民族地区经济社会状况家庭调查数据（2011 年）"虽然获得了农村家庭样本 7257 户，农村个人样本 31671 人，涵盖了七个地区 81 个县 757 个行政村，12 个具体民族。从代表性而言，调查数据可以反映出西部民族地区的概貌，但本身并不能完全代表西部民族地区的各民族。为此，本文采用了加权方法进行调整。权数的确定采用了学界惯用的人口加权，即以省级为单位利用 2010 年人口普查数据，以调查样本中的 12 个民族在各省的人口比例为权重进行了相应的调整。

表 2 - 1　调查样本的具体分布

单位：人

民族＼地区	内蒙古	青海	宁夏	新疆	湖南	广西	贵州黔东南苗族侗族自治州	总　计
汉族	2740	1762	2170	1180	1072	1614	956	11494
蒙古族	838	—	—	—	—	—	—	838
回族	—	884	1919	112	—	—	—	2915
藏族	—	1480	—	—	—	—	—	1480
维吾尔族	—	—	—	2264	—	—	—	2264
苗族	—	—	—	—	1500	399	2634	4533
壮族	—	—	—	—	—	1730	—	1730
侗族	—	—	—	—	712	257	1439	2408
瑶族	—	—	—	—	—	434	—	434
土家族	—	—	—	—	736	—	—	736
哈萨克族	—	—	—	486	—	—	—	486
撒拉族	—	444	—	—	—	—	—	444
其他少数民族	41	162	60	51	338	283	325	1260

数据来源：西部民族地区经济社会状况家庭调查数据（2011 年）。

本章对西部农村不同民族间收入差距的分析将着重在同一地区展开，究其原因主要有：第一，本次七个省区中每一地区的随机抽样调查样本量在近 100 个行政村的 1000 户左右，加上利用人口权重的调整，调查数据的省区级代表性很强。同时，七个省区间的经济、社会、自然环境等差异较大，且民族分布情况也各有不同，在同一省区内不同民族间的比较更为精确。第二，相对于大的区域如东部、中部和西部，现实中人们更关注的是生活区域内如所在省区内的不同民族间的收入差距。第三，之前的研究表明，从全国范围看，不同民族间的收入差距主要源于地区差距和自然环境的不同，这两个原因是无法改变的现实。限定在同一省区内的比较研究更能关注到不同民族间的人力资本、社会资本、生产条件、民族文化上的差异所导致的收入分配差距，这也是本章分析的重点。

本章沿用了课题组对少数民族家庭和家庭收入组成的定义。由身份证信息可对应个人的民族身份，而对民族家庭的区分中如果家庭内一半以上的家庭成员为少数民族的，该家庭被认定为少数民族家庭；如果家中成员的民族身份不同一，则以户主的民族身份进行界定。和国际惯例相比，国家统计局对家庭收入的定义中缺少了人均自有住房的估算租金,本章分析研究的家庭收入均包括了工资性收入、家庭经营性收入(家庭农业经营收入和家庭非农经营收入)、财产性收入、转移收入、自有房屋的估算租金价值和杂项收入。

表 2-2 七个地区农村家庭人均收入及组成

家庭人均收入各项	平均收入(元)	所占比例(%)
家庭人均农业经营收入	2478.8	41.3
人均工资性收入	1698.0	28.3
人均自有住房的租金收入	678.1	11.3
家庭人均非农经营收入	513.0	8.5
人均财产性收入	98.2	1.6
人均净转移支付	434.0	7.2
其他收入	106.4	1.8
家庭人均收入总计	6006.6	100.0

注:根据调查数据计算得到。

上表给出了七个调查地区的农村家庭人均收入为6006.6元及具体组成情况,其中家庭农业经营收入占比最高,达到了41.3%;位居第二的是工资性收入,达到了28.3%;自有住房的租金收入也有11.3%,净转移支付占7.2%,其他收入和财产性收入的比例都很低。

对不同民族间收入差距原因的分析将采用建立收入函数并进行 OLS 线性回归的方法,具体计算公式为:

$$Y = \alpha + \beta(X_i) + \gamma Family \cdot Language \cdot Capability + \lambda_j + \eta_j + \varepsilon$$

其中 Y 是被解释变量,表示家庭年人均纯收入。解释向量 X_i 包括的家庭成员和家庭特征变量为:家中16~60岁劳动人口的平均年龄、家中16~60岁劳动人口的平均受教育年限、家庭规模、家中16~60岁劳动人口比例、家中16~60岁男性劳动人口比例、家庭16~60岁劳动人口中党员的比例、家庭16~60岁劳动人口中村级或村级以上干部的比例、家庭16~60岁劳动人口中身体不健康的比例、家庭人均耕地面积、家庭所在地势(平原、丘陵、山区)。

Family · Language · Capability 解释变量是一个交互项,代表拥有本民族语言的少数民族家庭内劳动人口中掌握当地汉语方言的程度。λ_j 表示不

同民族家庭的虚拟变量；η_j 表示不同地区的虚拟变量；ε 表示该回归模型的残差项。

本文所关注的不是各收入分项对收入差距的影响，而是影响收入的不同因素对收入差距的具体作用程度。为此，本文选择了基于收入函数的分解方法，以测度收入函数解释变量对不同民族间家庭人均纯收入差距的影响。

三　数据分析结果

和汉族相比，少数民族在收入分配上处于弱势地位的判断主要是根据对整个民族地区数据分析得到的结论。全国 14 个集中连片特困地区中有 11 个地区位于民族地区。近些年来，虽然民族地区经济增速快于全国平均水平，但与发达地区的差距仍在拉大；综合经济实力显著增强，但自我发展能力仍然薄弱。

表 2 – 3　不同地区不同少数民族家庭与汉族家庭的收入差异

地区	内蒙古	青海	宁夏	新疆	湖南	广西	贵州	七地区
汉族家庭人均纯收入（元）	7333.78	6520.83	7202.56	15803.52	3649.66	7644.35	4996.18	7246.77
不同地区汉族家庭人均纯收入同七地区汉族家庭人均纯收入均值的比值	1.01	0.90	0.99	2.18	0.50	1.05	0.69	1.00
不同地区少数民族家庭人均纯收入同汉族家庭人均纯收入的比例								
蒙古族	1.19							1.20
回族		0.84	0.85	0.80				0.83
藏族		0.92						0.83
撒拉族		0.71						0.64
维吾尔族				0.31				0.67
哈萨克族				0.69				1.48
苗族					0.85	0.44	0.91	0.62
侗族					0.94	0.52	0.93	0.64
瑶族					0.89	0.81		0.75
土家族					0.97			0.51
壮族						0.67		0.70

注：表中数据是经过人口加权调整后的结果。

表 2－3 中的数据显示，以相同地域的汉族家庭人均纯收入为比较对象，内蒙古农村的蒙古族家庭人均纯收入高出内蒙古的汉族家庭人均纯收入 19%；青海的回族、藏族和撒拉族的农村家庭人均纯收入分别是青海农村汉族家庭人均纯收入的 84%、92% 和 71%；宁夏回族农村家庭人均纯收入是当地汉族家庭的 85%；新疆的回族、维吾尔族和哈萨克族农村家庭人均纯收入分别是新疆汉族家庭的 80%、31% 和 69%，新疆之所以会出现如此大的收入差距与调查样本中的汉族主要集中在北疆，维吾尔族主要集中在南疆，同时南疆北疆的经济发展水平明显不同有直接关系；湖南的苗族、侗族、瑶族和土家族农村家庭人均纯收入与当地汉族家庭相比，分别是汉族家庭人均纯收入的 85%、94%、89% 和 97%；广西也属于民族间差距较大的地区，苗族、侗族、瑶族和壮族农村家庭人均纯收入与当地的汉族家庭相比，只占到了 44%、52%、81% 和 67%；贵州黔东南的苗族和侗族是当地汉族家庭人均纯收入的 91% 和 93%。不同地区汉族家庭人均纯收入分别与七个地区汉族平均家庭人均纯收入相比，新疆汉族的家庭人均纯收入最高，其次是广西和内蒙古，贵州黔东南和湖南位居最后两位。以七个地区的平均值为单位进行汉族和不同少数民族家庭人均纯收入相比后发现，哈萨克族、蒙古族的家庭人均纯收入高出了七个地区汉族平均家庭人均纯收入，其他少数民族的家庭人均纯收入都低于汉族；但和同一地区比较，维吾尔族、壮族的家庭人均纯收入与汉族家庭的人均纯收入差距明显缩小。

为便于比较，本文根据七个地区家庭自有住房的租金收入估算了全国农村的自有住房人均租金收入，从而得到了与本章家庭收入定义相同的全国农

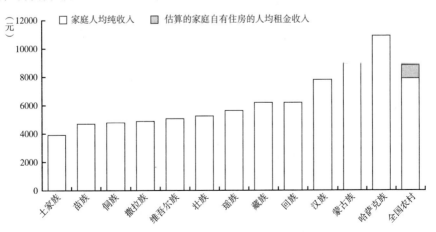

图 2－4　七个地区不同民族家庭人均纯收入情况

村家庭人均纯收入。从图2-4可知调查的七个地区的蒙古族（8721元）和哈萨克族家庭人均纯收入（10692元）高于全国农村家庭人均纯收入，其他包括汉族在内的十个民族家庭人均纯收入都低于全国农村，其中主要位于湖南湘西农村贫困地区的土家族家庭人均纯收入最低，只有3691元。

表2-4的数据显示，七个调查地区中少数民族农村家庭人均纯收入总体上低于汉族家庭，前者相当于后者的67%。少数民族家庭在山区的比例显著高于汉族；影响家庭经济状况的人均耕地面积、受教育年限、家庭人口、家庭劳动人口成员比例、家中党员比例，汉族都好于少数民族家庭；而在家中劳动年龄男性比例、家中乡村干部比例、家中不健康成员比例等方面，少数民族家庭略优于汉族家庭，但差异不大。

表2-4　七个调查地区农村汉族和少数民族的家庭特征

变量	全体		汉族家庭		少数民族家庭	
	均值	标准差	均值	标准差	均值	标准差
家庭人均纯收入（元）	6022.78	6596.396	7597.80	7254.851	5112.82	5998.693
家庭所在地势为平原的比例（%）	23.25	0.422	29.11	45.431	19.86	0.399
家庭所在地势为丘陵的比例（%）	16.78	0.374	29.19	45.467	9.61	0.295
家庭所在地势为山区的比例（%）	59.97	0.490	41.69	49.307	70.52	0.456
家庭人均耕地面积（亩）	3.44	7.540	5.65	10.457	2.16	4.697
家庭成员（16~60岁）的平均受教育年限（年）	7.67	2.740	8.00	2.810	7.48	2.681
家庭成员（16~60岁）中身体不健康的比例（%）	4.14	16.301	4.47	17.519	3.94	15.551
家庭成员（16~60岁）中汉语方言水平差的比例（%）	14.70	32.569	0	0	23.20	38.426
家庭成员（16~60岁）中是党员的比例（%）	4.22	10.746	5.05	12.440	3.74	9.601
家庭成员（16~60岁）中是乡村干部的比例（%）	5.05	18.098	4.66	17.254	5.27	18.564
家庭成员（16~60岁）的平均年龄（岁）	35.70	7.021	36.65	8.117	35.15	6.236
家庭人口（人）	4.88	1.693	4.52	1.537	5.09	1.744
家庭中有16~60岁成员的比例（%）	69.44	22.720	72.32	23.687	67.78	21.971
家庭成员中有16~60岁男性的比例（%）	50.83	16.327	50.00	16.902	51.32	15.966
样本量	31001	—	11352	—	19649	—

注：表中结果根据调查数据计算得到，剔除了无法确认汉族或少数民族家庭的样本。

表 2 - 5 七个地区农村家庭人均收入函数的 OLS 回归结果

变量	系数值	标准差	T 值	P > |t|
家庭所在地区为平原（0,1）	4196.924	140.317	29.91	0.000
家庭所在地区为丘陵（0,1）	1717.066	120.689	14.23	0.000
家庭人均耕地面积	223.869	7.457	30.02	0.000
家庭人均耕地面积的平方	- 0.526	0.055	- 9.5	0.000
家中劳动人口的平均受教育年限	- 219.005	43.990	- 4.98	0.000
家中劳动人口的平均受教育年限的平方	26.588	3.157	8.42	0.000
家庭劳动人口中不健康的比例	- 13.757	2.023	- 6.8	0.000
少数民族家庭劳动人口汉语方言差的比例	- 7.734	1.596	- 4.85	0.000
家中劳动人口党员的比例	35.153	3.175	11.07	0.000
家中劳动人口中乡村干部的比例	5.675	1.839	3.09	0.002
家中劳动人口的平均年龄	22.549	20.632	1.09	0.274
家中劳动人口平均年龄的平方	- 0.142	0.296	- 0.48	0.632
家庭人口规模	- 1156.868	46.473	- 24.89	0.000
家庭人口规模平方	45.395	2.661	17.06	0.000
家中劳动人口的比例	11.831	1.634	7.24	0.000
家庭劳动人口中男性的比例	6.192	2.154	2.87	0.004
家庭劳动人口中身体不健康的比例	- 13.757	2.023	- 6.8	0.000
蒙古族家庭	1847.026	225.850	8.18	0.000
回族家庭	- 30.001	141.298	- 0.21	0.832
藏族家庭	281.478	211.627	1.33	0.184
维吾尔族家庭	- 4935.474	251.291	- 19.64	0.000
苗族家庭	- 618.728	140.304	- 4.41	0.000
壮族家庭	- 1245.764	185.638	- 6.71	0.000
侗族家庭	- 541.035	159.317	- 3.4	0.001
瑶族家庭	- 591.385	232.147	- 2.55	0.011
土家族家庭	- 39.721	243.808	- 0.16	0.871
哈萨克族家庭	1774.950	305.896	- 5.8	0.000
撒拉族家庭	- 299.253	316.597	- 0.95	0.345
其他少数民族家庭	- 2334.926	216.226	- 10.8	0.000
内蒙古	- 3783.523	194.434	- 19.46	0.000
青海	925.254	171.997	5.38	0.000
宁夏	- 1008.963	173.481	- 5.82	0.000
新疆	928.289	250.394	3.71	0.000
湖南	- 1959.275	126.199	- 15.53	0.000
广西	189.307	152.965	1.24	0.216
截距	7794.793	334.200	23.32	0.000
样本量	31001	—	—	—
可调整的 R²	0.2483	—	—	—

注：表中相应的参照组为家庭劳动人口中女性的比例、山区，汉族、贵州黔东南州。

　　回归结果中大部分的变量都是显著的，位于山区的家庭人均收入显然要低于平原和丘陵地区；家庭人均耕地多家庭人均收入也就越高，但显然两者之间是非线性关系。回归系数为负的变量有：家庭劳动人口受教育年限、家庭劳动人口中不健康的比例、家庭劳动人口中汉语能力差的比例。用于表明社会资本的两个变量——家庭劳动人口中党员和乡村干部的比例都明显与家庭人均收入相关，两相比较，党员的影响更大些。表中的人口特征变量都与家庭人均收入有相关性，家庭人口规模的回归系数为负且与家庭人均收入是非线性关系；劳动人口的平均年龄、家中劳动人口的比例、家庭劳动人口中男性的比例都对家庭人均收入有正影响。不同的少数民族家庭和汉族家庭相比，蒙古族、哈萨克族家庭人均收入高于汉族；维吾尔族、苗族、壮族、侗族、瑶族和"其他少数民族"这七类少数民族家庭的回归系数统计显著并为负值，表明其家庭人均收入低于汉族。在此基础上，我们又对七个地区分别进行了收入函数的回归分析，限于篇幅此处不再细述，具体结果详见附录。

　　为了更深入了解不同民族家庭人均收入不均等的影响因素，我们着重对七个地区分别进行分析探讨。

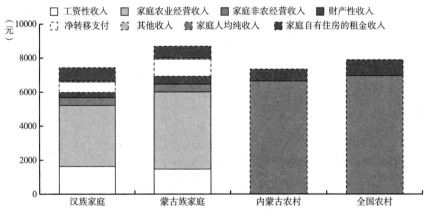

图 2－5　内蒙古自治区不同民族家庭收入组成

说明：图中结果根据调查数据计算得到。

　　由图 2－5 可知，根据本章统一的家庭人均收入定义，在内蒙古调查区域内的农村受访汉族家庭人均纯收入与内蒙古农村家庭人均纯收入基本一致，略低于全国农村水平；农村蒙古族受访家庭人均纯收入高于汉族家庭，同样也高于内蒙古农村和全国农村的平均水平。图 2－5 中家庭人均收入的各组成部分表明，汉族受访家庭和蒙古族受访家庭的农业经营收入占比很大，是收入的主要来源；工资性收入、财产性收入、家庭非农经营收入、家庭自有住房的租金收入和其他收入的比例差异不大，净转移支付收入在蒙古族受访家庭中所占比例大于汉族受访家庭。

表 2 - 6　内蒙古自治区蒙古族家庭和汉族家庭收入差距的分解结果

变量	对不同民族家庭收入差距的贡献	
	数量（元）	百分比（%）
家庭所在地势	- 90.6	- 7.1
家庭人均耕地面积	89.8	7.0
人力资本	- 133.3	- 10.4
其中：教育年限	164.7	12.9
汉语方言能力	- 298.0	- 23.0
社会资本	7.3	0.6
人口特征	- 649.2	- 50.7
其中：家庭人口和家庭人口的平方	- 626.1	- 48.9
民族	2055.9	160.6
合计	—	100
家庭人均收入差距	1280	—

注：表中结果基于内蒙古调查数据并对收入函数计算后得到。

表 2 - 6 中根据收入函数得到的内蒙古调查地区蒙古族受访家庭和汉族受访家庭的收入差距分解结果表明，蒙古族受访家庭人均收入高于汉族受访家庭，其中蒙古族家庭的家庭人均耕地面积、社会资本和蒙古族身份对家庭收入差距都起到了扩大的作用。

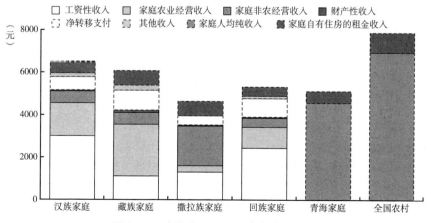

图 2 - 6　青海省不同民族家庭收入组成

说明：图中结果根据调查数据计算得到。

青海省调查地区受访的汉族家庭、藏族家庭和回族家庭人均纯收入都超过了青海农村平均家庭人均纯收入，但明显低于全国农村平均水平；撒拉族受访家庭的人均纯收入是四个民族家庭中最低的，同时也低于青海农村和全国农村的平均水平。汉族家庭的工资性收入最高，其次是回族家庭，藏族家庭的工资性收入最低，相应的家庭农业经营收入占比最高；撒拉族的家庭农业经营收入占比最低但家庭非农经营收入占比明显高于其他三类家庭。净转移支付中藏族受访家庭和回族受访家庭所占比例较高。

表 2 - 7　青海省不同民族家庭和汉族家庭收入差距的分解结果

变量	对回族和汉族家庭收入差距的贡献		对藏族和汉族家庭收入差距的贡献		对撒拉族和汉族家庭收入差距的贡献	
	数量（元）	百分比（%）	数量（元）	百分比（%）	数量（元）	百分比（%）
家庭所在地势	0	0	51.8	11.3	0	0
家庭人均耕地面积	− 126.9	− 12.5	− 101.3	− 22.2	− 156.7	− 8.3
人力资本	− 29.4	− 2.9	− 256.7	− 56.1	− 117.2	− 6.2
其中：教育年限	− 29.01	− 2.9	− 16.8	− 3.7	− 41.2	− 2.2
汉语方言能力			− 239.9	− 52.4	− 76.1	− 4.0
社会资本	− 101.6	− 10.0	− 16.9	− 3.7	− 86.7	− 4.6
人口特征	− 606.1	− 59.8	− 237.6	− 51.9	− 1014.8	− 54.0
其中：家庭人口和家庭人口的平方	− 409.4	− 40.4	− 154.1	− 33.7	− 591.4	− 31.5
民族	− 149.0	− 14.7	103.4	22.6	− 505.1	− 26.9
合计	—	100.0	—	100	—	100
家庭人均收入差距	− 1013	—	− 457	—	− 1881	—

注：表中结果基于青海调查数据并对收入函数计算后得到。

表 2 - 7 是基于青海省的收入函数对汉族家庭与回族家庭、汉族家庭与藏族家庭、汉族家庭与撒拉族家庭的收入差距分解后得到的结果。青海省调查地区三类少数民族家庭和汉族的收入差距主要源于人口特征，贡献比例都超过了一半。虽然藏族受访者的受教育年限低于汉族一年，回族低于汉族两年，撒拉族低于汉族三年，但三类少数民族的教育年限对收入差距的贡献却是最低的。在收入函数的回归结果中，藏族和回族的回归系数都不显著，撒拉族的回归系数在 10% 的水平上显著。

宁夏调查地区的汉族家庭人均纯收入高于回族家庭 15%，同时也高于

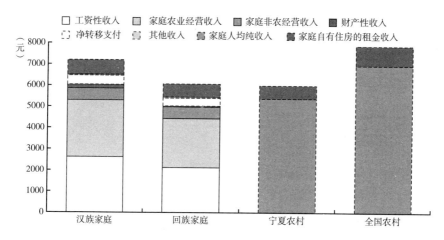

图 2-7 宁夏回族自治区不同民族家庭收入组成

说明：图中结果根据调查数据计算得到。

宁夏农村的平均水平，但低于全国农村家庭人均纯收入。汉族家庭的工资性收入和家庭农业经营收入高于回族家庭，这也是汉族家庭人均纯收入大于回族家庭的主要原因。

表 2-8 宁夏回族自治区回族家庭和汉族家庭收入差距的分解结果

变量	对不同民族家庭收入差距的贡献	
	数量（元）	百分比（%）
家庭所在地势	320.7	28.9
家庭人均耕地面积	-89.2	-8.1
人力资本	-508.1	-45.8
其中：教育年限	-508.1	-45.8
汉语方言能力		
社会资本	-13.7	-1.2
人口特征	-781.4	-70.5
其中：家庭人口和家庭人口的平方	-661.9	-59.7
民族	-37.0	-3.3
合计	—	100
家庭人均收入差距	-1109	—

注：表中结果基于宁夏调查数据并对收入函数计算后得到。

表 2-8 中宁夏调查地区回族家庭较之汉族家庭人口数量更多、教育年限更少成为回族和汉族家庭收入差距较大的主要原因。此外，地形差异对

家庭人均收入的差异贡献率也较大，民族身份的不同虽然有统计意义但对家庭收入不均等的影响微乎其微。

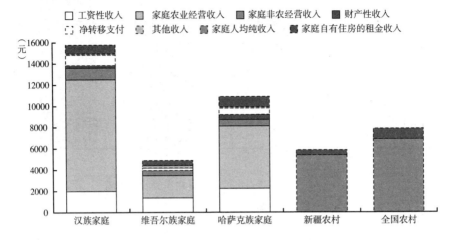

图 2-8 新疆维吾尔自治区不同民族收入组成

说明：图中结果根据调查数据计算得到。

从图 2-8 可看出，新疆调查地区的汉族家庭人均纯收入大大高于维吾尔族家庭和哈萨克族家庭的人均纯收入，维吾尔族家庭人均收入仅仅是汉族家庭人均收入的三分之一。汉族家庭和哈萨克族家庭人均收入都高于新疆和全国农村平均水平，但维吾尔族家庭人均收入低于新疆农村和全国农村家庭人均收入。三类民族家庭在家庭农业经营收入上差异显著，汉族家庭的家庭农业经营收入是哈萨克族家庭的 1.8 倍，是维吾尔族家庭的 4.8 倍；这也是新疆调查地区不同民族家庭人均收入差距的最重要影响因素。

表 2-9 新疆维吾尔自治区不同民族家庭和汉族家庭收入差距的分解结果

变量	维吾尔族家庭和汉族家庭		哈萨克族家庭和汉族家庭	
	数量（元）	百分比（%）	数量（元）	百分比（%）
家庭所在地势	518.67	-4.75	529.51	-10.80
家庭人均耕地面积	-3979.67	36.45	-2202.98	44.94
人力资本	-2908.31	26.64	-1403.71	28.64
其中：教育年限	-215.74	1.98	4.93	-0.10
汉语方言能力	-2692.57	24.66	-1408.64	28.74

续表

变量	维吾尔族家庭和汉族家庭		哈萨克族家庭和汉族家庭	
	数量（元）	百分比（%）	数量（元）	百分比（%）
社会资本	−146.62	1.34	12.40	−0.25
人口特征	−711.37	6.51	−290.16	5.92
其中：家庭人口和家庭人口的平方	−1314.84	12.04	−749.35	15.29
民族	−3691.67	33.81	−1547.04	31.56
合计	—	100	—	100
家庭人均收入差距	−10919	—	−4902	—

注：表中结果基于新疆调查数据并对收入函数计算后得到。

　　家庭人均耕地面积对不同民族家庭的收入差距贡献最显著。由于汉语方言能力较差而导致的家庭人均收入不均等是新疆不同于其他特区的明显特征。而且相对于汉族，维吾尔族家庭和哈萨克族家庭更多的人口数量也对家庭人均收入不均等产生了影响。同时，民族身份对家庭收入差距的影响也很明显。

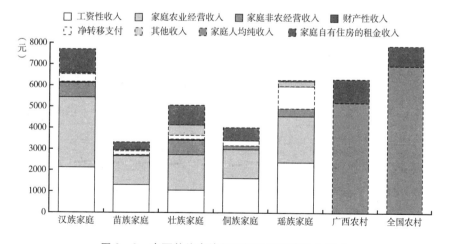

图 2-9　广西壮族自治区不同民族家庭收入组成

说明：图中结果根据调查数据计算得到。

　　图 2-9 中广西受调查地区汉族家庭人均纯收入与全国农村平均水平基本持平，高于广西农村家庭人均纯收入。除了瑶族家庭人均收入和广西农村基本一致外，苗族、壮族和侗族受访家庭人均收入都低于广西农村家庭

人均收入。在收入分项中，苗族、壮族和侗族家庭工资性收入都低于汉族和瑶族受访家庭；汉族受访家庭的农业经营收入为 3294 元，苗族家庭是汉族家庭的 41%，壮族家庭是汉族家庭的 50%，侗族家庭是汉族家庭的43%，瑶族家庭是汉族家庭的 66%。这也是广西调查地区不同民族家庭收入差距的主要原因。

不同民族家庭所处地区不同对收入差距产生了明显影响，而汉族相比之下更长的教育年限也对家庭收入差距起了作用。广西调查地区不同民族身份对家庭不均等的贡献比例也较高。在收入函数中，苗族和壮族的回归系数为负数，且统计显著；但侗族和苗族却统计不显著。

图 2 - 10 中湖南调查地区的汉族、苗族、侗族、瑶族和土家族受访家庭人均纯收入远远低于湖南农村和全国农村的平均水平，这一结果与调查数据主要来自湖南省的贫困民族地区有直接关系。同湖南农村平均水平相比，调查地区的五类民族家庭的工资性收入较低。同宁夏农村汉族家庭的工资性收入相比，湖南农村汉族家庭的工资性收入不足前者的一半。汉族家庭人均收入大于苗族、侗族、瑶族和土家族家庭，但差距在 6% 至 11% 之间。

表 2 - 10 广西壮族自治区不同民族家庭和汉族家庭收入差距的分解结果

变量	苗族家庭和汉族家庭		壮族家庭和汉族家庭		侗族家庭和汉族家庭		瑶族家庭和汉族家庭	
	数量（元）	百分比（%）	数量（元）	百分比（%）	数量（元）	百分比（%）	数量（元）	百分比（%）
家庭所在地势	- 1938.85	44.86	- 1164.42	45.13	- 1938.85	53.46	- 718.34	49.92
家庭人均耕地面积	- 93.80	2.17	145.95	- 5.66	- 243.52	6.71	- 181.42	12.61
人力资本	- 563.59	13.04	- 135.27	5.24	- 526.73	14.52	- 402.75	27.99
其中:教育年限	- 575.86	13.32	- 147.84	5.73	- 542.46	14.96	- 414.32	28.79
汉语方言能力	12.27	- 0.28	12.57	- 0.49	15.73	- 0.44	11.57	- 0.80
社会资本	148.65	- 3.44	- 28.32	1.10	- 37.03	1.02	- 105.41	7.33
人口特征	- 46.48	1.08	191.74	- 7.43	- 356.26	9.82	274.82	- 19.10
其中:家庭人口和家庭人口的平方	86.61	- 2.00	207.56	- 8.05	- 285.87	7.88	349.69	- 24.30
民族	- 1827.76	42.29	- 1589.55	61.61	- 524.47	14.46	- 305.79	21.25
合计	—	100	—	—	—	100	—	100
家庭人均收入差距	- 4322	—	- 2579.88	100	- 3627	—	- 1438.90	—

注：表中结果基于广西调查数据并对收入函数计算后得到。

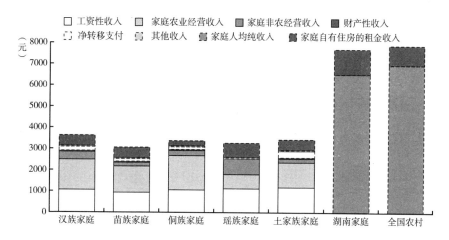

图 2 - 10　湖南省不同民族家庭收入组成

说明：图中结果根据调查数据计算得到。

表 2 - 11　湖南省不同民族家庭和汉族家庭收入差距的分解结果

变量	苗族家庭和汉族家庭		侗族家庭和汉族家庭		瑶族家庭和汉族家庭		土家族家庭和汉族家庭	
	数量（元）	百分比（%）	数量（元）	百分比（%）	数量（元）	百分比（%）	数量（元）	百分比（%）
家庭所在地势	- 87.6	- 15.5	- 56.10	22.73	131.63	- 32.38	- 106.87	51.96
家庭人均耕地面积	15.5	2.8	- 12.77	5.17	- 70.42	17.33	- 3.09	1.50
人力资本	15.3	2.7	28.99	- 11.75	- 82.61	20.32	45.18	- 21.97
其中：教育年限	36.0	6.4	70.81	- 28.68	- 66.55	16.37	52.57	- 25.56
汉语方言能力	- 20.7	- 3.7	- 41.82	16.94	- 16.06	3.95	- 7.38	3.59
社会资本	41.3	7.4	- 43.39	17.58	109.63	- 26.97	67.75	- 32.94
人口特征	- 31.4	- 5.6	60.71	- 24.59	- 9.26	2.28	- 92.08	44.77
其中：家庭人口和家庭人口的平方	- 43.1	- 7.7	40.12	- 16.25	26.92	- 6.62	- 50.95	24.78
民族	- 514.0	- 91.8	- 224.28	90.86	- 485.43	119.43	- 116.56	56.68
家庭人均收入差距	- 560	—	- 246.85	—	- 406	—	- 206	—

注：表中结果基于湖南调查数据并对收入函数计算后得到。

表 2 - 11 的分解结果显示，和其他南方地区不同的是，湖南调查地区中不同的民族身份对民族家庭人均收入的不均等贡献最大。此外，家庭所处地形也对不同民族家庭的收入差距产生了影响。

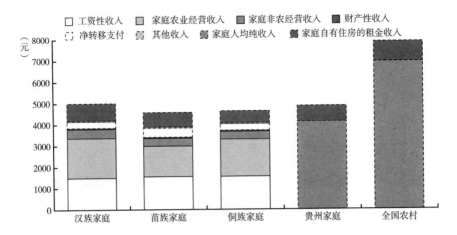

图 2 - 11　贵州黔东南苗族侗族自治州不同民族家庭收入组成

说明：图中结果根据调查数据计算得到。

　　2011 年贵州农村家庭人均纯收入只是全国农村家庭人均纯收入的59％。贵州黔东南苗族侗族自治州调查地区汉族家庭和苗族、侗族家庭间的收入差距较小；汉族和苗族家庭的收入差距为 9％，汉族和侗族家庭的收入差距为 7％。汉族家庭人均纯收入高于贵州农村平均水平但低于全国农村家庭人均收入。从图 2 - 11 可看出汉族、苗族、侗族家庭的工资性收入和家庭非农经营收入基本一致，汉族的家庭农业经营收入最高，其次是侗族家庭，苗族家庭相对最低。

表 2 - 12　贵州黔东南不同民族家庭和汉族家庭收入差距的分解结果

变量	对苗族和汉族家庭收入差距的贡献		对侗族和汉族家庭收入差距的贡献	
	数量（元）	百分比（％）	数量（元）	百分比（％）
家庭所在地势	- 0.6	- 0.1	0	0
家庭人均耕地面积	- 229.0	- 45.9	- 275.9	- 77.9
人力资本	- 27.3	- 5.5	88.9	25.1
其中：教育年限	- 25.4	- 5.1	90.2	25.5
汉语方言能力				
社会资本	7.2	1.4	- 10.6	- 3.0
人口特征	- 272.7	- 54.7	- 152.3	- 43.0

变量	对苗族和汉族家庭收入差距的贡献		对侗族和汉族家庭收入差距的贡献	
	数量（元）	百分比（%）	数量（元）	百分比（%）
其中：家庭人口和家庭人口的平方	−259.4	−52.0	−145.6	−41.1
民族	23.9	4.8	−4.5	−1.3
合计	—	100	—	100
家庭人均收入差距	−498.5	—	−354	—

注：表中结果基于贵州黔东南调查数据并对收入函数计算后得到。

表2－12中不同民族家庭所处地势没有差异，均为山区，对收入差距的影响微不足道；家庭人均耕地面积和家庭人口规模对收入差距的贡献位居前两位。苗族和汉族的教育年限没有区别，侗族的受教育年限较之汉族更长。在收入函数中苗族和侗族的回归系数有统计意义，但表示显著性的 t 值很低。

四　结论和政策建议

本章利用西部民族地区经济社会状况家庭调查数据（2011年）对新疆维吾尔自治区、内蒙古自治区、宁夏回族自治区、广西壮族自治区、青海省、贵州黔东南苗族侗族自治州和湖南省七个地区的汉族、蒙古族、藏族、回族、撒拉族、维吾尔族、哈萨克族、壮族、苗族、侗族、瑶族、土家族之间的家庭人均纯收入差距进行了分析研究。主要结论为以下三点。

第一，同一省区内汉族与当地少数民族在家庭纯收入上存在差距。其中内蒙古的蒙古族家庭人均纯收入高于当地汉族家庭，其余地区的少数民族家庭人均纯收入都低于汉族。新疆维吾尔族和广西壮族同当地汉族家庭相比，家庭人均纯收入的差距较为明显，但如果在七个省区内进行比较，维吾尔族家庭人均纯收入和壮族家庭人均纯收入与汉族平均的家庭人均纯收入间的差距显著缩小。在11个少数民族中，湖南土家族的家庭人均纯收入与七个地区汉族平均的家庭人均纯收入间的差距最大，前者仅为后者的51%。

第二，家庭劳动人口的年龄和规模、以生产条件为主的物力资本和以家庭成员共产党员身份为代表的社会资本对家庭人均纯收入产生正向影响，少数民族对当地汉语方言的掌握水平差直接影响了家庭人均纯收入的提高。家中 16～60 岁劳动人口平均年龄越大、比例越高，家庭人均纯收入也越高；家庭 16～50 岁劳动人口中共产党员的比例所表现的社会资本增加会提高家庭人均纯收入；家庭人均耕地面积越大、家庭所在地区是平原会使家庭人均纯收入增加。而家中不健康劳动人口的比例高和少数民族对当地汉语方言的掌握水平较差会降低家庭人均纯收入。

第三，收入差距的影响因素分解结果表明，家庭人口规模对收入差距的贡献在七个地区都较高；内蒙古、新疆、贵州黔东南的农村家庭人均耕地面积对当地的收入差距影响较为明显；宁夏、广西农村家庭所处的地势是平原或丘陵使得家庭人均纯收入高于位于山区的农村家庭人均纯收入；青海、贵州黔东南的农村家庭劳动人口比例，青海、湖南和广西农村家庭劳动人口中共产党员的比例也都对收入差距产生了一定的影响。内蒙古、新疆和广西的少数民族与当地的汉族因民族差异表现出了收入差距。

基于上述结论，本章提出如下的政策建议：

第一，由于家庭人口增加势必加大家庭间的收入差距，导致贫困发生概率的增大，因而在适当调整少数民族生育政策的同时，加大对现代生育理念的宣传，使少数民族尤其是贫困地区的少数民族家庭自觉自愿地减少生育。

第二，由于不同民族家庭所拥有的耕地面积和所处的地势差异直接导致了家庭间的收入差距，源于自然资源禀赋的差异，可通过加大生态移民力度、扩大异地搬迁规模等方式缓解或解决。但同时也要注意妥善解决移民搬迁后的就业等实际问题。

第三，提高少数民族的普通话能力，既可以使之顺利地外出寻找非农就业机会，提高收入缓解贫困，同时也能扩展不同民族间的交往、交流。

需要引起注意的是，不同地区不同民族家庭间的收入差距表明，在经济发展措施和政府治理政策方面要因地制宜进行调整和改进。本文还仅仅是一个时点的分析结果，今后应对民族地区不同民族间的收入差距进行跟踪研究，并对收入差距影响因素做更为深入的探讨。

参考文献

Bhalla, A. S. and Qiu, S.（2006）*Poverty and Inequality among Chinese Minorities*, Oxon：Routledge.

Gustafsson, B. and Ding, S.（2009）"Villages where China's Ethnic Minorities Live", *China Economic Review*, 20.

Gustafsson, B. and Ding, S.（2014）"Why is there No Income Gap between the Hui Muslim Minority and the Han Majority in Rural Ningxia, China?", *China Quarterly*, 218.

Gustafsson, B. and Li Shi（2003）"The Ethnic Minority-Majority Income Gap in Rural China during Transition", *Economic Development and Cultural Change*, 51.

HalskovHansen, M.（2005）*Frontier People. Han Settlers in Minority Areas of China*, Vancouver, Toronto：University of British Columbia Press.

Hannum, E. and Wang, M.（2012）"China. A Case Study in Rapid Poverty Reduction", in Hall, G. and Patrinos, H.（Eds）*Indigenous Peoples, Poverty and Development*, Cambridge：Cambridge University Press.

Hannum, E., Behrman, J., Wang, M. and Liu, J.（2008）"Education in the Reform Era", in Brandt, L. and Rawski, T.（Eds）*China's Great Economic Transformation*, Cambridge：Cambridge University Press.

Mackerras, C.（1998）"The Impact of Economic Reform on China's Minority Nationalities", *Journal of the Asia Pacific Economy*, 3.

Mackerras, C.（2003）*China's Ethnic Minorities and Globalization*, London：Routledge Curzon.

Maurer-Fazio, M.（2012）"Ethnic Discrimination in China's Internet Job Board Labor Market", *IZA Journal of Migration*, 1, 12.

Wang, S.（2009）"Policy Impact on Tibetan Market Participation", *Asian Ethnicity*, 10.

Yang, Y. Zhang, L., Sylvia, S., Luo, R., Shi, R., Wang, W. and Rozelle, S.（2015）"The Han-Minority Achievement Gap. Language and Returns to Schools in Rural China", *Economic Development and Cultural Change*, 63（2）.

Yue, X., Sicular, T., Li, S. and Gustafsson, B.（2008）"Explaining Incomes and Inequality in China", in Gustafsson, B., Li, S. and Sicular, T.（Eds）*Inequality and Public Policy in China*, Cambridge：Cambridge University Press.

丁赛：《宁夏回族自治区收入分配的民族差异及其变化》，《民族研究》2013 年第 3 期。

李克强、龙远蔚、刘小珉：《中国少数民族地区经济社会住户调查（2013）》，社会科学文献出版社，2014。

附录：调查地区农村家庭收入函数计算结果

	全体	内蒙古	青海	宁夏	新疆	湖南	广西	贵州黔东南
家庭劳动人口中男性的比例	6.19***	-9.33	8.91**	58.24***	-4.01	8.03***	4.64	-12.14***
家庭劳动人口中党员的比例	35.15***	32.00***	40.15***	37.71***	17.73	38.29***	56.88***	20.40***
家庭劳动人口中乡村干部的比例	5.68***	-3.14	6.93***	-24.74***	30.52***	9.81***	6.18***	8.14***
家庭劳动人口中身体不健康的比例	-13.76***	-25.79***	-1.38	-0.70	-75.26***	-5.70***	-35.76***	1.99
少数民族家庭劳动人口汉语方言差的比例	-7.73***	-14.11**	-4.08	—	-29.42***	-2.31	1.03	-0.17
家庭所在地势为平原	4196.92***	1947.02***	2849.12***	4773.22***	512.01	—	3168.50***	—
丘陵	1717.07***	835.38	—	-1639.37***	-4248.24***	366.92***	2435.52***	-137.20
蒙古族家庭	1847.03***	2058.90***	—	—	—	—	—	—
回族家庭	-30.00	—	-148.95	-38.50	—	—	—	—
藏族家庭	281.48	—	103.29	—	—	—	—	—
维吾尔族家庭	-4935.47***	—	—	—	-3687.05***	—	—	—
苗族家庭	-618.73***	—	—	—	—	-507.06***	-1844.50***	22.72
壮族家庭	-1245.76***	—	—	—	—	—	-1603.54***	—
侗族家庭	-541.04***	—	—	—	—	-238.02*	-519.29	-4.03
瑶族家庭	-591.39**	—	—	—	—	-490.54***	-307.44	—
土家族家庭	-39.72	—	—	—	—	-133.12	—	—
哈萨克族家庭	1774.95***	—	—	—	-1542.41***	—	—	—
撒拉族家庭	-299.25	—	-498.73*	—	—	—	—	—
其他少数民族家庭	-2334.93***	-42.27	-788.29***	387.48	-8090.95***	-1599.122***	-3697.70***	-410.05***
截距	6738.17***	8832.516***	5636.2***	12147.57***	16568.94***	6374.719***	10747.7***	7973.10***
样本量	31001	3615	4732	4146	4093	4349	4715	5351
可调整的 R^2	0.2483	0.1091	0.1086	0.1989	0.3686	0.1391	0.1482	0.2297

第三章　民族地区农村青年的语言资本、信息获取和经济机会

一　引言

掌握一个国家通用语言的能力可以被认为是语言资本的核心形式，并且这种能力在社会分层和流动过程中起着一定作用。本章首先探讨语言资本的分配和青少年拥有语言资本后对他们获得经济机会的影响。在讨论语言资本如何制约经济机会之后，我们对西部少数民族地区农村青年的语言能力、信息获取及经济收入的关系进行了分析。

具体而言，我们提出了三个问题①对西部少数民族青年来说，普通话和少数民族语言流利程度是怎么确定的？②信息获取是否与互联网运用相关，是否与掌握普通话和少数民族语言程度有关？③青年的经济收入是否与已有普通话和少数民族语言能力有关？

掌握本国通用语言的能力可以看成语言资本的形式，即一种有利于获得国内各种商品和社会地位的宝贵社会资源（Smits，Gündüz-Hoşgör 2003；Bourdicu 1992）。资本形式有语言、文化、社会、经济或象征等，而且它们在一定程度上可以相互转化。也就是说，对标准官方语言或某种方言的完美掌握是语言资本，它可以转化成其他形式的资本，比如经济资本或社会资本，这样就可以帮助那些"合法语言的合法使用者"走向成功（Smits，Gündüz-Hoşgör 2003，830）。

如果通用语言说得不好或因使用方言而带来消极看法和歧视，那么语言就会成为阻碍获得经济社会资源的"典型障碍"。（Smits，Gündüz-Hoşgör 2003）比如在美国，针对 444 个华裔美国青少年的一项纵向研究显示，受访者带口音的话常常会让人们把他看成永恒的外国人，或者会与其他形式的隐性日常歧视联系起来，同时也增加了抑郁症的风险

（Kim et al. , 2011）。

通过对说白人中产阶级英语、黑人口音英语和黑人白话英语的人群进行的房地产问卷调查（梅西和迪伦，2001）也发现了基于语言的种族歧视。他们发现与说白人中产阶级英语的人相比，说黑人口音英语的人和说黑人白话英语的人与房屋租赁代理人说话少，租到特定房子的可能性小，却可能支付更多的申请费，他们的信用也在租赁时被认为是一个潜在的问题。口音也与劳动力收入相关（Kalin and Rayko，1978；Kalin、Rayko and Love，1980）。一项基于自 1979 年以来对墨西哥裔美国人的调查发现，墨西哥裔美国人说有口音的英语，即使有独立的熟练技能，也比没有口音的同龄人挣得的工资更少（Alberto、Bohara、Saenz，1993）。

对那些完全不能说官方语言的人，或者说得特别不流利的人，可能还存在其他"直接障碍"以至于不能获得公共资源，像 Smits 和 Gündüz-Hoşgör（2003：830）认为的那样："不能说通用语言的人难以获得书面和口头的信息来源，不能满足官方工作的需要，被限制在他们自己的社会群体关系中，只能依靠别人来获得对他们或许很重要的信息。语言资本缺乏给不会说通用语言的人带来的负面影响比说方言的人更大，至少说方言的人能理解通用语言的意思。"

在土耳其，Smits 和 Gündüz-Hoşgör（2003）发现说非土耳其语的妇女很少能被正式的公司雇佣，她们的丈夫总是受较低等教育的人，她们获得很低的家庭收入。美国大量的文学作品证明了精通英语的移民享受更多的工作机会（更低的失业率）和高工资（Dávila、Mora、González，2011；Neidert、Tienda，1984；Stolzenberg、Tienda，1997）。

获得经济机会的"直接障碍"很多，其中信息获取似乎是关键因素，而制约信息的主要因素是运用网络的能力。互联网的介入和运用已经导致高度的社会经济分层[①]，而语言本身可能就是互联网运用的一种障碍。据 Kralisch and Mandl（2006：1、8、9）从一个多语种的电子健康网站收集的数据分析来看，语言障碍意味着信息获取的双重障碍。最明显地体现在以

---

① 在美国，有更高收入的（DiMaggio et al. 2001；Hargittai 1999）、接受更多教育的（Bucy 2000；Coley, Cradler, Engel, 1997；DiMaggio, Hargittai, 2001）是男性（Ono, Zavodny, 2003；Wasserman, Richmond-Abbott, 2005；Weiser 2000）和白人（Hoffman, Novak 1998；Hoffman, Novak, Schlosser, 2001），此外他们也能够便利地流利地使用网络。

下两方面，一是用何种语言呈现信息影响着谁要进入这个网站，即对进入网站的主体有限制；二是对那些不熟悉互联网的人来说，他们用的主页和链接更少。

本文认为信息获取和经济收入对年轻人来说是用来判定经济发展机会的很重要的一个指标。因此基于西部少数民族地区的调查，本章关注了农村青年语言能力分别与少数民族和汉族收入的关系。虽然我们还不能建立因果关系，但希望对语言、信息获取和收入的关系描述可作为解释天生处于劣势、现在仍然贫困的人们的语言能力和经济机会的关系的第一步。因为他们同样来自这个发展迅速、增长不平衡和数字联系越来越强的时代。

对此我们提出了三个问题，第一，对西部少数民族地区的青年来说，普通话和少数民族语言的能力是怎样的？第二，网络使用所反映的信息获取是否与普通话和少数民族语言能力有关？第三，青年的经济收入是否与其普通话和少数民族语言能力有关？

二　调查数据和研究方法

（一）调查数据说明

我们的分析数据同本书其他各章一样均来自"西部民族地区经济社会状况家庭调查数据（2011 年）"（Chinese Household Ethnicity Survey 2011）。此调查中，户主回答了家庭户籍中的家庭总人数，同时也包括了外出的非常住人口①。为了分析语言与经济状况劣势人群的经济机会可能存在的具体关联，我们把研究对象集中于西部农村 22～31 岁的青年，其工作方式相对来说比中老年人更为现代化。为了分析双语的影响，从中再选取了不同少数民族群体的样本。表 3-1 给出了我们所用分析变量的描述性特征。

（二）语言资本的具体测量

在本章的分析中我们用了三组指标来测量语言资本状况：语言能力、网络利用程度、就业和迁移。还包括一系列地理和位置测量，所有的测量都来自调查问卷的内容。

---

① 国家统计局在其他的家庭调查中也让户主回答关于非常住人口的问题。

表 3 - 1   分析变量的描述性统计特征

变量	汉族			少数民族			总体		
	均值/比例	标准差	数量	均值/比例	标准差	数量	均值/比例	标准差	数量
语言和语言资本的测量:语言流利程度(说、读、写)									
普通话流利程度	0.6	0.66	1747	0.24	0.82	3284	0.37	0.79	5153
少数民族语言流利程度				0.12	0.89	3240			
普通话口语能力			1792			3624			
普通话基本口语能力以下水平	0.16		289	0.26		930	0.23		1219
普通话基本口语能力以上水平	0.8		1441	0.65		2339	0.7		3780
缺失	0.03		62	0.1		355	0.08		417
少数民族语言口语能力						3624			
少数民族语言基本口语以下水平					0.22	799			
少数民族语言基本口语以上水平					0.64	2330			
缺失					0.14	495			
信息获取的测量:网络利用情况									
有时或经常使用网络(以"从来没有,几乎从不"为参考)	0.5		1718	0.36		3222	0.41		4940
经济收入测量									
当地农业就业	0.52		1792	0.57		3624	0.55		5416
当地工资性就业	0.13		1792	0.13		3617	0.13		5409
个人收入	9.27	1.08	1102	9.1	1.17	2257	9.16	1.14	3359
迁移	0.36		1788	0.36		3606	0.36		5394
人口和位置测量									
年龄	25.98	2.92	1792	26.06	2.87	3624	26.03	2.89	5416
性别(女性=1,男性=0)	0.47		1792	0.46		3624	0.46		5416
民族			1792			3624			5416
汉族							33.09		1792
蒙古族				0.05		163	0.03		163
回族				0.13		485	0.09		485
藏族				0.07		252	0.05		252
维吾尔族				0.12		440	0.08		440
苗族				0.23		818	0.15		818
壮族				0.11		383	0.07		383
侗族				0.13		479	0.09		479

续表

变　量	汉族			少数民族			总体		
	均值/比例	标准差	数量	均值/比例	标准差	数量	均值/比例	标准差	数量
瑶族				0.04		140	0.03		140
土家族				0.04		144	0.03		144
其他少数民族				0.09		320	0.06		320
少数民族全体							0.67		5416
省份			1792			3624			5416
内蒙古	0.18		326	0.05		168	0.09		494
湖南	0.12		218	0.18		655	0.16		873
广西	0.21		374	0.19		685	0.2		1059
贵州	0.1		172	0.21		749	0.17		921
青海	0.15		276	0.15		532	0.15		808
宁夏	0.16		287	0.09		327	0.11		614
新疆	0.08		139	0.14		508	0.12		647
教育			1792			3624			5416
文盲	0.02		32	0.05		197	0.04		229
小学	0.1		179	0.2		733	0.17		912
中学教育	0.54		970	0.54		1940	0.54		2910
职业技术教育	0.06		100	0.04		134	0.04		234
高中教育	0.11		199	0.08		284	0.09		483
大学及以上	0.14		255	0.07		269	0.1		524
缺失	0.03		57	0.02		67	0.02		124

　　数据来源：西部民族地区经济社会状况家庭调查数据（2011 年）（Chinese Household Ethnicity Survey 2011）。

1. 语言能力测量

（1）标准普通话能力等级

我们衡量语言资本主要的指标是普通话能力等级，普通话等级考试包括两项内容：用普通话语音对话和普通话读写。最后的分数是两项内容的总和再除以该总和计算的非缺失值。标准普通话考试分数是由单个项目的标准值（平均值为 0，方差为 1）构成的，分数越高说明普通话能力越好。

标准普通话能力是一个明确的变量，表明一个人是否有很强的普通话能力或有会话的基本能力。为了保证观测样本的数量尽可能多，我们包括了三分之一说普通话而没有参与调查的个体①。

（2）少数民族语言能力等级

另外一个测量方式是少数民族语言能力等级，第一项是少数民族个体用本民族的语言②进行交流，第二项是要求读写本民族的语言③。少数民族语言能力等级采用与普通话等级一样的方式进行计算。这个问题只考虑少数民族，而不考虑汉族的少数民族语言能力。

少数民族语言能力反映了少数民族人群使用本民族语言具有很强的能力还是只有基本的交流能力。相比于那些能用本民族语言简单交流或无交流能力的人，还有一类是确定那些说少数民族语言但没有参与调查的人④。

2. 信息获取的测量

有时使用或经常使用网络是一个二元变量，如果从不或几乎从不用网络则记为 0，有时用或经常用则记为 1。

3. 经济成果的测量

对数据变量的第三种分类是经济成果，包括就业、移民等相关的维度，这些变量来自对 2011 年已参加工作的所有家庭成员的调查问题。如果被调查者不是在当地农业或工业就业则记为 0，是则记为 1。个人收入的对数是非零个人收入⑤和转移收入总和的对数。对于已工作的人，没有迁移经历的人记为 0，迁移过的记为 1。

---

① 维吾尔族是构成少数民族中没有参于普通话说话能力调查的多数人群。
② 在农村家庭调查中，询问了少数民族两个关于用本民族语言交流的问题，一是他们是否有自己本民族语言，如果回答是，就进行下一个问题即用本民族语言交流的能力。这里采用的结果是所有回答了第二个问题的人。
③ 类似于前面所讲的少数民族语言交流问答的跳跃方式，这里只给少数民族受访者设置了一些读写他们民族语言的问题，一是他们是否有本民族文字，回答是的再进行第二个问题关于读写本民族语言的能力。
④ 回族是没有参与少数民族语言调查的少数民族中的主要构成。
⑤ 个人收入包括当地非农业工资就业收入，当地非农业自主创业的净收入，农民工收入（工资，净收入），家庭转移收入，在自治州/集体公共就业工作的收入和其他工作收入。转移收入包括退休工人收入和新农村养老金。

4. 背景测量

除了关键的分析数据，我们还利用一组变量来测量背景特征，包括年龄、性别（男性这一指标记为 0，女性记为 1）、特定族群及是否少数民族、地区和教育程度。特定民族是指样本量大于 100 的民族，具体包括：汉族、蒙古族、回族、藏族、维吾尔族、苗族、壮族、侗族、瑶族、土家族。其他少数民族指样本量低于 100 的少数民族（包括布依族、朝鲜族、满族、哈萨克族、傣族、黎族、傈僳族、佤族、畲族、东乡族、景颇族、土族、仫佬族、撒拉族、普米族、塔吉克族、乌孜别克族、俄罗斯族和鄂伦春族）。在模型中还有民族虚拟变量（如果是汉族记为 0，如果是少数民族记为 1）、地区虚拟变量。

（三）分析方法

我们采用广义最小二乘模型来处理年轻人普通话和少数民族语言流利程度对经济收入的影响。在分析跨民族和省份的变量时我们考虑了差异，并整合控制性别、年龄和教育程度等变量。将平均普通话能力大小作为该民族每个人的结果，将平均少数民族语言的能力大小作为少数民族成员的结果。

我们采用互联网使用的随机效应的分对数模型来研究语言能力与网络使用之间的关系，互联网使用是根据人口和教育特点进行调整的变量。我们也考虑了标准普通话能力对少数民族或非少数民族是否有不同的益处。最后，为了研究语言能力和经济成就的关系，我们估计了随机效应回归和经济成果的分对数模型，模型中的经济成果是根据人口和教育程度控制进行调整后的数据。

三　分析结果

图 3-1 显示了不同省区的汉族、少数民族中 22～31 岁的年轻人基本会说普通话及说得很好的人数比例，普通话能力水平在汉族和少数民族之间存在明显的省份差异。例如在新疆，不是少数民族的人大都表示有基本或较强的普通话能力，但在少数民族人群中只有 20% 的人有基本或较强的普通话能力。但在"西部民族地区经济社会状况家庭调查数据（2011

年)"（Chinese Household Ethnicity Survey 2011）调查的另外一些省份，如湖南、广西、贵州，少数民族受访者表现出和汉族相似或更高的普通话能力①。贵州、青海、宁夏三个省区的汉族和少数民族青年中，有 20% 及以上的受访者表示自己普通话水平较低。

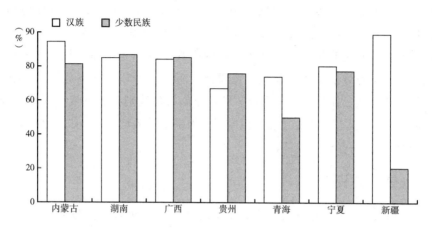

图 3 - 1　不同地区不同民族的农村青年（22 ~ 31 岁）
具有基本普通话能力的比例

数据来源：西部民族地区经济社会状况家庭调查数据（2011 年）（Chinese Household Ethnicity Survey 2011）。人数 - 4999。

普通话水平低不仅仅是一些少数民族的特点，一些省区的汉族农村青年也有相当的比例说不好普通话，这突出了少数民族语言和方言的重要性，哪怕方言也被认为是汉语的一种。对农村年轻人来说，方言的使用可被看作经济劣势的来源之一。假定标准普通话是对非少数民族孩子进行学校教育的语言，一旦青年人说的方言表现出落后、不利的农村生源和低素质的教育特征，那么，这种语言劣势会以对经济机会"象征性"障碍的形式变得更加严重。另一方面，如果方言与普通话不能相互理解，增加了相互交流的挑战，这种语言劣势也会以"直接"障碍的形式恶化。没有普通话能力的孩子在获取人力资本时面临着额外的困难，因为对学生来说，在早期具有关键作用的学校阶段用不同的方言学习是特别具有挑战性的。

---

① 用两个样本测试比例，贵州的少数民族和汉族基本掌握普通话的比例表现出显著性特征，P < 0.05。这种民族差异在湖南和广西并不显著。

表 3 - 2　农村青年 (22 ~ 31 岁) 的语言能力评估模型回归系数

变　量	全体			少数民族	
	标准回归			普通话	少数民族语言
	(1)	(2)	(3)	(4)	(5)
年龄	- 0.03 ***	- 0.03 ***	- 0.01 ***	- 0.01 **	0
女性	- 0.15 ***	- 0.15 ***	- 0.07 ***	- 0.10 ***	- 0.01
少数民族(以汉族作为参照)					
蒙古族	- 0.08	- 0.41 ***	- 0.42 ***		
回族	- 0.33 ***	- 0.23 ***	0.01		
藏族	- 0.81 ***	- 0.55 ***	- 0.38 ***		
维吾尔族	- 1.63 ***	- 1.76 ***	- 1.53 ***		
苗族	- 0.17 ***	- 0.07 *	- 0.01		
壮族	- 0.03	0.04	0.02		
侗族	- 0.12 ***	- 0.01	0.01		
瑶族	- 0.06	- 0.02	0.03		
土家族	- 0.07	- 0.07	- 0.01		
其他	- 0.41 ***	- 0.31 ***	- 0.14 ***		
省区(以内蒙古作为参照)					
湖南		- 0.37 ***	- 0.33 ***	0.09	- 0.94 ***
广西		- 0.46 ***	- 0.38 ***	0.10	- 0.26 ***
贵州		- 0.57 ***	- 0.48 ***	- 0.04	- 0.52 ***
青海		- 0.71 ***	- 0.54 ***	- 0.33 ***	- 0.25 ***
宁夏		- 0.36 ***	- 0.32 ***	0.18 **	- 1.38 ***
新疆		- 0.25 ***	- 0.36 ***	- 1.27 ***	0.65 ***
教育程度(以文盲作为参照)					
小学			0.61 ***	0.61 ***	0.18 ***
初中			0.95 ***	0.99 ***	0.21 ***
职业技术学校			1.19 ***	1.25 ***	0.28 ***
高中			1.13 ***	1.15 ***	0.25 ***
大学及以上			1.49 ***	1.53 ***	0.34 ***
缺失			0.91 ***	0.92 ***	- 0.11
常数	1.48 ***	1.87 ***	0.23 ***	- 0.20 *	0.31 ***
观测值	5024	5024	5024	3278	3234

注：*** P < 0.01，** P < 0.05，* P < 0.1。

数据来源：西部民族地区经济社会状况家庭调查数据 (2011 年) (Chinese Household Ethnicity Survey 2011)。

表 3-2 显示的是线性回归模型的回归系数，估计了全体样本的标准普通话能力和少数民族的普通话能力及少数民族语言能力。表 3-2 的数据表明，年长者和女性的普通话能力较弱，更高的受教育程度与较强的语言能力有关。这两种结果对全体样本和少数民族样本都适用。在少数民族中，少数民族语言能力与普通话能力一样，与教育程度呈正相关性。但不同的是，性别和年龄对少数民族语言能力没有影响。

全体样本的回归结果表明，与汉族相比，藏族和维吾尔族在标准普通话能力上存在明显的语言劣势，意味着这种劣势存在于青海和新疆，也体现在教育上。模型 3 加入了地区和教育两种变量，藏族的系数相比模型 1 的值下降了一半。这说明地区和教育构成是形成劣势的部分原因[①]。蒙古族没有明显的全面性差异，但没有地区变量时存在明显的劣势，同样没有教育变量时也存在明显劣势。回族存在全面性的劣势，把人口作为控制变量时劣势显著存在，但把教育这个变量加入模型后变得不显著。对苗族、侗族来说，不包含省份和教育在模型中时，劣势是全面性的。在壮族、瑶族、土家族中，从他们自我报告的语言能力来看没有显示出明显的劣势。

结果表明缺少普通话能力的农村青年不是少数。样本中有些少数民族群体的标准普通话能力具有相对劣势，这可能与其他方面的影响有关，比如教育设施建设、跨文化传播环境、各省的地理隔离、地区性基础设施的其他维度和民族语言在该地区的分化程度，等等。

普通话、少数民族语言和信息获取方面，图 3-2 显示了按省份和少数民族地位统计的有时或经常使用网络的人数比例，总的来说不同省区受访居民网络使用情况有很大的不同。调查样本中还有一个普遍现象是即使在同一个省，少数民族群体也不如汉族那样经常使用网络，差距也变化很大。对于农村青年，新疆的差距又是最突出的，因为它是少数民族省区中汉族使用网络比例最高，而少数民族群体使用网络比例最低的地方。

语言会不会影响信息的获取？表 3-3 显示了估计网络使用的 Logit 回归模型的回归系数。首先分析全体样本，模型 1 包括年龄、性别、省区、教育程度和民族。总的来看，年长的样本比年小的样本网络使用量相对

---

① 使用 REG 命令从表 2 运行模型 1 和 3 后，使用了看似不相关估计的项后估计命令（Stata 中的 SUEST 和 TEST 命令），我们发现藏族的系数在模型 3 比模型 1 更加显著。

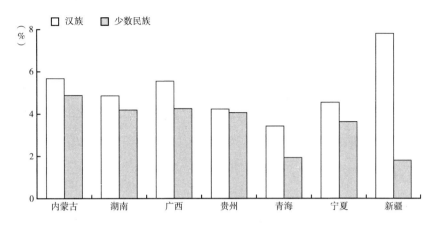

图 3 - 2　西部地区不同民族的农村青年（22～31 岁）
有时或经常使用网络的比例

数据来源：西部民族地区经济社会状况家庭调查数据（2011 年）（Chinese Household Ethnicity Survey 2011）。

少，女性比男性网络使用量少，人口少的民族比人口多的民族用得少，教育程度低的比教育程度高的用得少。在没有其他变量影响的条件下，与汉族的网络使用率相比，少数民族的网络使用率下降 75%[①]。与内蒙古的受访居民相比较，青海和新疆的居民网络使用量要小得多。

模型 2 在模型 1 的基础上加上了标准普通话能力等级这个变量，而且回归系数很显著具有正向作用。在回归估计中再加入语言能力进行调整，与少数民族地位相关的网络使用率是 0.42，相对于汉族，少数民族受访居民的网络使用率大约下降 58%[②]。

模型 3 加入了是否少数民族和语言的交互项来研究少数民族群体的语言能力是否明显不同，但结果并不显著。最后，模型 4 集中在少数民族群体，为分析普通话和少数民族语言的能力，设置了一个交互项来验证普通话和少数民族语言都强的人是否在网络利用时有额外的优势。模型 4 显示仅仅普通话有显著的优势。总结起来，普通话能力和教育水平对汉族和少数民族的网络使用都有显著相关性，但少数民族语言能力与网络使用无关。

---

① 　e^ - 1.40 = 0.25.

② 　e^ - 0.87 = 0.42.

表 3 – 3 用 Logit 回归模型估计农村年轻人（22 ~ 31 岁）网络使用量的回归系数

变　量	全体				少数民族	
	（1）	（2）	2a）行政村 FE 值	2b）家庭 FE 值	（3）	（4）
年龄	– 0.41 ***	– 0.44 ***	– 0.19 ***	– 0.25 ***	– 0.44 ***	– 0.48 ***
性别	– 1.57 ***	– 1.50 ***	– 0.76 ***	– 1.18 ***	– 1.49 ***	– 1.69 ***
省份（以内蒙古为参照）						
湖南	– 0.2	0.45	—	—	0.32	– 0.69
广西	0.35	1.28 **	—	—	1.12 *	– 0.13
贵州	– 0.03	1.23 *	—	—	1.09 *	0.28
青海	– 2.77 ***	– 1.20 *	—	—	– 1.30 **	– 2.22 **
宁夏	– 0.93	– 0.2	—	—	– 0.34	– 1.91
新疆	– 1.78 ***	1.84 **	—	—	1.88 **	– 2.22 *
教育（以文盲为参照）						
小学	2.14 ***	0.91	0.12	1.24	0.89	1.62 *
初中	4.31 ***	2.26 ***	0.52 *	1.69 *	2.23 ***	3.27 ***
职业技术教育	8.23 ***	5.59 ***	1.60 ***	3.06 **	5.53 ***	7.82 ***
高中	5.83 ***	3.21 ***	0.92 *	2.39 **	3.19 ***	5.21 ***
大学及以上	11.70 ***	7.62 ***	2.48 ***	3.77 ***	7.58 ***	11.36 ***
缺失	4.63 ***	2.31 *	0.54	1.13	2.26 *	4.17 **
语言能力						
少数民族语言能力等级						– 0.93
普通话能力等级		4.16 ***	1.41 ***	2.98 ***	3.72 ***	4.05 ***
一个少数民族成员	– 1.40 ***	– 0.87 ***	– 0.28	0.98	– 1.18 ***	
少数民族成员的普通话能力					0.61	
样本量	4933	4922	3546	530	4922	2835

注：*** P < 0.01，** P < 0.05，* P < 0.1。

数据来源：西部民族地区经济社会状况家庭调查数据（2011 年）（Chinese Household Ethnicity Survey 2011）。

　　语言和经济水平也就是个人收入的关系上，表 3 – 4 给出了农村青年当地农业就业、当地工资就业、个人收入和劳动力流动的回归结果。通过模型发现，年龄与在当地工作的较高可能性和劳动力流动的较低可能性相关。女性更多地在当地农业就业，男性更多地从事工资性就业，女性比男性的收入要少，她们也比男性有更少的流动经历。从模型中包含的因素可看出，少数民族人口更多地在农业就业，有较少的个人收入，也可能有更少的劳动力流动，但少数民族变量的回归结果不是很显著，而且控制语言能力这个变量之后还是没有显著性。从表3-4中可发现除了新疆，每个省区的被访居民都较之参照省份——内蒙古，有更低的农业就业概率，而且在个人收入和迁移经历上存在地区差异。教育程度越高在农业就业的可能性越低，而在非农的工资性就业的可能性越高，有更多的个人收入，而且在模型4a中也显示出更多的迁移经历。

在模型中调整其他的变量后发现，标准普通话能力降低了青年人在当地农业就业的可能性。普通话能力与工资就业无关但与个人收入正相关。Logit模型区分了有流动经历和无流动经历的人群，模型4a显示了没有包含普通话能力的结果，模型4b包括了语言能力。这里我们发现了两个关键点，不考虑其他的变量，普通话能力与迁移经历相关。而且，模型4a中教育对迁移具有显著的正向的影响，但是一旦把语言能力引入模型4b中，教育的影响就不再那样显著正向。这说明教育对迁移的影响，教育对贫困农村青年人的流动性是一种潜在的很重要的影响方式，可能部分地通过学生在学校掌握的语言资本的程度而在就业中起作用。

表3-4 线性回归、Logit回归模型估计农村青年（22~31岁）的就业和劳动力转移

变 量	Logit回归模型或线性回归模型对就业选择的估计结果			Logit模型对劳动力流动的估计结果	
	参与当地农业就业	参与当地工资性就业	个人收入的对数	（参照组是未流动人群）	
	（1）	（2）	（3）	（4a）	（4b）
年龄	0.12 ***	0.13 ***	0	− 0.06 **	− 0.05 **
女性	0.63 ***	− 1.06 ***	− 0.38 ***	− 1.26 ***	− 1.20 ***
是否少数民族	0.35 **	0.09	− 0.11 **	− 0.24	− 0.16
省区（以内蒙古为参照）					
湖南	− 3.22 ***	0.12	0.25 **	3.76 ***	3.68 ***
广西	− 3.02 ***	− 0.27	0.11	4.22 ***	4.16 ***
贵州	− 3.09 ***	− 0.36	0.37 ***	4.04 ***	4.10 ***
青海	− 1.21 ***	0.09	0.74 ***	1.71 ***	1.99 ***
宁夏	− 1.65 ***	0.49	0.60 ***	2.72 ***	2.89 ***
新疆	− 0.54	0.45	0.20 *	− 0.70 *	− 0.01
教育（以文盲为参照）					
小学	0.26	0.77 *	0.20 *	0.44	0.16

续表

变　量	Logit 回归模型或线性回归模型对就业选择的估计结果			Logit 模型对劳动力流动的估计结果	
	参与当地农业就业	参与当地工资性就业	个人收入的对数	（参照组是未流动人群）	
	（1）	（2）	（3）	（4a）	（4b）
初中	− 0. 44	0. 97 **	0. 38 ***	1. 38 ***	0. 82 **
职业技术教育	− 1. 96 ***	1. 54 ***	0. 59 ***	1. 70 ***	1. 04 **
高中	− 0. 35	1. 27 ***	0. 42 ***	1. 50 ***	0. 88 **
大学及以上	− 4. 19 ***	0. 73	0. 79 ***	1. 03 **	0. 19
缺失	− 1. 30 **	1. 51 **	0. 11	0. 07	− 0. 26
标准普通话能力	− 1. 29 ***	0. 16	0. 21 ***		1. 75 ***
非标准普通话能力	− 0. 41	0. 19	− 0. 21 **		0. 3
常数	− 0. 01	− 6. 51 ***	8. 80 ***		
样本量	5416	5403	3359	5387	5387

注：*** P < 0. 01，** P < 0. 05，* P < 0. 1。

数据来源：西部民族地区经济社会状况家庭调查数据（2011 年）（Chinese Household Ethnicity Survey 2011）。

表 3 − 5　线性、Logit 和 Mlogit 回归模型估计农村少数民族青年（22 ~ 31 岁）就业和劳动力转移

变　量	线性和 Logit 模型对就业选择的估计结果		Logit 模型对劳动力流动的回归结果	
	参与当地农业就业	参与当地农业部门就业	参与当地工资性就业	个人收入
	（1）	（2）	（3）	（4）
年龄	0. 07 ***	0. 13 ***	0	− 0. 05 *
女性	0. 79 ***	− 1. 03 ***	− 0. 38 ***	− 1. 44 ***
省份（以内蒙古为参照）				
湖南	− 3. 08 ***	0. 26	0. 07	3. 48 ***
广西	− 2. 83 ***	− 0. 34	− 0. 14	4. 47 ***
贵州	− 3. 03 ***	− 0. 39	0. 17	4. 25 ***
青海	− 0. 67	0. 22	0. 48 ***	1. 58 **
宁夏	− 0. 32	0. 96 *	0. 16	1. 46 **
新疆	0. 38	0. 8	0. 01	− 1. 76 **
教育（以文盲为参照）				
小学	0. 2	0. 44	0. 19	0. 17
初中	− 0. 55	0. 65	0. 39 ***	0. 85 **

续表

变　　量	线性和 Logit 模型对就业选择的估计结果		Logit 模型对劳动力流动的回归结果	
	参与当地农业就业	参与当地农业部门就业	参与当地工资性就业	个人收入
	（1）	（2）	（3）	（4）
职业技术教育	- 1. 65 ***	1. 21 **	0. 58 ***	0. 96
高中	- 0. 48	0. 65	0. 38 ***	0. 6
大学及以上	- 4. 43 ***	0. 81	0. 73 ***	- 0. 46
缺失	- 1. 46 *	1. 79 **	0. 02	- 0. 33
标准普通话能力	- 0. 15	- 0. 36	- 0. 16 **	- 0. 1
非标准普通话能力	- 1. 27 ***	0. 19	0. 22 **	1. 72 ***
常数		- 6. 21 ***	9. 04 ***	
观测值	3624	3611	2257	3600

注：*** $P < 0.01$，** $P < 0.05$，* $P < 0.1$。

数据来源：西部民族地区经济社会状况家庭调查数据（2011 年）（Chinese Household Ethnicity Survey 2011）。

表 3 - 5 给出了对少数民族普通话和少数民族语言能力上的估计结果，模型中将年龄、性别、省份和教育程度作为控制变量。表 3 - 5 显示了与表 3 - 4 基本相同的结果，包括的变量有：基本会说普通话或有较好的普通话能力，基本会说少数民族语言或有较好的少数民族语言能力。结果显示对于少数民族而言，是普通话能力而不是少数民族语言能力与经济收入相关。尽管加入与语言能力有关的教育项进行调整，与普通话不流利的人相比，那些有普通话能力的人不大可能在当地农业就业，他们挣得更多的收入，有更多的迁移经历。相比之下，少数民族语言能力没有显示出对个人经济发展有显著的正向的影响，实际上少数民族语言能力与个人所得是有相关性的。

四　简要结论

一个国家的通用语言是语言资本的核心形式，掌握通用语言的能力在社会分层和流动的过程中有着一定的作用，人们对这种作用知之甚少。本文以西部少数民族地区的农村青年为研究对象，试图探索他们获得这种语言资本的方式及阐述拥有这种语言资本对他们的意义。最后得到了三个主要结论。第一，定义为标准普通话的语言资本在"西部民族地区经济社会状况家庭调查数据（2011年）"（Chinese Household Ethnicity Survey 2011）样本中有很大的变异性。差距最大的出现在新疆，那里汉族受访居民普通话能力非常好，但是少数民族居民的普通话能力差的比例很高。但在另一些省区，少数民族和汉族的差异非常小。第二，标准普通话以网络使用的形式与信息获取密切相关，而少数民族语言与信息获取没有这样的关系。第三，青年人的经济机会与普通话能力息息相关，而与少数民族语言能力无关。

虽然这些变量之间排除语言资本对信息获取和就业收入的因果联系后还有复杂的理论关系，但本文采用的模式提出了一些关于语言和不平等的见解。

第一，青年人普通话能力和少数民族语言能力的不同与就业方式的不同存在很大的关系。在布迪厄（Bourdieu）的概念中，所有语言是为市场产生的，也是通过市场存在及表现它具体的属性。（Bourdieu 1992，76；see discussion of this quote in Loos 2000，38）不同的"市场"赋予特定的语言产品不同的价值，而"语言共同体中的每一位发言者都拥有一定数量的语言资本"，这让他在特定市场产生被高度重视的表达方式。（Loos 2000，38）。研究结果表明，普通话水平高的人与少数民族语言水平高的人活跃在不同的语言市场和经济市场，各自在刚成年时形成的不同模式可能在整个生命过程得到累积和巩固。

第二，普通话能力与教育相关。例如，人力资本少的人可能更缺乏语言资本。此外，那些经济状况最脆弱的人群中，往往是那些缺少教育和没有语言资本的人，他们也更容易缺乏信息。青年人的生活中各种各样不利因素的组合代表了不同资本形式——语言、文化、人力、经济和象征等可转换的一面。从布迪厄写的关于欧洲的案例和鲁斯（Eugène Loos，2000，39）举的例子看，"良好的教育（人力资本和文化资本）意味着掌握好一门外国语言（语言资本），这可能有助于在一家跨国公司获得一份好的工作（经济资本）和获得声望（象征资本）。"在当前情况下，对于农村青年，接受"良好的教育"，其隐含的人力和文化资本可以部分地由标准普通话能力来体现。对于说方言和少数民族语言的人而言，在劳动力市场上，普通话能力的缺乏可能让人们对他们的其他资本形式质量也产生怀疑，如人力资本和文化资本，从而整体上就损害了他们的"市场"价值。

　　虽然从调查中收集到的资料对语言能力的测量通常是不够精确的，这个问题也是本文的一个限制性因素。但这种模式的研究结果表明了已被记录的一种常识性的观点，即语言资本在中国的社会分层过程中可能是很重要的。进一步的研究还需要阐明当地环境如教育基础设施、跨文化交流环境、民族语言成分和当地的自然劳动力市场在塑造语言、信息和经济机会之间关系上的作用。此外，对语言资本、劳动力市场差异和语言能力联系的详细研究，会增加我们对语言在中国社会分层过程中的作用的有效理解。最后，汉族青年在某些情况下也经历了低层次的语言资本。这一发现表明，说方言类似于说少数民族语言，在获取经济机会时也会遇到象征性的或直接的障碍，但是，这些"隐形语言"是很难用当前数据记录的。进一步研究可以充分探讨方言在教育和劳动力市场的优势、劣势来源。

参考文献

Alberto, Davila, Alok K. Bohara, and Rogelio Saenz. 1993. "Accent Penalties and The Earnings of Mexican Americans. ". " *Social Science Quarterly* 74（4）：902 - 916.

Bialystok, Ellen, and Raluca Barac. 2012. "Emerging Bilingualism：Dissociating Advantages for Metalinguistic Awareness and Executive Control. " *Cognition* 122（1）.

Bourdieu, Pierre. 1986. "The Forms of Capital. " In, edited by John G. Richardson. Handbook of Theory and Research for the Sociology of Education. New York：Greenwood Press. 1992. *Language and Symbolic Power.* Cambridge：Polity Press.

Bucy, Erik P. 2000. "Social Access to the Internet. " *The Harvard International Journal of Press/Politics* 5（1）.

Chitiri, Helena-Fivi, and Dale M. Willows. 1997. "Bilingual Word Recognition in English and Greek. " *Applied Psycholinguistics* 18（02）.

Coley, R. J., John Cradler, and Penelope K. Engel. 1997. "Computers and Classrooms：The Status of Technology in US. " *Schools. Princeton, NJ：Educational Testing Service.* http：//integratingthearts. yolasite. com/resources/ED412893. pdf.

Dávila, Alberto, Marie T. Mora, and Rebecca González. 2011. "English-Language Proficiency and Occupational Risk Among Hispanic Immigrant Men in the United States. " *Industrial Relations：A Journal of Economy and Society* 50（2）.

DiMaggio, Paul, and Eszter Hargittai. 2001. "From the 'digital Divide' to 'digital Inequality'：Studying Internet Use as Penetration Increases. " *Princeton University Center for Arts and Cultural Policy Studies, Working Paper Series Number* 15. http：//www. maximise - ict. co. uk/WP15_ DiMaggioHargittai. pdf.

DiMaggio, Paul, Eszter Hargittai, W. Russell Neuman, and John P. Robinson. 2001. "Social Implications of the Internet. " *Annual Review of Sociology* 27 (January 1) .

Garcia, Georgia Earnest. 1998. "Mexican-American Bilingual Students' Metacognitive Reading Strategies: What's Transferred, Unique, Problematic? . " In*National Reading Conference Yearbook*, 47. http://www. eric. ed. gov/ERICWebPortal/recordDetail? accno = EJ587439.

Hakuta, Kenji. 2011. "Educating Language Minority Students and Affirming Their Equal Rights Research and Practical Perspectives. " *Educational Researcher* 40 (4) .

Hargittai, Eszter. 1999. "Weaving the Western Web: Explaining Differences in Internet Connectivity among OECD Countries. " *Telecommunications Policy* 23 (10) .

Hoffman, Donna L. , and Thomas P. Novak. 1998. "Bridging the Digital Divide: The Impact of Race on Computer Access and Internet Use. " http://www. ehcweb. ehc. edu/faculty/ljcumbo/PDFS/hoffman_ novak. pdf.

Hoffman, Donna L. , Thomas P. Novak, and Ann E. Schlosser. 2001. "The Evolution of the Digital Divide: Examining the Relationship of Race to Internet Access and Usage over Time. " *The Digital Divide: Facing a Crisis or Creating a Myth.*

Kalin, Rudolf, and Donald S. Rayko. 1978. "Discrimination in Evaluative Judgments against Foreign-Accented Job Candidates. " *Psychological Reports* 43 (3f) .

Kalin, Rudolf, Donald S. Rayko, and Norah Love. 1980. "The Perception and Evaluation of Job Candidates with Four Different Ethnic Accents. " *Language: Social Psychological Perspectives.*

Kim, Su Yeong, Yijie Wang, Shiying Deng, Rocio Alvarez, and Jing Li. 2011. "Accent, Perpetual Foreigner Stereotype, and Perceived Discrimination as Indirect Links between English Proficiency and Depressive Symptoms in Chinese American Adolescents. " *Developmental Psychology* 47 (1) . doi: 10. 1037/a0020712.

Kralisch, Anett, and Thomas Mandl. 2006. "Barriers to Information Access across Languages on the Internet: Network and Language Effects. " In*System Sciences*, 2006. *HICSS' 06. Proceedings of the 39th Annual Hawaii International Conference on*, 3.

Loos, E. 2000. "Language Choice, Linguistic Capital and Symbolic Domination in the European Union. " *Language Problems & Language Planning* 24 (1) (December 1) . doi: doi: 10. 1075/lplp. 24. 1. 04loo.

Massey, Douglas S. , and Garvey Lundy. 2001. "Use of Black English and Racial Discrimination in Urban Housing Markets New Methods and Findings. " *Urban Affairs Review* 36 (4) (March 1) . doi: 10. 1177/10780870122184957.

Nagy, William, Virginia W. Berninger, and Robert D. Abbott. 2006. "Contributions of Morphology beyond Phonology to Literacy Outcomes of Upper Elementary and Middle-School Students. " *Journal of Educational Psychology* 98 (1) : 134.

Neidert, Lisa J. , and Marta Tienda. 1984. "Converting Education into Earnings: The Patterns among Hispanic Origin Men. " *Social Science Research* 13 (4) .

Ono, Hiroshi, and Madeline Zavodny. 2003. "Gender and the Internet * . " *Social*

Science Quarterly 84（1）.

Smits, Jeroen, and Ay e Gündüz-Ho gör. 2003. "Linguistic Capital: Language as a Socio-Economic Resource among Kurdish and Arabic Women in Turkey." *Ethnic and Racial Studies* 26（5）（September 1）. doi: 10. 1080/0141987032000109050.

Stolzenberg, Ross M. , and Marta Tienda. 1997. "English Proficiency, Education, and the Conditional Economic Assimilation of Hispanic and Asian Origin Men." *Social Science Research* 26（1）.

Wasserman, Ira M. , and Marie Richmond-Abbott. 2005. "Gender and the Internet: Causes of Variation in Access, Level, and Scope of Use * ." *Social Science Quarterly* 86（1）.

Weiser, Eric B. 2000. "Gender Differences in Internet Use Patterns and Internet Application Preferences: A Two-Sample Comparison." *CyberPsychology and Behavior* 3（2）.

第四章 农村老年人工作或退休选择的
文化与民族差异比较

一 引言

中国在 20 世纪末 21 世纪初出现的人口老龄化和农村居民大规模向城镇迁移的现象引起了广泛关注。自 2000 年起，中国已经进入了"老龄化社会"的行列。国际上对老龄化国家的定义是 60 岁及以上人口占总人口的 10%，65 岁以上人口占总人口的 7.5%。2010 年，中国 60 岁以上人口占比已达到 14%，并且这一数字在 2020 年会达到 20%，2030 年将达到 27%（Wang，2012）。农村青壮年劳动力转移始于 20 世纪 90 年代中期，并在 20 世纪的最后十年随着出口产业与服务业对劳动力需求的增加和更加弹性的户口政策的推行而在各个维度上明显扩张。农村转移劳动力的平均年龄在增加，停留在城市里的时间也在延长，同时，转移劳动力的性别比越来越接近迁出地的性别比。国家统计局公布的数据表明，2000 年在城市打工的农村流动人口为 7900 万，到 2012 年上升为 1.63 亿。（NBS 2012a cited in World Bank SRs4－7，2014）。2013 年，流动人口达到 2.45 亿，并且农村流动人口占了城市总就业人数的 44%（World Bank，SRs4－7：265）。农村地区人口的老龄化是伴随着大规模青壮年劳动力从农村转移至城市这一现象产生的，这一现象引发了两大问题：如何解决农村劳动力不足？谁来照顾农村留守的老年人？

很多发展中国家特别是其农村地区的居民实际上没有退休的概念 Giles，Wang and Cai（2011）。将中国与印度尼西亚、韩国、美国、英国的老年人参与劳动和选择退休两方面进行比较研究后发现，在韩国、印度尼西亚和中国，农村老年人与城市老年人相比，几乎不退休。此外，Connelly，Maurer-Fazio and Zhang（2014）基于 1982 年和 2000 年中国人口普查数据发现，中国农村老年人的劳动参与率随着时间的推移而增加，年龄在 50～74 岁之间的农村老年男性的劳动参与率在这 18 年中从 71% 上升到 79%，同时期内老年女性的劳动参与率从 28% 显著上升到了 59%。目前的研究表明，市场导向的工作观念所带来的市场激励逐渐增加，农村青壮年劳动力向城市转移导致了农村老年人劳动参与率的上升。

本章旨在分析研究与经济和人口特征紧密相连的文化在西部民族地区农村老年人的劳动参与决策过程中所起的作用，并主要具体通过族别、性别、年龄与是否寡居等因素对劳动参与决策所起的不同作用来代表文化和民族差异。本章的研究对象是农村 50～74 岁的老年人，着重从文化和不同民族的视角加以分析，研究其劳动参与决定的形成。年轻的农村居民几乎全部加入了"劳动大军"，他们的目的是为了挣钱，直接或间接地参与了商品的生产过程，但很少有 75 岁以上的老年人仍选择外出打工。通过对年龄在 50～74 岁还能劳动且有就业机会的劳动者的研究，我们发现，部分劳动者为继续工作还是退休的选择做过激烈的思想斗争。

社会学和人类学长期以来将文化视为人类行为的决定因素，并发现了个体盲从于群体的倾向。经济学研究也已拓展到通过文化解释相同的经济激励下个体所表现出的不同反应。例如，经济学研究表明人们做出什么时候减少工作量的决定或许取决于幼年时期形成的对未来的期待，取决于教育、老年关怀、生活安排等社会制度，取决于子女的孝顺和当地的普遍情况，以及其周围邻里的选择影响。

基于中国 2000 年的人口普查数据，研究发现中国不同民族之间存在着劳动参与率的不同（Maurer-Fazio，Hughes and Zhang，2007，2010；Connelly，Maurer-Fazio and Zhang，2014）。但遗憾的是，由于人口普查数据中家庭或个人收入信息的缺失和家庭财富、个人健康信息十分有限，上述研究未能进一步深入。本章将利用"西部民族地区经济社会状况家庭调查数据（2011 年）"（Chinese Household Ethnicity Survey 2011），聚焦于西部民族地区农村的十一个民族，即汉族、蒙古族、回族、藏族、维吾尔族、苗族、壮族、侗族、瑶族、土家族以及其他民族的老年人的劳动参与决定分析。

不同民族的老年劳动力（50 岁～74 岁）劳动参与情况的诸多差异可以从统计性描述中看出。即便控制了受访者的经济、人口特征，这些差异仍然存在。对于男性而言，十一个民族中的蒙古族、维吾尔族、苗族、壮族、侗族、瑶族以及土家族的边际效应系数统计显著，表明他们有着比汉族更高的劳动参与率。土家族男性的劳动参与率达到 94%，侗族和维吾尔族的男性的劳动参与率达到 71%。对于女性而言，有八个民族的劳动参与率与汉族不同。回族和维吾尔族的老年女性的劳动参与率较低，蒙古族、苗族、壮族、侗族、瑶族、土家族的老年女性劳动参与率较高。比较后发现，不同少数民族地区老年女性劳动参与率有着明显差异，瑶族、土家族、蒙古族老年女性劳动参与率高于 60%，侗族、壮族的老年女性劳动参与率接近 50%。除了不同民族对应不同的劳动参与率之外，我们还发现受访者的民族交往和年龄也会明显地影响其劳动参与。

在分析年龄对男性和女性劳动参与率的影响时，本研究对文化和外界影响进行了区分。与男性相比，女性在她们年轻的时候更倾向于"做家务"，而不是"去工作"。配偶去世对于男性和女性的劳动参与率与工作时间都有巨大的负面影响，且对于女性的影响更大。这一结论很大程度上是因为农村地区女性的文化角色与社会地位相对于农村地区的男性有所不同。

大多数受访的农村地区都以农业为主要产业，农村老年人很少考虑过自己是否该退休。当受访者被询问是否退休时，我们经常听到这样的回答：即便不工作了，也不会退休，而会做家里的事。如果利用其他表明工作或退休的指标，如工作时间，上述情况依然成立。调查数据显示，50～74 岁老年人报告的工作时间随着年龄的增长而下降，并且族群的差异性更加显著。

本章的分析研究将从下列几个部分展开：第二部分回顾目前已有的关于中国老年人的劳动参与率与就业的研究成果；第三部分将社会经济、健康、文化因素等可能影响农村地区老年人就业决策的因素进行统计性描述；第四和第五部分将检验就业模式和调查样本中老年人的工作时间；第六部分给出简要结论。

二　文献综述

经济学界对 50～74 岁成年人的劳动参与和退休决策已进行广泛的研究，这个年龄段是成年人由大部分就业向大部分退出劳动力市场转型的时期。研究表明，在 20 世纪大多数的发达国家中这个年龄区间内的成年人劳动参与率实际上是下降的，尽管在过去的最近十年里这个比率有着微小的增长（Gendell，2008）。在中国农村也出现了类似的情况（Giles，Wang and Cai，2011；Connelly，Maurer-Fazio and Zhang，2014）。然而，我们注意到，世界范围内农村老年人的劳动参与决定倾向和城市老年人有所不同。这种不同既源于包括养老金和社保、老年人保障、农业生产地区劳动力的流入流出等的制度性因素，也受城乡之间的收入水平与财富差距的影响。

关于决定中国农村老年人劳动力参与的影响因素的研究考虑了财富、养老金、生活便利程度、健康、子女陪伴、成年子女的迁出，以及标准的社会经济变量诸如教育、年龄、性别的影响（Pang，deBrauw，and Rozelle，2004；Giles，Wang，和 Cai，2011；Connelly，Maurer-Fazio，和 Zhang，2014）。Pang，deBrauw，and Rozelle（2004）and Giles，Wang，和 Cai（2011）都发现了养老金是否方便支取对农村老年人的劳动参与决定有着负影响；对于女性来说，则是她们配偶的养老金是否方便支取在起作用。Pang，deBrauw，和 Rozelle（2004）发现财富对于正常的劳动参与没有影响，然而 Giles，Wang，和 Cai（2011）却找到了居住条件更好的农村女性参与劳动的可能性更小的证据。

Connelly，Maurer-Fazio and Zhang（2014）研究了老年人子孙与其陪伴情况对老年人劳动参与的影响。他们发现，当子女陪伴被假定为与其他影响劳动参与因素无关时，会对无论男性还是女性老年人的劳动参与产生很小的负影响。通过建立老年人工作同子女生活在一起的相互影响的模型后发现，子女陪伴会对劳动参与产生更大（绝对价值）的负影响。Pang，deBrauw 和 Rozelle（2004）也在他们的论文中引入了子女陪伴因素，同样发现这会对老年人的劳动参与产生显著的负影响。

上述研究证实年龄和性别都是老年人劳动参与或就业的重要影响因素，劳动参与率随着年龄增长而下降，并且女性的劳动参与率比男性更低。导致劳动参与率随着年龄增长而下降的主要原因是健康，本章假设还有文化的影响。Pang，deBrauw 和 Rozelle（2004）以及 Giles，Wang，Cai（2011）等人都控制了健康状况并由此发现了年龄对劳动参与产生的负影响。类似地，男性和女性的参与程度的不同不会只与健康状况相关，同时还会受到性别的社会角色这一文化观念的影响。在接下来的分析中，我们不出意外地发现，女性平均每天都会比男性做更多的家务；当加上在企业工作的时间后，女性每个年龄段的平均工作时间都比男性多，尽管女性的劳动参与率在每个年龄段都比男性低。

婚姻状况是上述研究中都讨论到的另外一个影响因素。寡居的老年人与配偶健在的老年人相比，他们的劳动参与率更低。Connelly、Maurer-Fazio 和 Zhang（2014）在他们的研究中发现，在控制劳动参与情况与子女陪伴状况之间的相互联系后，他们发现了婚姻状况的额外影响。具体来说，就是已婚老年人与寡居的和未婚的老年人相比，他们的劳动参与率更高。类似地，deBrauw 与 Rozelle（2004）发现已婚老年人更有可能继续从事商业性质的相关农业工作。

除了研究子孙陪伴状况这一因素外，Connelly，Maurer-Fazio 和 Zhang（2014）等人还发现了另外两个反映出当地性别状况的变量也会对农村地区老年人的劳动参与决策产生影响。县级地区的青年人性别比和县级地区不同性别的成人文盲率之差（男性的减去女性的）会在增加的同时提高女性的劳动参与率。因此，年龄在 50～74 岁且生活在重男轻女地区的老年女性的劳动参与率会比生活在男女平等地区的老年女性更高。然而，虽然不同性别的成人文盲率之差对男性的劳动参与影响是负的，但这两个因素影响老年男性的劳动参与情况的确有所不同。即使在控制个体人口分布特点之后，这两个因素的影响也只能提供有限的用以说明文化差异影响劳动参与率这一观点的论据。为此，我们将加入代表少数民族地区的相关变量，来深入探讨文化差异在西部民族地区农村老年人劳动参与决策上所起的作用。

我们感兴趣的问题是：为什么中国一些特定的少数民族老年人会比其他少数民族或者汉族老年人的劳动参与率或者工作时间更高呢？虽然我们认为这一问题应是中国少数民族地区和少数民族研究的重要组成部分，但遗憾的是，迄今我们没有找到相关的研究文献。因此，本章有关少数民族地区不同民族老年人的工作状况的实证分析是开创性的。本章试图在控制与劳动力参与决策相关的人口特征和社会经济变量后，将各民族之间的差异显现出来。同时我们也希望这一发现能够引起新一代的社会学家、人类学家对于不同民族老年人的比较研究的兴趣，这一研究的重要性也会随着中国人口迅速老龄化而得以体现。

三　影响农村老年人劳动与退休选择的若干因素

基于以上已有的研究，我们认为老年人的劳动决策是在与他们孩子的互联性的背景下做出的。老年生活至少有四方面应该考虑到：第一是老年人的生活安排，与之相关的是对老年劳动力的需求，特别是农业方面；第二是老年人的财富、收入水平、老年人曾经的贫困程度，并且这些因素是怎样影响老年人的劳动参与情况的；第三需关注健康如何影响他们的潜在就业率；第四是有关老年人的文化观念。本章用少数民族和性别的文化构成以及这两个因素的交叉项进行分析。

（一）老年人的生活安排和需求

在西方，老年人与自己的成年子女生活在一起会被认为是生活的失败，但在中国农村却不同。从 2000 年的中国人口普查的资料中 Connelly、Iannotti、Maurer-Fazio 和 Zhang（2014）就发现，与子女生活在一起的老年人比例非常高。"西部民族地区经济社会状况家庭调查数据（2011 年）"（Chinese Household Ethnicity Survey 2011）中也得到了相同的结论。与子女同住可能是因为老年人的自理能力丧失等因素，但很多老年人在他们丧失自理能力之前就已经和子女住在一起了。Maurer-Fazio 等人（2011）发现，在中国农村，年轻夫妇与其中一方的父母同住时，会增加年轻妇女的劳动参与率，这是因为老年人能在家照顾孩子并且做一些家务。Connelly、Maurer-Fazio 和 Zhang（2014）直接使用 2000 年的人口普查数据验证了子女陪伴对于在 50~74 岁年龄区间劳动参与情况的影响，并且得出子女陪伴会对农村地区的老年人，而不是城市老年人的劳动参与情况产生负影响。

尽管中国农村地区老年人与子女同住的现象并不主要是由老年人无生活自理能力造成的，但本章的分析模型中把这两个现象假定为共同的决定因素会更有助于分析。老年人与其子女生活在一起，会减少各自多种不同的交易成本。例如，他们的成年子女能够做家里的重体力活，老年人能够照顾婴儿、从事简单家务。除此以外，虽然与子女同住能够释放更多劳动力，但也会创造更多的劳动力需求。很多农村女性会边做家务边从事劳动，如何将两者进行清晰区分还未能做到。然而，目前已有的成果能够使我们预测，与子女同住将会导致农村地区老年人的劳动参与率的下降。

中国城市与农村老年人的寡居状态是与老年人和成年子女同住有着强烈相关性的（Connelly、Iannotti、Maurer-Fazio and Zhang 2014；Connelly、Maurer-Fazio、and Zhang 2014），即便是在控制子女陪伴这一变量后，寡居状态同样会减少劳动参与率（Connelly、Maurer-Fazio and Zhang 2014；Pang、deBrauw and Rozelle 2004）。由于其他诸如年龄这样的变量都会被控制，寡居状态和劳动参与不仅会反映老年人的健康状态，也会反映一个文化上的重要现象：即便老年人健康状况良好，寡居老人也需要子女更多地尽孝和给予更多的关爱。在接下来的分析中，我们依据调查问卷中的健康信息，严格地区分出了这两个假设。

无论子女是否与老年人居住在一起，在家务劳动中对老年劳动力的需求也有可能会被子女的劳动决策影响。在中国农村，年轻一代面临的两个最重要的劳动决定是，要不要外出打工或者要不要继续从事农业。考虑本章使用的调查数据样本中的所有农村家庭仍然从事农业，我们认为年轻一代的这两个劳动决定会分别增加老一代的劳动时间且这一效果在男女之间是不同的。Chang、Dong、MacPhail（2011）和 Mu、van de Walle（2011）等学者分别发现，家中年轻劳动力外出会使得农村老年女性工作时间的增加高于老年男性。另一方面，Pang、deBrauw 和 Rozelle（2004）发现在控制子女陪伴和健康状况后，子女的外出状况不再显著地影响老年人劳动参与率或者每周工作时间。

（二）收入、财富和贫困

尽管标准的劳动力供给模型无法给出劳动力供给会带来更高收入的论断，但却清楚地预测了财富越多，劳动力供给也就会越少。收入对劳动力带来影响的不确定性源于有更多的钱用于生活（收入效应）和个人的机会成本变得更高（替代效应）这两方面的相互影响。然而，大部分学者都认为，老年人的劳动参与率将会随着收入的上升而下降，因为老年人与年轻人相比，继续工作还是退休的选择更紧迫。研究者们使用了一系列的不同的变量用来说明财富和收入效应。Pang、deBrauw 和 Rozelle（2004）使用的变量是教育、人均收入和家庭农业用地面积（农业用地大小影响劳动力需求）；Giles、Wang 及 Cai（2011）所用的变量是教育、配偶和子女的平均教育水平、是否有医保、配偶是否有医保以及家庭财富；Connelly、Maurer-Fazio、Zhang（2014）使用的变量是教育、地区人均收入以及 GDP 增长率。

（三）健康

在任何社会中，劳动力供给会随着年龄的增长而下降，这是因为老龄化过程不可避免地影响着身体的力量、平衡、行动和体力。即便中国农村地区老年人有"做到老"的习惯，工作强度也会使得他们逐渐随着年龄增长选择退出劳动。人们心中对于与自己年龄相对应的工作是有预期的，这也部分地由文化决定。养老金和保险制度也会通过劳动者的能力标准界定等对其产生一定年龄需要退休的影响。

我们认为，除了年龄之外，个人的健康状况也会影响就业状态。Giles、Wang 和 Cai（2011）利用老年人的日常生活和活动是否"有困难"和"丧失劳动能力"的回答选项分别赋值代表健康状况。Pang，deBrauw 和 Rozelle（2004）通过调查中得到的受访者是否有"中度伤残"或"严重伤残"信息在模型中对健康加以控制。上述研究证实，健康状况不好对中国农村地区的老年劳动力参与劳动或就业产生了明显的负面作用。

（四）不同民族的差别

文化和社会规范以及周围环境会影响我们的生活方式选择。因为文化的不同，不同国家和地区在关怀老人方面也并不完全相同。有些文化环境下老人会通过市场满足养老的需要，而有的文化环境下老人会依赖家庭的照顾。

中国人，特别是少数民族长久以来一直保持着自己的文化。有些少数民族由于所居住地区的偏远，形成了与其他地区的隔绝，这也帮助了少数民族独特文化的形成；也有一些地区，不同少数民族混合居住。Connelly、Iannotti、Maurer-Fazio 和 Zhang（2014）分析了农村地区老年人的子女陪伴模式，发现与汉族相比，藏族、维吾尔族、壮族、撒拉族的老年人明显地更可能与他们的子女生活在一起。

Maurer-Fazio、Hughes 和 Zhang（2010）发现中国城市中，25 岁到 50 岁的女性劳动力的劳动参与情况会随着族群的不同而产生微妙的变化。她们利用 2000 年的中国人口普查资料，比较了六个具体的少数民族与汉族的劳动参与率的差异。与汉族相比，回族、朝鲜族、蒙古族、维吾尔族女性的劳动参与率更低，壮族女性的劳动参与率更高，满族与其他少数民族女性的劳动参与率与汉族差别不大。对于这个年龄区间的男性，他们的报告中指出，每个少数民族男性的劳动参与率都很高且几乎没有差异。

同样在 2000 年的人口普查资料的基础上，Connelly、Maurer-Fazio 和

Zhang（2014）检查了年龄在 50 岁 ~74 岁之间的城市和农村居民的劳动参与率。这个年龄段是大多数人最终决定退出劳动的年龄区间。他们发现，穆斯林身份农村老年人的劳动参与率比别的老年人更高。有趣的是，模型估计结果显示，穆斯林身份对处于黄金劳动年龄的城市女性的劳动参与起着负面作用（Maurer-Fazio *et al*，2011），但对老年农村女性却起着正向作用。通过"西部民族地区经济社会状况家庭调查数据（2011 年）"（Chinese Household Ethnicity Survey 2011）、本章的分析将不再局限于Maurer-Fazio 等人（2011）和 Connelly、Maurer-Fazio、Zhang（2014）等人的穆斯林 – 非穆斯林的二分法，可以对更多的民族加以分析研究。

四　调查数据

本章将使用"西部民族地区经济社会状况家庭调查数据（2011 年）"（Chinese Household Ethnicity Survey 2011），着重分析研究 50 岁 ~74 岁农村受访者的劳动参与和工作时间。在我们的两阶段估计方法中，也就是估计出与子女同住的老年人中，第一阶段是基于所有年龄在 50 岁及其以上的样本；而对是否处于黄金劳动年龄和农村非农就业率的计算则是基于年龄在16 岁到 49 岁的受访者群体样本。

本章对劳动参与的定义来自调查问卷中的以下问题："2011 年最后一周你的工作或者学习状况如何？"如果受访者回答"工作/务农/从事家庭商业活动"或者"失业或者正在寻找工作"，我们就会把这些受访者划分为劳动力市场参与者。使用这种劳动力参与的定义后，我们发现有 68% 的 50 ~74 岁老年男性和 45% 的老年女性仍活跃在劳动力市场中。

对于以上问题，也有受访者回答"我已经退休了"或者"做家务"。大部分相对年轻的从劳动力市场退出的农村老年人认为他们从事着家务劳动。在退出劳动力市场的老人中，只有 5% 的男性和 1% 的女性认为他们已经退休。这一情况有力地表明，我们应该从过去的学者们经常使用的单向的"工作后退休"的劳动力参与模型转变过来。

表 4 – 1 列出了在前述关于劳动力市场参与的定义下不同年龄段的劳动力市场参与率。从表 4 – 1 得知，劳动力参与率的变动情况与我们预料中的一样：在每个年龄组中，年轻群体比年老群体高，男性群体比女性群体高；除此之外，男性群体的失业率比女性群体更高。74% 的退出劳动市

场的老年女性认为她们的工作状态是"做家务",相比之下,只有57%的老年男性这样认为。与男性相比,女性更倾向于将她们的状态视为"做家务"。

表 4-1 劳动力市场参与率

类 别	男性(%)	女性(%)	男性样本量	女性样本量
年龄段				
50~54 岁	79.6	56.8	862	829
55~59 岁	76.8	48.2	1054	1022
60~64 岁	66.1	42.0	817	691
65~69 岁	51.6	34.5	483	414
70~74 岁	35.0	16.2	314	284
50~74 岁				
劳动力市场参与率	67.9	44.6	3455	3160
失业率	4.0	1.7		

注:表中的劳动力市场参与是根据调查问卷中受访者所回答的 2011 年最后一周的工作状况加以界定的。

"西部民族地区经济社会状况家庭调查数据(2011 年)"(Chinese Household Ethnicity Survey 2011)使得我们能够用两种不同的方式来定义就业(不仅仅是劳动参与)。在这项调查中,受访者被要求回答一系列关于他们在调查时点过去一周内指定活动上平均每天花费的小时数。如果受访者在过去一周内有着可观的工作时间,那么我们就视其为就业状态。我们称此方法为"每天工作时间"定义法,以便与"受雇工作状态"定义法相区分开来。"每天工作时间"这一方法曾在 Giles,Wang 和 Cai(2011)分析 CHARLS 数据时被采用过。此外,我们能够在一系列关于2011 年平均工作时间的调查问题基础上来定义就业。这些问题与 Pang,deBrauw 与 Rozelle(2004)用过的界定方法很相似,其中,就业被详细地分成务农和非务农两类。用在农业上的时间按照忙季和闲季分别搜集。工作的月份是在平均每周工作时间记录上累计而成。非农劳动时间也是分别按照工作月和每周工作时间来记录。我们使用这些受访者的回答来计算每年的务农时间与非务农时间。因此,就业的界定也可以以在过去一年内,务农和非农劳动中一定量的工作时间以依据。我们把这称为"每年工作时间"定义法。

表4-2 对就业的不同定义

单位：%

年龄段 \ 性别/就业定义	男性			女性		
	回答处于就业状态	每天工作时间确定的就业	每年工作时间确定的就业	回答处于就业状态	每天工作时间确定的就业	每年工作时间确定的就业
全体	65.2	92.5	89.9	43.9	87.8	86.4
50~54 岁	76.5	96.0	93.9	55.7	95.2	94.0
55~59 岁	73.9	96.2	93.9	48.0	92.4	92.1
60~64 岁	63.3	92.9	89.6	41.4	86.5	83.1
65~69 岁	49.9	87.8	84.0	33.3	78.3	72.1
70~74 岁	34.1	68.5	68.1	15.5	48.6	52.5
样本量	3530	2739	3289	3240	2317	2852

　　以上三种能从"西部民族地区经济社会综合家庭调查数据（2011）"中得到的就业状态的统计结果，在表4-2中做了比较。从表4-2我们可以看出，使用"每天工作时间"方法和"每年工作时间"方法统计出的结果计算出的每个年龄阶段的劳动参与率比"回答处于工作状态"方法计算出的结果更大。许多受访者没有自报处于就业状态，然而却又报告了每年或者每天的工作时间。用这三种方法计算出的就业比例，随着年龄的增加而下降，并且女性比男性更低。基于"每天工作时间"和"每年工作时间"得出的就业率十分接近。"每年就业时间"的样本量比"每日工作时间"更大，这是因为受访者对每天时间安排问题回答上有一些关键数值的缺失。

　　Maurer-Fazio、Hughes and Zhang（2010）和 Connelly、Maurer-Fazio and Zhang（2014）所使用的劳动力参与的定义却是建立在另外一种劳动供给测度上的。这些研究都使用了中国人口普查数据，如果受访者就"你现在的职位是什么"这一问题中选择了答案，或者在"为什么没有工作"这类问题回答"正在寻找工作"的话，那么这个受访者就被认定处于劳动力市场。从人口普查资料可以分析出，相对年轻的农村老年人的劳动力参与水平与上文的表4-1中所呈现的劳动力参与计算结果十分接近。根据2000年的人口普查，对于年龄在50岁~74岁的所有农村居民来说，男性的平均劳动参与率是79%，女性的是60%。当我们把人口数据限制在西部民族地区经济社会综合家庭调查的抽样乡村时，男性老年人的平均劳动参与率是69%，女性老年人是52%。在相同年龄组内不同性别中，这些比率与本章使用调查数据计算出来的结果十分接近。

最后，调查数据使我们能够进一步分析工作时间，并因此可以考虑 Giles、Wang、Cai（2011）和 Pang、deBrauw、Rozelle（2004）等人所讨论过的逐渐退休过程。这些工作时间的测度也能够与 Chang、Dong、MacPhail（2011）的研究结果作比较。他们将老年人定义为年龄在 51 岁以上的群体。表 4-3 给出了相同年龄段下受访者报告的每日工作时间和做家务时间以及劳动参与情况（限于使用工作状态定义）。表 4-3 的结果表明，工作时间随劳动参与而显著变化。我们也能观测到就业时间随着年龄的上升而下降。在控制了相同的劳动参与率后，男性和女性的就业时间十分接近。

表 4-3　西部民族地区农村 50~74 老年人工作和做家务的时间

单位：小时

类　别			全体	50~54 岁	55~59 岁	60~64 岁	65~69 岁	70~74 岁
工作	男性	退出劳动力市场	3.6	4.1	4.4	3.7	3.1	1.7
		在劳动力市场中	6.2	6.5	6.4	6.1	6.0	5.0
	女性	退出劳动力市场	3.4	4.2	4.2	3.1	2.3	1.0
		在劳动力市场中	6.0	6.2	6.1	6.0	5.6	4.9
家务劳动	男性	退出劳动力市场	1.7	1.5	2.0	1.6	1.7	1.3
		在劳动力市场中	1.7	1.5	1.6	2.0	1.8	1.6
	女性	退出劳动力市场	2.9	3.3	3.1	2.7	2.6	1.9
		在劳动力市场中	3.0	2.9	3.0	3.2	2.7	2.6
工作加上家务劳动	男性	退出劳动力市场	4.7	5.0	5.8	5.1	4.1	2.1
		在劳动力市场中	7.5	7.6	7.6	7.4	7.4	6.8
	女性	退出劳动力市场	6.0	6.8	6.9	5.7	4.5	2.7
		在劳动力市场中	7.5	8.7	8.6	8.6	7.7	6.9
工作加上家务劳动	全体男性		6.6	7.0	7.1	6.6	6.1	4.3
	全体女性		7.3	8.0	7.8	7.1	6.0	3.8

表 4-3 给出了就业状态和不同性别的老年人做家务的时间。与工作时间不同的是，做家务时间不随劳动参与情况的变化而变化。在老年人中，女性大约每天比男性多做一个小时的家务。把家务时间和工作时间加起来，便能得出 Burda、Hamermesh 与 Weil（2013）所定义的"总工作时间"。我们发现那些认为自己仍处于劳动市场的女性老年人总工作时间最长。通常与男性相比，女性一直处于劳动力市场的机会不大，我们使用这

个表格的最后两行来比较与老年人劳动力状态相独立的"总工作时间"。
这些数据表明，年轻群体中（在这些相对年轻的老年人中），女性的"总
工作时间"一直都比男性高很多。但在岁数较大的群体里，男性和女性的
"总工作时间"会随着年龄的增加而下降，并且性别之间有趋同的趋势。
因此，与男性相比，女性的总工作时间会下降更快，这也最终造成了性别
之间的总工作时间相同。在这个过程中，健康和性别可能起了大部分的作
用，但可能也与成为寡妇的概率比成为鳏夫的概率大这一现象有关。

表 4 - 4　西部民族地区农村 50 ~ 74 岁老年人劳动市场参与率

单位：%

民　族 \ 性　别	男性	女性	民　族 \ 性　别	男性	女性
汉族	64.8	43.4	壮族	77.4	52.1
蒙古族	81.7	60.8	侗族	71.1	51.0
回族	50.2	15.0	瑶族	79.6	63.3
藏族	47.7	20.4	土家族	94.3	61.8
维吾尔族	70.8	28.7	其他少数民族	57.4	31.3
苗族	75.5	58.3			

在"西部民族地区经济社会综合家庭调查数据"中的劳动力参与和就
业状况比较的基础上，要进一步分析少数民族之间的劳动参与的差异情
况，以此来验证不同民族的性别和年龄在劳动力参与情况是否如所预测的
那样变动。表 4 - 4 给出了不同民族的男性老年人与女性老年人的劳动参与
率。通过表 4 - 4 可以看出，不同民族、性别之间的劳动参与率有着明显的
不同。大多数的少数民族男性老年人与女性老年人的劳动参与率都高于汉
族，藏族和回族则是例外，这两个民族的比率都比汉族低，并且女性老年
人的比率差距比男性老年人的比率差距更大。然而维吾尔族表明了另外一
种模式，在这种模式下，男性老年人的劳动参与率比汉族的大，女性老年
人的劳动力参与率比汉族的小。在这些不同的民族之中，劳动参与率的波
动也很大。土家族男性老年人的劳动参与率最高，超出苗族近 20% ，多于
回族近 40% 。类似地，女性老年人的劳动市场参与率分布在最高的瑶族的
63% 到回族的 15% 之间波动。当然，劳动参与的不同可能是由于各个群体
的经济和人口统计学上的差异造成的。在这些方面的代表性研究成果来自
Chang、Dong、MacPhail（2011），Connelly、Maurer-Fazio、Zhang（2014），

Giles、Wang、Cai（2011），Mu、van de Walle（2011）和 Pang、deBrauw、Rozelle（2004）。我们认为健康、财富、子女外出打工和是否和成年子女共居都将影响西部民族地区农村老年人劳动参与的比例。多元分析的目的就是弄清楚劳动参与比例的差异在控制上述这些变量的情况下，这些影响是否由种族差异所造成。

表 4 - 5　不同民族和性别的老年人受教育情况

单位：%

	男性			女性		
	小学文化程度以下	小学文化程度	中学文化程度及以上	小学文化程度以下	小学文化程度	中学文化程度及以上
汉族	12.8	39.2	48.0	37.7	42.3	20.0
蒙古族	2.9	28.6	68.6	13.7	45.2	41.1
回族	48.7	32.5	18.9	80.8	17.8	1.4
藏族	31.7	55.8	12.5	69.6	29.4	1.1
维吾尔族	12.4	60.3	27.3	17.1	67.7	15.3
苗族	12.9	49.3	37.8	49.0	43.0	8.0
壮族	4.9	33.2	61.9	27.1	44.6	28.2
侗族	10.9	41.4	47.7	37.8	46.1	16.1
瑶族	8.2	53.1	38.8	32.6	50.5	16.8
土家族	2.3	50.0	47.7	25.3	62.1	12.6
其他少数民族	22.8	39.4	37.8	60.5	29.5	10.1

表 4 - 6　不同民族农村老年人（50～74 岁）的不同特征

单位：岁，%

	有一个外出打工者家庭的老年人平均比例	和成年子女同住家庭中老年人的平均比例	不同县域壮年人群非农就业的平均比例	平均年龄	老年残疾人平均比例	样本量
汉族	41.4	53.4	19.1	58.8	3.2	2769
蒙古族	34.5	62.9	14.1	56.7	2.1	145
回族	47.6	63.4	20.4	59.9	4.3	443
藏族	27.3	88.7	22.3	60.3	4.4	205
维吾尔族	16.2	86.1	24.6	59.8	3.9	383
苗族	59.3	63.1	21.8	60.9	2.1	947
壮族	49.9	70.0	11.8	58.9	1.8	567
侗族	55.4	62.6	27.1	60.3	1.9	527
瑶族	61.3	66.0	25.9	59.1	0.9	217
土家族	52.5	58.1	17.7	60.6	0.6	177
其他少数民族	64.6	60.0	16.5	59.5	2.3	260

表4-5和表4-6给出了不同少数民族包括平均教育水平、外出打工家庭的老年比例、不同少数民族群体中与成年子女共同居住的比例等数据。在农村中，不同少数民族的平均年龄、残疾人的比例、从事非农就业的劳动人口比例都十分相似。每类少数民族的样本中有接近一半是女性。

劳动力市场参与率的比例随着年龄而下降。图4-1和图4-2表明了不同年龄男性老年人劳动力市场参与率的轨迹。图4-3和4-4显示不同年龄女性老年人的劳动力市场参与率的轨迹。这些数据表明影响劳动力参与的因素中，年龄这一变量不同于少数民族变量和性别变量。图4-1和图4-3表明劳动力市场参与率高于汉族的民族分男性和女性及不同年龄段的

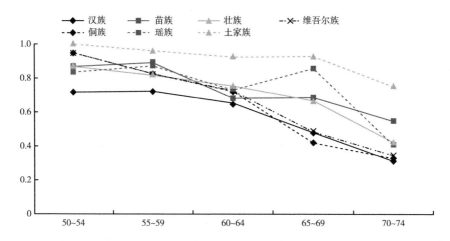

图4-1 男性劳动力市场参与率（高于汉族的少数民族）

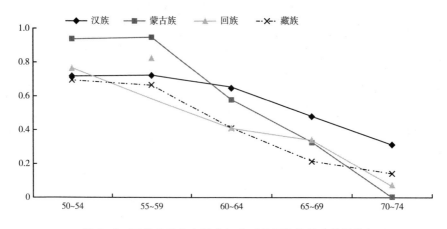

图4-2 男性劳动力市场参与率（低于汉族的少数民族）

劳动力市场参与率。60～64 岁和 65～70 岁的年龄段，老年男性的劳动力市场参与率变化明显大于女性；在 64 岁至 55 岁的年龄范围内老年女性的变化比例相比男性更小。在多变量回归模型中，年龄这一变量对于不同少数民族所产生的影响是不同的，但它证实了一个重要的假设，即不同的少数民族在劳动力参与上由于年龄的不同而产生了差异。

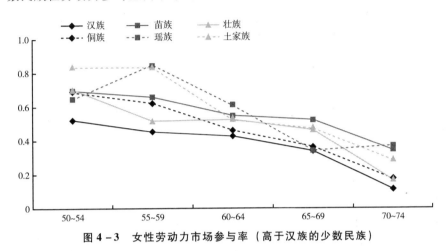

图 4－3　女性劳动力市场参与率（高于汉族的少数民族）

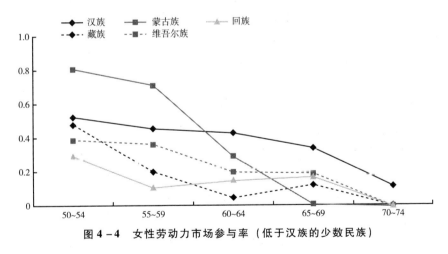

图 4－4　女性劳动力市场参与率（低于汉族的少数民族）

五　劳动参与的多变量分析

农村劳动参与的多变量回归结果在附录中，下面将就主要变量的结果进行讨论。

（一）农村老年劳动力的生活安排与对农村老年劳动力的需求

模型中的变量选择是为了分析老年人日常生活安排对劳动参与的影响，这些变量包括老人是否和成年子女共同居住和估计共同居住的两变量之间的残差、老人是否是寡居以及老人家中是否有外出打工人员。两个行政村层面的变量包括村中非农就业平均人数占劳动力人口的比例，以及从该村外移的村民人数。在研究中，我们发现，与成年子女同居对老年男性的劳动参与没有影响，但对女性产生了不利影响。我们推测，与成年子女同居中性别差异对于老年男性和女性的劳动参与可能发生不同影响，因为同居本身通常与家务、照顾孩子的责任相关，且主要是由女性提供。

寡居对于男性和女性在劳动参与上都有负面影响，对于男性来说将会减少16%的劳动参与比例，对于女性来说将减少10%。将年龄、自评的健康状况与成年子女同居这些变量都加以控制后发现，寡居具有导致老年劳动力放弃工作的预期效应。我们使用放弃工作这一词语，是因为我们分析工作时间时发现几乎所有的老人，无论他们自己认定处于工作还是非工作状况，都在调查问卷中填报了农业和家务劳动时间。另外，我们使用回归模型计算后发现寡居对于老年男性来说，每年在非农劳动和农业劳动上花费的时间都没有影响，但是对于女性在农业工作来说，有显著的消极影响。

对于家中有注册在户的外出人口来说，无论是家中的男性老年人还是女性老年人在参与劳动上都没有影响。对此我们感到十分惊讶。这个结果不同于 Chang、Dong 和 MacPhail（2011）以及 Mu、van and Walle（2011）所得出来的结果。这可能是由于对于很多有老年人口的家庭来说，是其孙子女而非成年子女外出打工。外出务工的孙子孙女和老年人在乡村劳动就业中无法相互替换。

从村庄外出的人数和非农就业人数占村内劳动力人数的比例这两个变量的结果看，它们对于男性和女性在劳动参与上没有影响。然而村内从事非农就业的劳动力比例越高越会促进男性和女性老年人参与非农劳动。

（二）收入和健康的测量

老年男性的受教育水平越高，就更有可能参与劳动。低于小学文化的教育水平将会严重影响老年男性在农业和非农业的就业，同样也将影响老年女性的农业就业。同时也明显减少老年男性的非农劳动和老年女性的农业劳动的年工作时间。教育具有如此大的消极影响是令人惊讶的。教育程度是与财富紧密联系的，拥有更多财富的人通常会减少劳动时间。当然教育也将影响就业机会成本（一种积极的替代效应）。另外更高水平的教育同样与更多的财富是联系在一起的，富裕的农业人口拥有很多的设备去工作（在农作中是减少劳动付出），有更多的土地去耕种和更多的机会与周边进行贸易（所有的这些都将提高他们的劳动投入）。在数据模型中，教育对劳动就业和劳动参与影响的变化是十分显著的。

其他测量收入和健康的方法会得出一个混合型的结果。我们发现养老金对于老年男性和女性的劳动参与都没有影响，同样 Giles，Wang 与 Cai（2011）发现，农村男性的养老金对于农村男性和女性的劳动力参与率成负相关。我们发现，两个家庭级的变量用来表示家庭的财富：一个是人均食物支出，这是一种十分普遍且很好的标准测量方法；另一个是房屋的估价。房子的价值对于男性和女性老年人在参与就业上有较少的积极影响，但人均食物支出对于女性的劳动参与有显著的消极影响。Giles、Wang and Cai（2011）发现房子的价值对于女性的就业有消极的影响，然而 Pang，deBrauw 和 Rozelle（2004）发现人均收入无论是在农业或非农业的就业上对于女性就业没有影响。

行政村人均收入对老年男性参与劳动有显著的消极影响，但影响较小。在每年的参与劳动时间模型中（结果未报告），生活在收入更高的行政村中的老年男性和老年女性在农业劳动上花费了更多时间。这意味着男性老年人在收入更高的行政村从事农业劳动时间更长，却将更不愿意认同自己在从事农业工作。所在村庄的收入水平这一变量，比起参与劳动的选择，更可能揭示关于工作的有效性问题。

（三）健康

在附录的表格中，发现对于老年男性和女性来说，年龄是一个决定性的影响参与劳动的因素。然而，男性参与劳动的年龄相对较大，可持续到 65 ~ 69 岁。而女性参与劳动时间则相对较短，主要集中在 55 岁 ~ 59 岁之间。这种差异主要源于文化或单位招工时对年龄的要求不同，男性和女性就业时对劳动者的角色塑造是不一样的。

老年男性的工作时间模型显示（结果未报告），非农工作时间在 55 岁～59 岁开始下降；但农业工作时间却没有下降，一直持续到 65 岁～70 岁。非农就业时间的下降十分明显，男性在 50 岁～54 岁每年减少了 227 小时的非农就业时间。对于女性来说，非农就业时间的下降在 55 岁～59 岁、农业就业时间的下降在 60 岁～64 岁两个阶段很显著。

正如本研究所预期的，对于老年人来说，认为自己有影响日常生活的残疾将会严重影响劳动参与，这种影响对于老年男性更小同时更加难以测量。在农业工作模型中该变量对于老年男性和女性的每年工作时间，都有消极的影响且统计表现显著。在调查的前一个月的工作中经历过身体和心理障碍的受访者来说，他们每年农业工作时间受到的消极影响非常大，与真正残疾者受到的影响几乎一致。

（四）少数民族

附录表格的结果中，对少数民族的影响表现在三个不同的方面，即少数民族作为虚拟变量（0，1 选择）直接被放入模型，少数民族变量再同两个年龄段的变量相互作用。这样能直接看到少数民族这一因素的影响，也能通过与年龄上升相对应的劳动参与下降的过程，间接看到少数民族这一变量的影响。从第 1 列中可以看到，55 岁～59 岁和 60 岁～64 岁的女性变量，与 60 岁～64 岁之间和 65 岁～69 岁之间的男性变量，与少数民族变量相乘后得到的交互项，展现了老年人的劳动参与向退休转型的关键年龄。

从表 4-4 可以看出，民族和性别这两个变量对于老年人劳动参与比例有着明显的差异影响。这种状况也许是由不同的人口状况和特定少数民族的经济发展差异导致的。不同的少数民族因居住在不同区域，所在的地理条件相差很大，家庭生活中老年人与他们的成年子女共同居住在一起的可能性也有大有小。附录表中多元分析的结果指出，劳动参与的情况在少数民族之间依旧存在实质上的差异，即使在控制所有变量后结果依旧如此。具体到不同民族，我们同样也发现一些十分显著的差异，这些差异表现在参与劳动时年龄上呈现出阶梯式下降，特别是对于老年男性来说尤为显著。

表 4 - 7　不同民族劳动参与的边际效应（非限定性模型）

民　族	女性	男性
蒙古族	0.1728 **	0.1218 *
回族	- 0.1991 ***	- 0.0797
藏族	- 0.1265 **	- 0.0652
维吾尔族	- 0.0628	0.1544 ***
苗族	0.2024 ***	0.1512 **
壮族	0.1159 *	0.1203 **
侗族	0.1146 **	0.0811 **
瑶族	0.2263 ***	0.1457 *
土家族	0.2687 ***	0.3001 ***
其他少数民族	- 0.0763	- 0.0806

表 4 - 7 给出了不同少数民族身份对劳动参与的影响（包括直接的和间接的影响）。此表中的数值是相比汉族所表现出的被估计的边缘影响。例如蒙古族老年女性比起汉族老年女性，认为自己参与劳动的比例要高出17%；土家族老年女性劳动参与比例相比汉族高出27%；壮族和侗族的老年妇女在劳动参与上也比汉族老年女性高出10%；回族和藏族的老年女性相比汉族老年女性在劳动参与上要低；虽然维吾尔族老年女性的劳动参与比例比汉族女性要低，但其估计值不显著，

不同少数民族对老年男性劳动参与的影响都显示在表 4 - 7 中。九个不同民族中有七个少数民族的老年男性劳动参与比例要明显大于汉族老年男性，回族和藏族的老年男性劳动参与比例比汉族老年男性要低，但统计不显著。

大多数情况下，不同少数民族所表现的女性差异要大于男性。土家族无论是男性还是女性都有最高的劳动参与。我们注意到并非所有劳动参与的差异都可以转换成一年工作时间上的显著差异。对于老年男性来说，回族每年工作的时间十分少，维吾尔族、苗族、土家族的年工作时间更多。对于老年女性来说，回族的工作时间显著较低，而苗族则更高。

大多数女性少数群体变量会对劳动参与产生直接影响。依据间接的年龄交互影响，回族妇女在 55 岁 ~ 59 岁的劳动参与显著较低；土家族妇女在 55 岁 ~ 59 岁的劳动参与比例比同年龄段的汉族妇女更高。在 60 岁 ~ 64 岁的年龄区间，相比汉族妇女只有藏族女性表现出显著的急剧下降。对于

男性来说，年龄和少数民族的交互影响更加重要。蒙古族、回族、苗族的劳动参与比例在 60 岁 ~ 64 岁年龄阶段比起汉族来说更低，这表明他们的年龄阶梯型变化更加陡峭，在他们较为年轻的年龄阶段，他们的劳动参与比例要比汉族高。维吾尔族和侗族相比汉族在 65 岁 ~ 69 岁之间，劳动参与比例要低。文化的不同在模型中以不同少数民族为代表的影响下，表现出影响老年人看待他们自身的劳动地位的差异。文化的不同会体现在不同少数民族认为应该"待在家里"的年龄有所不同。

我们试图运用分解方法来分析多变量的影响程度，从而发现单个少数民族群体和汉族之间的劳动参与的差别是在多大程度上由他们之间的社会经济属性和文化差异的直接和间接的影响所造成的。分解结果表明，社会经济属性的差异往往造成了汉族的劳动参与比例大于所有的少数民族，无论是男性还是女性都是如此。然而，几乎所有的少数民族的劳动参与比例事实上都要比汉族高。我们因此发现少数民族群体直接和间接的影响造成了各个地区的各少数民族劳动参与比例是大于汉族的。同样的，少数民族群体直接和间接的影响造成了在汉族、回族、藏族男性和女性及维吾尔族女性之间在劳动参与的差异。上述每个群体相对于汉族在劳动参与上都更低。

六 结论与相关讨论

本章基于"西部民族地区经济社会状况家庭调查数据（2011 年）"，论述了生活在七个少数民族地区中农村老人劳动参与和退休的生活变化。调查数据所包括的少数民族样本用于研究文化差异对老年生活安排的影响十分理想。随着年龄增长，很多老年人会减少市场导向的工作。这些特定的少数民族调查样本代表了老龄化和不同民族家庭生活照顾文化下的潜在差异。文化差异可以明显在老龄化和寡居在性别差异影响中观察到。

尽管我们预期老人家庭中有外出打工者，村中从事非农劳动的比例高会提高老年人的劳动参与比例，但通过模型计算发现上述变量在统计上没有显著性。我们也预期老年人和成年子女一起居住将会影响他们的劳动参与，但发现这种影响对于女性是消极的，对男性没有影响。而且，有趣的是，与成年子女共居无论是对于男性和女性来说都不会影响他们的年工作时间。这也使得我们对于老年女性得出一个结论：与成年子女共居将会改变他们的劳动参与，即远离以市场为导向的非农劳动，更多从事以当地为导向的农业劳动。对于老年男性来说，则没有表现出这种倾向。

对于农村老人来说，劳动参与的减少将会对收入产生影响。对于老年男性来说，乡村收入和劳动参与是负相关的关系；对于老年女性来说，人均食物支出与劳动参与是负相关关系，这两者的影响都十分小。教育程度和房产直接影响了劳动参与，更高的教育程度和更好的房产将会导致老年男性和老年女性有更高的劳动参与比例。我们假设从教育和房产中获得更多财富将会导致家庭拥有更多节省劳动力的农业设备和更多的周边贸易，于是就可以提高农业生产效率而不会要求更多的劳动付出和时间消耗。

模型结果显示，除教育变量之外，最能影响调查地区农村老年人劳动参与的变量是年龄、是否残疾、是否寡居和少数民族身份。年龄和是否残疾会反映身体健康状况，这会影响他们的劳动能力。对年龄的态度也是文化的组成部分，老年男性和女性之间对年龄的态度表现出明显差异，特别是对于少数民族老年男性。寡居也可反映出文化，寡居者似乎更能认可以市场为导向的退休标准。寡居对于老年女性来说，将会减少其在农业劳动上的时间，对于老年男性则没有表现出同样的情况。

最后，我们发现少数民族身份作为不同民族文化的代表对劳动参与是一个重要影响。相比大多数的少数民族，汉族老年男性将会更少地参与劳动；但不同的少数民族群体中，老年男性的劳动参与比例有很大差异。对于老年女性来说，回族和藏族比汉族劳动参与比例更低，但是蒙古族、苗族、壮族、侗族、土家族则更有可能参与劳动。土家族和汉族之间的差异在男性和女性中表现得十分突出。维吾尔族在少数民族中较为独特，在CHES 数据中，老年女性参加劳动的比例很低，而老年男性则相反。通过分解研究发现如果不考虑文化因素，汉族应比其他少数民族有更高的劳动参与比例。但调查数据显示，少数民族老年男性和女性的劳动参与比例超过汉族，唯一的原因应该是文化的差异。

我们可从上述这些分析中得出一个重要的结果，土家族、苗族、壮族、侗族、瑶族、蒙古族、回族和藏族相比汉族的差异各自不同。在分析农村地区老年人劳动参与时，如果简单地将民族分为少数民族和汉族，会使研究产生错误。区分不同族群的细致研究将有助于理解西部民族地区少数民族老年人对于年龄看法的差异。

虽然上述分析给出了一定的结论但今后的研究还应对文化因素的影响

做进一步的深入分析。其他学者的相关研究证实城乡不同文化差异一直存在，只是在第一代移民中被抑制了。因此，考察西部民族地区城市老年人参与劳动的模式中是否存在相似的文化差异也是我们感兴趣的。

本章结论对于农村劳动力转移、老龄化和社会保障的问题解决和政策制定也许能起到一定的启示。本章所关注的有外出打工的农村家庭现在有相当部分已经定居在城市，虽然本章的分析中没有证实家中有农村劳动力转移到城市后会对家庭中的老年人的劳动参与有显著的影响。但我们推断这可能是由于家庭中老年人的孙子孙女在城市学习而非老年人的成年子女在外务工。随着农村劳动力转移速度的加快，农村老年人很快会发现他们较之从前继续从事劳动的可能性会大大提高。寡居和年龄会对老年人选择从事市场性工作或退休形成显著影响，政策制定者需要考虑当寡居的老年人真正意识到他们独自在农村生活时会发生什么。同时也需要注意老年人在年龄不断增长过程中文化对其工作、生活安排的影响差异。

附表：农村老年人劳动参与的决定因素分析

因　素	(1)	(2)	(3)	(4)
	女性		男性	
	边际效应（稳健性 z 值）	均值	边际效应（稳健性 z 值）	均值
和成年子女同住	− 0.250 *	0.631	0.083	0.602
	(1.70)		(0.56)	
和成年子女同住变量的残差	0.189	− 0.001	− 0.092	− 0.003
	(1.24)		(0.62)	
寡居老人	− 0.100 *	0.147	− 0.157 ***	0.100
	(1.90)		(3.59)	
有外出打工者的家庭	− 0.001	0.437	0.029	0.454
	(0.04)		(0.90)	
村中从事非农就业的壮年劳动力比例	0.077	0.199	0.174	0.202
	(0.55)		(1.62)	
村中外出打工者人数	0.006	4.877	0.008	4.884
	(1.40)		(1.41)	
小学文化程度	− 0.087 ***	0.412	− 0.103 ***	0.148
	(3.01)		(3.40)	
中学文化程度或以上	0.104 ***	0.164	0.051 **	0.425
	(2.92)		(2.26)	

续表

因　素	（1）	（2）	（3）	（4）
	女性		男性	
	边际效应（稳健性 z 值）	均值	边际效应（稳健性 z 值）	均值
老年人获得的津贴	0.040	0.253	− 0.020	0.270
	（1.11）		（0.64）	
家庭人均食物消费（千元）	− 0.023 *	2.119	0.021	2.145
	（1.66）		（1.56）	
家庭房产（千元）	0.001 ***	49.768	0.001 **	49.909
	（3.11）		（2.13）	
行政村人均收入（千元）	− 0.013	4.260	− 0.016 **	4.243
	（1.54）		（2.23）	
55 ~ 59 岁	− 0.074 *	0.315	− 0.030	0.285
	（1.91）		（1.07）	
60 ~ 64 岁	− 0.099 **	0.215	− 0.044	0.241
	（2.07）		（1.03）	
65 ~ 69 岁	− 0.156 ***	0.131	− 0.224 ***	0.142
	（3.71）		（4.43）	
70 ~ 74 岁	− 0.309 ***	0.087	− 0.462 ***	0.091
	（6.27）		（9.11）	
是否残疾	− 0.120 *	0.033	− 0.384 ***	0.023
	（1.70）		（4.94）	
是否生活不能自理	− 0.115 **	0.053	− 0.044	0.042
	（2.26）		（0.87）	
蒙古族	0.220 **	0.024	0.223 ***	0.022
	（2.18）		（3.33）	
回族	− 0.140 *	0.068	− 0.040	0.067
	（1.94）		（0.61）	
藏族	− 0.024	0.030	0.010	0.031
	（0.26）		（0.14）	
维吾尔族	− 0.076	0.052	0.208 ***	0.059
	（0.86）		（4.83）	
苗族	0.246 ***	0.146	0.212 ***	0.147
	（3.94）		（4.89）	
壮族	0.135 *	0.087	0.131 **	0.078
	（1.67）		（2.29）	
侗族	0.116	0.084	0.135 ***	0.082
	（1.50）		（2.86）	
瑶族	0.174	0.030	0.167 *	0.030

续表

因　素	（1）	（2）	（3）	（4）
	女性		男性	
	边际效应 （稳健性 z 值）	均值	边际效应 （稳健性 z 值）	均值
	（1.36）		（1.81）	
土家族	0.227 **	0.027	0.268 ***	0.026
	（2.03）		（3.56）	
其他少数民族	− 0.173 **	0.041	− 0.109	0.037
	（2.12）		（1.15）	
蒙古族（55～59 岁）	0.130	0.008		
	（0.82）			
回族（55～59 岁）	− 0.243 **	0.020		
	（2.30）			
藏族（55～59 岁）	− 0.151	0.007		
	（1.19）			
维吾尔族（55～59 岁）	0.099	0.017		
	（0.93）			
苗族（55～59 岁）	− 0.005	0.043		
	（0.07）			
壮族（55～59 岁）	− 0.056	0.030		
	（0.59）			
侗族（55～59 岁）	0.053	0.026		
	（0.56）			
瑶族（55～59 岁）	0.282	0.007		
	（1.42）			
土家族（55～59 岁）	0.374 ***	0.005		
	（2.69）			
其他少数民族（55～59 岁）	0.005	0.018		
	（0.04）			
蒙古族（60～64 岁）	− 0.255	0.003	− 0.373 **	0.004
	（1.40）		（2.19）	
回族（60～64 岁）	− 0.106	0.016	− 0.158 *	0.014
	（0.94）		（1.69）	
藏族（60～64 岁）	− 0.321 *	0.007	− 0.198 *	0.007
	（1.85）		（1.83）	
维吾尔族（60～64 岁）	− 0.136	0.013	− 0.169 *	0.017
	（1.19）		（1.84）	

续表

因　素	（1）	（2）	（3）	（4）
	女性		男性	
	边际效应（稳健性 z 值）	均值	边际效应（稳健性 z 值）	均值
苗族（60～64 岁）	－0.091	0.035	－0.246***	0.035
	（1.26）		（3.37）	
壮族（60～64 岁）	0.056	0.011	－0.040	0.018
	（0.39）		（0.38）	
侗族（60～64 岁）	－0.027	0.018	－0.108	0.020
	（0.26）		（1.17）	
瑶族（60～64 岁）	－0.013	0.007	－0.219	0.011
	（0.07）		（1.47）	
土家族（60～64 岁）	－0.096	0.008	0.003	0.008
	（0.68）		（0.01）	
其他少数民族（60～64 岁）	0.360**	0.007	－0.073	0.007
	（2.39）		（0.47）	
蒙古族（65～69 岁）			－0.410	0.001
			（1.40）	
回族（65～69 岁）			－0.019	0.014
			（0.20）	
藏族（65～69 岁）			－0.215	0.006
			（1.53）	
维吾尔族（65～69 岁）			－0.251**	0.008
			（2.18）	
苗族（65～69 岁）			－0.087	0.027
			（1.11）	
壮族（65～69 岁）			－0.011	0.007
			（0.08）	
侗族（65～69 岁）			－0.230**	0.013
			（2.43）	
瑶族（65～69 岁）			0.109	0.002
			（0.61）	
土家族（65～69 岁）			0.073	0.004
			（0.38）	
其他少数民族（65～69 岁）			0.196*	0.004
			（1.78）	
样本量	2958		3141	

注：稳健性的 Z 值在括号内；* 代表在 10% 水平显著；** 代表在 5% 水平显著；*** 代表在 1% 水平显著。

参考文献

Alesina, Alberto and Giuliano, Paola. 2007. "The Power of the Family," NBER Working Paper 13051.

Amuss, Pamela and Stevan Harrell, editors. 1981. *Other Ways of Growing Old : Anthropological Perspectives*, Stanford, Calif. : Stanford University Press.

Blau, Francine, Lawrence Kahn, Albert Yung-Hsu Liu, and Kerry Papps. 2013. "The Transmission of Women's Fertility, Human Capital, and Work Orientation across Immigrant Generations," *Journal of Population Economics*, 26 (2).

Borooah, V. K. and S. Iyer. 2005. "The Decomposition of Inter-group differences in a Logit Model: Extending the Oaxaca-Blinder Approach with an Application toSchool Enrollment in India," *Journal of Economic and Social Measurement* 30 (4).

Burda, Michael, Daniel Hamermesh, and Philippe Weil. 2013. "Total Work and Gender: Facts and Possible Explanations." *Journal of Population Economics* 26 (1).

Cai, Fang, John Giles, Philip O'Keefe, and Dewen Wang. 2012. *The Elderly and Old Age Support in Rural China: Challenges and Prospects.* The World Bank: Washington, D. C.

Chang, Hongqin, Xiaoyuan Dong and Fiona MacPhail. 2011. "Labor Migration and Time Use Patterns of the Left-behind Children and Elderly in Rural China," *World Development* 39 (12).

Connelly, Rachel, Margaret Maurer-Fazio, and Dandan Zhang. 2014. "The Role of Coresidency with Adult Children in the Labor force participation Decisions of Older Men and Women in China" IZA Discussion Paper Series, IZA DP No. 8068.

Connelly, Rachel, Michael Iannotti, Margaret Maurer-Fazio, and Dandan Zhang, 2014. "Coresidency, Ethnicity, and Happiness of China's Rural Elders," IZA Discussion Paper Series, IZA DP No. 8194.

Gendell, Murray. 2008. "Older workers: increasing their labor force participation and hours of work," *Monthly Labor Review*. January.

Giles, John, Dewen Wang, and Wei Cai. 2011. "The Labor Supply and Retirement Behavior of China's Older Workers and Elderly in Comparative Perspective," Policy Research Working Paper 5853, World Bank, Development Research Group.

Maurer-Fazio, Margaret, James Hughes, and Dandan Zhang. 2007. "An Ocean Formed from One Hundred Rivers: The Effects of Ethnicity, Gender, Marriage, and Location on Labor Force Participation in Urban China, *Feminist Economics* 13 (3 – 4).

Maurer-Fazio, Margaret, James Hughes, and Dandan Zhang. 2010. "A Comparison and Decomposition of Reform-Era Labor force participation Rates of China's Ethnic Minorities and Han Majority," *International Journal of Manpower* 31 (2).

Maurer-Fazio, Margaret, Rachel Connelly, Chen Lan, and Lixin Tang. 2011.

"Childcare, Eldercare, and Labor force participation of Urban Women in China: 1982 – 2000," *Journal of Human Resources* 46 （2）, Spring.

Mu, Ren and Dominique van de Walle. 2011. "Left Behind to Farm? Women's Labor Re-allocation in Rural China," *Labour Economics* 18.

Pang, Lihua, Alan deBrauw, and Scott Rozelle. 2004. "Working Until You Drop: The Elderly of Rural China," *China Journal* 52.

Terza, Joseph, Anirban Basu, and Paul Rathouz. 2008. "Two-stage Residual Inclusion Estimation: Addressing Endogeneity in Health Econometric Modeling," *Journal of Health Economics* 27.

World Bank. 2014. *Inclusive Urbanization and Rural-Urban Integration*, *Supporting Report* 4. SRs4 – 7.

第五章　农村惠农政策的再
分配效应

一　引言

本章检验了西部少数民族地区在建设社会主义新农村背景下的惠农政策的再分配效应。这一研究之所以重要，不仅是因为它提供了对中国农村公共政策的定量化评估，也是因为公共转移支付在农村家庭收入增长过程中存在的"逆收入分配"效应是当前中国农村面临的重要问题之一（Bernstein and Lü 2003；Sato，Li，and Yue 2008）。在分析中，本章首先分地区、民族和收入阶层描述了公共转移支付的总量及其在家庭总收入中的比重。然后通过对比公共转移支付前后的基尼系数变化情况以及基于收入来源进行的基尼系数分解，分析两个方法在检验公共转移支付在收入不平等方面的效应。紧接着，本章通过评估贫困测量随公共转移支付、税费和外出务工收入的改变而改变的情况，分析了公共转移支付对农村贫困的影响。最后，本章检验了2002年和2011年公共转移支付的再分配效应的变化情况。

本章的第一部分描述了将要使用到的来自实证调查的数据情况，并且进行了简要的文献回顾。第二部分评述了21世纪以来中国农村公共政策的发展情况。第三部分分析了公共转移收入和支出的结构，并从不同民族、不同地区和不同收入阶层比较了净公共转移支付占家庭总收入的整体规模。第四部分总结了公共转移支付在收入不平等总效应中所表现出的民族之间与地区之间的差异；然后通过基于收入来源的基尼系数分解方法，检验了公共转移支付的再分配效应。同时，本部分还比较了2002年和2011年公共转移支付的再分配效应等的变化情况。第五部分则分析了2011年的公共转移支付对贫困的影响以及2002年和2011年间公共转移支付对贫困影响的变化情况。第六部分是本章的结论。

　　本文使用的两套数据分别为"西部民族地区经济社会状况家庭调查数据（2011 年）"（China Household Ethnicity Survey，2011）；1995 年和 2007 年中国家庭收入调查数据（China Household Income Project）。

　　在本章的分析中，我们对农村家庭收入采用了两种定义。第一种收入定义是指包括家庭农业生产净收入、非农业性自我雇佣净收入、工资收入（包括农业工资收入）、转移性收入、财产性收入、住房租金收入以及其他杂项收入在内的收入总和（以下简称 CHIP 收入）。第二种收入定义是国家统计局在进行家庭调查时界定的"农村家庭纯收入"（国家统计局，National Bureau of Statistics，以下简称 NBS 收入）。本文主要利用"西部民族地区经济社会状况家庭调查数据（2011 年）"，依照中国家庭收入调查课题组的 CHIP 收入定义来进行各项问题的分析。但是，由于官方贫困线是依据农村家庭人均纯收入来划定的，因此本文也利用了 NBS 收入来分析公共转移支付对贫困的影响。

　　利用家庭人均收入来描述公共转移支付对家庭收入的影响虽然是可行的，但利用等值的家庭收入来衡量更为精确。而使用这一测量方法的困难在于定义一个恰当的等值范围来对中国西部少数民族地区的不同民族群体进行比较。由于中国农村缺乏官方的等值范围，并且依据可用数据来计算出一个等值范围并进行假定也是十分困难的。因此，本文选择了次优办法，即用家庭收入除以家庭规模的平方根来作为等值范围（OECD，2011）。

二　文献与相关政策回顾

　　尽管惠农政策自 21 世纪以来就备受研究者关注，但是很少有人从收入分配的视角对惠农政策的重要性进行实证研究。王震（2010）利用 2002 年的中国家庭收入调查数据和 2004 年及 2006 年国家统计局的年度家庭调查微观数据，评估了取消农业税、实施农业生产补贴以及重建农村医疗保险制度等政策在农村收入分配以及城乡收入差距方面的影响。王震（2010）发现，上述政策实施后产生的收入再分配效应放大了农村家庭收入的不平等，但却缩小了城乡之间的收入差距。而且，齐良书（2011）使用 2003～2006 年覆盖全国 30 个省、区、市的微观面板数据，对新型农村合作医疗的减贫、增收和再分配效果进行了评估，发现新农合能显著促地进低收入和中等收入农民增收，因此降低了贫困发生率。[①] 林万龙等（2012）使用农业部农村家庭调查数据分析了转移性收入，发现补贴性收入和打工寄回的收入对提升家庭收入起到了显著作用。他们还发现21世纪以来的农村补贴性收入具有累退性影响。其形成原因一方面是地方财政能力有限和地区差异；另一方面是补贴项目的瞄准精度不够。在上述研究基础上，本章利用包括最低生活保障制度和新型农村社会养老保险制度等在内的覆盖范围更广的再分配政策及其最新的调查数据开展研究。尽管本章没有提供一个有全国代表性的样本，但是西部少数民族地区整体经济发展水平较低和贫困发生率很集中，这些样本对于评估中国的惠农政策具有更加普遍意义上的重要影响。

表 5 - 1　21 世纪初的农村政策和公共转移结构

农村政策	全国实施的时间	受益人/参与人（百万人）	
		2005 年	2010 年
少取政策	—	—	—
税收改革（税改费改革和农业税废除）	2002～2005 年	—	—
多给政策	—	—	—
农产品直接补贴（谷物生产补贴，农业物质生产全面补贴，改良种子补贴，购买农业器械补贴）	2002～2006 年	—	—
坡地转换项目补贴（SLC）	2002 年	—	—
新型农村合作医疗保险制度（NCMS）	2003 年	179.0(18.8)	836.0(86.2)
农村最低生活保障（低保）	2007 年	8.3(0.9)	52.1(5.4)
传统的农村社会救助（五保）	—	10.7(1.1)	6.2(0.6)
农村公共养老保险计划	2009 年	—	102.8(10.6)

注：在第一、第二栏的数据表明了 NCMS 项目的参与人数和低保、传统农村社会救助、公共养老金的受益人数（真正得到收益的人）。

资料来源：Li、Sato and Sicular (2013)，pp. 5～19.

农村地区宣传口号"多予、少取、放活"很好地展现了21世纪以来中国惠农政策的本质。"少取"的基础性政策是"费改税"之一农村赋税

[①] 在农业补贴方面，现有的研究文献集中于补贴政策在成本结构和农业生产力、劳动力流入、农户的农业投资、农村劳动力在农业和非农业活动之间的选择等（李克春，2010）。在农村社会养老保险方面，由于该制度仍然处于试点阶段，现有的有关该制度的再分配效应的文献仅限于一些对不同的缴费或待遇项目进行模拟研究（王翠琴、薛惠元，2012）。

的改革，这是新定义下的地方征收农业税的替代物，因为国家规定按地区逐步取消农业税，直到 2005 年为止实现全国范围内取消农业税。在税赋改革过程中，原有法定的或者其他的从乡镇一级的地方征费中收集资金的行为被终止，因而乡镇一级的官员在提供公共品时只能通过召集村民以"一事一议"的方式对具体的本地公共事务建设进行筹资或者出工。另一个与"少取"相关联的重要政策是取消学费/学杂费的摊派，以及结束对小学和初中学校宿舍费的补贴。"多予"政策与项目主要包括农产品转移支付、消费转移支付和社会福利转移支付。在此基础上，又可根据受益对象进一步划分为三种转移类型：普惠式，扶贫式，补偿式（林万龙等，2012）。农村全体家庭，不分经济状况好坏都能得到的是普惠式转移支付；在甄别贫困家庭后，只对贫困家庭进行的是扶贫式转移支付；补偿式转移支付是为符合条件的贫困家庭提供特定的转移支付。农产品转移支付主要是对四种不同的农产品进行补贴，包括对粮食生产直接补助、对农业生产材料的全面补助，和改良种子以及购买农业器械的补助。消费和社会福利转移支付包括新型农村合作医疗保险制度、新农村养老保障项目、为外出学生上学提供补助、低保（农村最低生活保障）和其他社会救助，如修建沼气池

表 5 - 2　2007 ~ 2011 年国家财政中的农业支出

年份	农业财政总支出（10 亿元）[①]	农业生产补贴[②]			农业财政支出占总的国家财政支出百分比[⑥]（%）
		总量（10 亿元）[③]	人均（元）[④]	人均（2007 = 100）[⑤]	
2007 年	431.8	51.4	54.0	100.0	8.7
2008 年	595.6	103.0	107.8	187.4	9.5
2009 年	725.3	127.5	132.6	231.3	9.5
2010 年	858.0	122.6	126.9	213.7	9.5
2011 年	1049.8	140.6	144.9	230.6	9.6

①本列的数据来源于国家统计局《中国统计年鉴 2012》（2012b，77），它包括支持农业的一般性支出（2011 年为 4090 亿元）、农产品补贴支出、农村社会发展支出（2012 年为 4382 亿元）。

②本列的数据来源于国家统计局《中国统计年鉴 2012》（2012b，77），包括粮食直补、农业生产补贴、良种补贴、购买农业机械补贴。其它农业补贴由中央政府资助，但坡地转换项目补贴不包括在内，地方政府的补贴不包括在内。

③详见中国农业年鉴编辑委员会《中国农业年鉴 2013》，农产品总补助数量在 2011 年为 1439 亿元。

④从农业部得到的数据，用每年全国农村户籍人口计算总补贴支出数量（2013，2011，2009）。

⑤农村居民消费价格指数是缩减的《中国统计年鉴 2012》（国家统计局，2012a）。

⑥国家统计局《中国统计年鉴 2012》（2012b，77）。

数据来源：国家统计局（2012a），国家统计局（2012b），农业部（2013，2011，2009），中国农业年鉴编辑委员会（2013）。

项目，家电汽车下乡活动等。

表 5 - 2 显示，最大的公共转移是农业生产补助部分，但表 5 - 2 只包括上述主要几个部分，坡地转换项目和其余当地补助金并没有包括在内。根据中央财政预算所得出的农业方面的财政支出明细，2011 年和 2007 年相比，人均农业生产补贴显著增长，呈现上升趋势。与此同时，中央政府对西部地区还实施了以西部大开发为主体的经济发展促进政策，例如针对西部地区设立了草原生态保护补助奖励基金①。除了中央政府的补助，还有各类地方补贴，因区域差异而对不同农产品进行不同程度的农业补贴。

农业补贴也包括普惠式和补偿式两种类型。粮食直补、农业生产补贴、退耕还林还草项目都是面向全体农民的普惠式转移支付。补偿性转移支付包括改良种子、购买农业机械补贴及当地的其他补贴。我们注意到农业生产能力强的家庭在普惠式和补偿式两种类型的农业补贴中会获得更多的利益，因此可能会形成一定的民族差异。

在表 5 - 1 中新型农村合作医疗保险制度的覆盖范围迅速扩展，从 2005 年少于 20% 的农村人口上升到 2010 年的 86%，这意味着大部分农村人口都参与到这个项目中。中央和地方政府的新型农村合作医疗保险的补助是全覆盖的，全部参保者都会受益。但该保险报销是在家庭医药的实际开支后实施的，因此新农村合作医疗保险中，低收入家庭由于贫困而看病的机会不多，受益较少。

有代表性的扶贫类转移支付是农村低保，2010 年有 5.4% 的农村人口约 0.521 亿人受益。实施低保是为了降低农村贫穷发生率，缩小农村收入差距。其他的农村扶贫类转移支付包括为孤寡老人提供的五保、各项扶贫款和医疗救助。另一个实施较为广泛的是政府补助、自愿参保的农村养老保险。2010 年参加该保险项目的已有 1.03 亿的农村居民，约占农村人口的 10.6%。

三 公共转移支付结构及其再分配效果

"少取"政策是为解决农民负担问题，也就是说，减轻农村地区税

---

① 详见中国农业年鉴编辑委员会《中国农业年鉴 2013》，农产品总补助数量在 2011 年为 1439 亿元。

和费的负担，缓解由此引发的社会紧张（伯恩斯坦等 2003；李实、佐藤宏、史泰丽 2013；佐藤宏、李实、岳希明 2008）。表 5 - 3 比较了农业税取消前和取消后农村家庭收入的基尼系数。考虑到新农合和农村养老保险在 21 世纪初还没有实施，所以只在 1995 年和 2002 年比较了公共转移的全部再分配作用。表 5 - 3 表明，1995 年农业税取消后基尼系数比税前基尼系数大了 4.5%，证实了农业税有扩大农村家庭收入差异的作用。

表 5 - 3　税前税后农村家庭人均 NBS 收入的基尼系数变化

	1995	2002
税前家庭人均收入基尼系数	0.357	0.336
税后家庭人均收入基尼系数	0.373	0.345
基尼系数变化百分比	4.5	2.7
十等分组中最低收入组的家庭人均收入中税和费的比率（%）	10.1	8.3
十等分组中最高收入组的家庭人均收入中税和费的比率（%）	3.4	1.8

数据来源：作者根据佐藤宏、李实和岳希明（2008）的收入定义运用 1995 和 2002 年的 CHIP 调查数据计算而得。

因此，"少取"就体现在农村费改税改革中，直至农业税在 2005 年末全面废除为止。之后在村一级实行"一事一议"的办法，征得村民同意后再集资或出人力修建公共基础设施等。表 5 - 3 表明了在缴纳农业税之后家庭人均收入的基尼系数变化，从 1995 年的 4.5% 降到 2002 年的 2.7%。我们将这种变化归因于"税改费"改革的实施。另外一项切实体现了"少取"，也就是义务教育阶段免除学费和给予小学和初中住宿补贴。

本章试图证实在 21 世纪初，通过政府的公共转移支付会使农村收入分配状况有所改变。同时，我们假定尽管实施公共转移支付政策使得农村收入分配的不均等程度缩小，但不同地区的中央和地方财政转移支付不同，再分配的作用也就存在地区差异。

表 5 - 4 给出了调查的七个地区中家庭平均得到的公共转移支付数量。初始收入包括农业经营收入、工资性收入（包括非农就业、农业生产等的工资收入）、财产收入、私人转移收入（包括朋友亲戚间的转移）、对自有住房的估算租金收入和其他杂项收入。再分配后的收入被定义为初始收入减去公共支出（税和费，社会保障费和其他公共转移支出）加上公共转移

收入（农业生产补贴、医疗费用报销、退休金、低保、其他社会救助以及其他社会转移收入）。

表 5 – 4　公共转移支付的收入再分配作用

再分配前后的收入	人均金额		
	全部家庭[①]	少数民族家庭	汉族家庭
初始收入[②]（元）（A）	6397.4	5375.8	7936.9
再分配后的收入（元）（B）	6750.0	5667.9	8380.6
净公共转移（B）–（A）	352.6	292.1	443.7
再分配率（%）（C）=（B）–（A）/（C）	5.5	5.4	5.6
公共转移结构			
支出			
税和费[③]	73.1	77.3	66.9
新农保的医疗保险费[④]	30.0	29.4	31.0
退休金捐赠	44.1	31.4	63.2
其他转移支出	24.3	14.5	39.2
收入（收益）			
农业生产补贴[⑤]	284.9	213.3	392.9
医疗费用报销	106.6	99.5	117.2
低保和其他社会保险	54.1	60.8	43.9
退休津贴[⑥]	59.4	45.8	79.8
其他转移收入	19.2	25.2	10.2

①表 4 的样本量：全部家庭样本 7122 户；少数民族家庭 4281 户；汉族家庭 2841 户。表 4 和表 5 中不包括没有回答民族的家庭样本（总样本为 7257 户家庭）。

②根据 CHIP 数据的计算方法计算得到。

③农业税收和收费总和，假定"一事一议"的村征收和其他地方一致的税费（包括用地方工资计算出临时工的工资）。

④社会保障项目缴费和新农合的医疗报销费用，不包括商业医疗保险。

⑤粮食直补，农业生产补贴，坡地转换项目补贴，良种补贴，农业机械购置补贴和其他地方补贴。

⑥农村公共养老金和退休职工补贴。不包括商业养老保险。数据来源：本表和下表是基于李、龙、刘的相关表重新计算（2014）。

经过计算得到调查家庭的人均农业补贴是 285 元，2011 年国家统计的该数据是 145 元（见表 5 – 2）。调查数据得到的家庭农业补贴水平明显高于国家水平，表明了公共转移支付再分配的重大意义。我们对此的解释是本章对农业补贴的计算包括了西部地区在内的内陆农业地区广泛实施的农业补贴。

报告有医疗费用报销的家庭中，人均新农合医疗报销金额是 540 元，全体家庭人均为（包括非报销户）是 30 元。在 2011 年的调查数据中有大约 20% 的家庭通过新农合报销了医疗费。

七个地区调查样本中大约有 14% 的样本家庭在 2011 年获得低保金，低保家庭人均获得 386 元，全部家庭人均（包括非低保户）平均收益是 54 元（见表 5 - 4 倒数第三行）。人均征税和收费是 73.1 元（见表 5 - 4 中第一行）。农业税和收费包括对家庭生产经营活动所征收的税费之和；对于以工代赈的情况，本章采用当地临时工的工资进行计算后得到。根据农业部 2013 年的测算，2011 年全国农村以工代赈人均 1.2 天相应的平均工资是 53 元。如果我们以每天 84 元的工资标准计算 1.2 天的价值，那么所有的税费负担将变为人均 153.8 元。因此，七地区调查样本中平均人均税费负担小于全国平均水平。

从表 5 - 4 可以看出公共转移支付再分配对家庭人均收入的影响是 5.5%。尽管对汉族（5.6%）和少数民族（5.4%）家庭收入该影响几乎没有区别，但主要公共转移支付部分存在民族差异。第一，农业生产平均补贴在汉族家庭比在少数民族家庭要多，表明了在农产品生产规模和技术运用水平中，汉族家庭要超过少数民族家庭。第二，新农合报销金额在汉族家庭比少数民族家庭要大，表明了不同民族之间获取医疗服务的路径是不同的。第三，低保的扶贫和缩小收入分配差距的平均效应在少数民族家庭中比汉族家庭要明显，表明了我国西部少数民族地区实施的针对少数民族政策优惠是有效果的。

表 5 - 5　2011 年调查地区公共转移支付的再分配效用

单位：元，%

	转移支付的再分配			主要公共转移项目		
	初始收入	再分配后的收入	再分配率	农产品补贴	新农合报销	低保
内蒙古						
全体	7456.5	8082.7	8.4	543.8	101.5	26.8
蒙古族	8290.3	9147.6	10.3	736.6	125.8	12.2
汉族	7243.8	7814.3	7.9	496.3	95.7	31.0
宁夏						
全体	7540.9	7808.4	3.5	324.3	120.9	35.5
回族	7209.5	7411.5	2.8	265.5	103.3	32.7

	转移支付的再分配			主要公共转移项目		
	初始 收入	再分配后的 收入	再分 配率	农产品 补贴	新农合 报销	低保
汉族	7833.0	8156.0	4.1	374.8	137.1	38.2
青海						
全体	5928.0	6420.1	8.3	278.4	123.2	90.6
藏族	6180.7	6598.7	6.8	266.3	23.4	88.1
回族	5292.4	5878.7	11.1	273.4	144.5	132.3
汉族	6355.8	6877.5	8.2	297.3	180.6	83.8
新疆						
全体	9798.4	10216.2	4.3	465.9	160.0	74.3
维吾尔族	5378.0	5508.3	2.4	124.5	135.7	114.8
哈萨克族	10448.7	11331.4	8.4	703.7	287.6	24.5
汉族	15874.3	16557.4	4.3	891.1	152.2	32.6
广西						
全体	6112.3	6227.6	1.9	92.3	52.6	31.6
壮族	5292.2	5481.3	3.6	110.6	86.2	28.6
瑶族	6632.2	6653.5	0.3	57.8	36.9	40.6
苗族	3845.5	3725.8	-3.1	36.1	30.6	39.8
汉族	8288.8	8458.3	2.0	106.2	28.2	25.2
贵州						
全体	4746.6	5078.9	7.0	130.5	131.8	89.5
苗族	4636.4	4951.2	6.8	133.2	106.7	87.4
侗族	4738.8	5085.4	7.3	102.3	194.6	71.0
汉族	5156.0	5486.9	6.4	143.9	127.7	111.7
湖南						
全体	3433.9	3643.0	6.1	177.9	52.7	24.8
苗族	3203.6	3356.1	4.8	171.0	48.6	18.9
侗族	3599.3	3735.1	3.8	215.7	14.0	20.5
土家族	3228.4	3603.8	11.6	223.4	35.7	58.7
汉族	3817.1	4107.5	7.6	146.0	106.8	16.6

　　表5-5详细计算了公共转移支付在收入再分配上的地区和民族差异。在七个调查的地区中，内蒙古和青海的转移支付再分配率最高，广西的再分配率最低。在表5-5中主要列出的少数民族中，内蒙古的蒙古族、青海的回族、湖南的土家族的收入再分配率最高，广西的瑶族和苗族收入再分配率最低。

农产品补贴是公共转移的最主要内容，可以说明地区和民族差异。内蒙古，尤其是蒙古族的高再分配率主要归因于高额的农业补贴。值得注意的是在新疆，对哈萨克和汉族的高额农业补贴与维吾尔族的低额农业补贴相平衡后导致了地区整体再分配率的适度调整。对蒙古族和哈萨克族的高额农业补贴也说明了西北地区地方农业补贴的重大意义。在西南地区，值得注意的是广西的壮族和汉族有相对较高的农业补贴水平，而苗族和瑶族有相对较低的农业补贴水平。这表明了地区间农业规模和农业技术水平的差异，即使在同一个省份内部也存在此种情况。同时，广西和湖南、贵州的苗族在农业补贴水平上也有不同（广西苗族获得的农业补贴相对其他民族较低，湖南和贵州的苗族获得的农业补贴和当地其他民族相当），反映了农产品补贴在相同民族间的区域差异。

在医疗费用报销方面，藏族家庭相比西北其他民族家庭，其报销金额还是较小。对此的解释还需要进一步深入调查，但我们预测文化因素和地理因素一样，也扮演着重要角色。西南的广西新农合报销总体水平较低，造成这一结果的原因值得探究。

低保水平也呈现出明显的地区和民族差异。新疆的维吾尔族、青海的回族、贵州的汉族都有相对较高的低保金。而湖南土家族、苗族、汉族的低保收益较低，这也与其自身较低的平均收入水平相关。这些地区和民族差异表明了农村低保水平在不同地区有不同的标准。

表 5-6　公共转移支付对收入不均等的影响

单位：%

不同地区的不同民族家庭	(A) 初始收入的基尼系数	(B) 再分配后收入的基尼系数	(C) (B-A)/ (A) 基尼系数变化率	(D) 再分配后的收入中农业经营收入基尼系数	(E) (D-A)/ (A) 基尼系数变化率	(F) 再分配后的收入中保险的医疗费用的基尼系数	(G) (F-A)/ (A) 基尼系数变化率	(H) 再分配后的收入中低保金的基尼系数	(I) (H-A)/ (A) 基尼系数变化率
七地区平均	0.4545	0.4280	-5.83	0.4413	-2.90	0.4471	-1.63	0.4489	-1.23
内蒙古									
全体	0.3961	0.3590	-9.37	0.3672	-7.30	0.3898	-1.59	0.3933	-0.71
蒙古族	0.4409	0.3957	-10.25	0.4057	-7.98	0.4309	-2.26	0.4398	-0.24
汉族	0.3819	0.3465	-9.27	0.3543	-7.23	0.3766	-1.39	0.3786	-0.86
宁夏									
全体	0.4847	0.4488	-7.41	0.4650	-4.06	0.4762	-1.75	0.4820	-0.56
回族	0.5231	0.4886	-6.59	0.5064	-3.19	0.5136	-1.81	0.5205	-0.49

不同地区的不同民族家庭	(A) 初始收入的基尼系数	(B) 再分配后收入的基尼系数	(C) (B−A)/ (A) 基尼系数变化率	(D) 再分配后的收入中农业经营收入基尼系数	(E) (D−A)/ (A) 基尼系数变化率	(F) 再分配后的收入中保险的医疗费用的基尼系数	(G) (F−A)/ (A) 基尼系数变化率	(H) 再分配后的收入中低保金的基尼系数	(I) (H−A)/ (A) 基尼系数变化率
汉族	0.4475	0.4105	−8.27	0.4257	−4.87	0.4394	−1.81	0.4446	−0.65
青海									
全体	0.3661	0.3364	−8.11	0.3514	−4.02	0.3601	−1.64	0.3577	−2.29
藏族	0.3670	0.3456	−5.83	0.3516	−4.19	0.3679	0.26	0.3587	−2.25
回族	0.4246	0.3586	−15.56	0.3994	−5.94	0.4081	−3.90	0.4069	−4.18
汉族	0.3156	0.2962	−6.15	0.3064	−2.92	0.3095	−1.93	0.3107	−1.55
新疆									
全体	0.5134	0.4920	−4.17	0.5024	−2.14	0.5036	−1.91	0.5060	−1.44
维吾尔族	0.4858	0.4445	−8.50	0.4713	−2.98	0.4677	−3.73	0.4678	−3.71
哈萨克族	0.4120	0.3893	−5.50	0.3970	−3.63	0.4017	−2.49	0.4100	−0.48
汉族	0.3826	0.3587	−6.25	0.3624	−5.28	0.3778	−1.25	0.3808	−0.47
广西									
全体	0.4482	0.4386	−2.14	0.4429	−1.18	0.4447	−0.78	0.4440	−0.94
壮族	0.4918	0.4751	−3.39	0.4830	−1.79	0.4826	−1.87	0.4874	−0.89
瑶族	0.3838	0.3790	−1.26	0.3797	−1.07	0.3850	0.32	0.3793	−1.17
苗族	0.2648	0.2626	−0.83	0.2629	−0.71	0.2608	−1.50	0.2601	−1.76
汉族	0.4013	0.3888	−3.11	0.3973	−1.00	0.4015	0.05	0.3985	−0.70
贵州									
全体	0.2973	0.2744	−7.70	0.2919	−1.82	0.2856	−3.94	0.2911	−2.09
苗族	0.3027	0.2804	−7.37	0.2972	−1.80	0.2930	−3.19	0.2966	−2.00
侗族	0.2977	0.2711	−8.93	0.2928	−1.64	0.2773	−6.84	0.2923	−1.80
汉族	0.2751	0.2579	−6.25	0.2714	−1.34	0.2662	−3.24	0.2699	−1.89
湖南									
全体	0.4033	0.3727	−7.59	0.3825	−5.16	0.4003	−0.74	0.3994	−0.97
苗族	0.4310	0.4000	−7.19	0.4065	−5.68	0.4224	−2.00	0.4261	−1.14
侗族	0.2955	0.2918	−1.27	0.2779	−5.96	0.2961	0.20	0.2956	0.03
土家族	0.4661	0.3998	−14.23	0.4362	−6.41	0.4679	0.39	0.4581	−1.71
汉族	0.4128	0.3794	−8.09	0.3996	−3.20	0.4082	−1.11	0.4101	−0.65

为了解公共转移支付对收入分配的影响，表5−6给出了收入再分配前后基尼系数的变化情况。在七个地区的受访家庭中，公共转移支付可减少家庭收入不均等约5.8%（C栏）。分地区来看，内蒙古的公共转移支付再分配可缩小家庭间收入差距的作用最显著，广西该作用值最小。相应的，农业补贴在内蒙古最高，在广西最低，也就是说公共转移支付的地区差异

在收入再分配中的作用最大。

从新农合报销的医疗费也在地区和民族间的家庭收入差距中有不同的影响（G栏）。尽管在大部分少数民族中从新农合报销的医疗费对收入分配起到缩小差距的作用，但在青海的藏族、广西的瑶族和汉族、湖南的侗族和土家族中却扩大了收入分配差距。上述结果与林万龙等（2012）的研究发现相一致，即公共转移中新农合的报销方式可能对高收入家庭更有利，也使其更易于获得好的医疗服务。

农村低保在缩小收入差距的作用上相对较小，原因是有限的覆盖率和较低的低保金。不同地区低保所起的作用也有所不同，低保对新疆的维吾尔族和青海的回族来说有相对较大的缩小收入差距的作用。相反，对湖南的侗族来说，低保有扩大收入差距的作用。尽管广西的苗族享有较高的低保水平，但低保所起的缩小收入差距的作用并不大。这也说明了低保人群的瞄准和民族地区低保政策在实施层面上存在一定的偏差。

四　公共转移的减贫作用分析

本部分我们主要关注西部民族地区农村公共转移的减贫作用。表5-7详细罗列了用贫困指数FGT得到的农村贫困状况。其中，七个地区的整体贫困发生率是18.8%，少数民族聚居地区的贫困发生率是24.5%，明显高于汉族聚居地区10.3%的贫困发生率。表明贫困深度的贫困差距指数，也就是贫困线下极度贫困的人口的比例，也是少数民族高于汉族。而且贫困差距的平方指数依然是少数民族高于汉族，表明了少数民族贫困家庭的不平均程度高于汉族贫困家庭。

表5-7　公共转移支付对农村减贫的作用

A. 农村七省区的贫困状况[①]

单位：%

	贫困发生率	贫困差距	贫困差距的平方
全体家庭	0.1883	0.0695	0.0383
少数民族	0.2454	0.0914	0.0503
汉族	0.1033	0.0369	0.0206

[①]　贫困标准是根据国家统计局公布的家庭人均年均收入少于2300元。

B. 对贫困状况的影响

	贫困发生率	贫困差距率	平方贫困差距
(1)假定没有获得农业补贴			
全体	0.2184	0.0862	0.0504
少数民族	0.2780	0.1097	0.0637
汉族	0.1299	0.0513	0.0308
贫困发生率的改变			
全民族	16.0	24.0	31.6
少数民族	13.3	20.0	26.6
汉族	25.8	39.0	49.5
(2)假定没有获得新农合医疗报销			
全体	0.1945	0.0732	0.0408
少数民族	0.2498	0.0954	0.0532
汉族	0.1123	0.0400	0.0224
贫困发生率的改变			
全民族	3.3	5.3	6.5
少数民族	1.8	4.4	5.8
汉族	8.7	8.4	8.7
(3)假定没有获得低保金			
全体	0.1981	0.0748	0.0420
少数民族	0.2585	0.0986	0.0555
汉族	0.1084	0.0395	0.0221
贫困发生率贫困差距率和平方贫困距三者的改变,比例(%)			
全体	5.2	7.6	9.7
少数民族	5.3	7.9	10.3
汉族	4.9	7.0	7.3

　　净公共转移支付的作用取决于净公共转移的收入再分配作用。利用贫困指数 FGT 的测量,表 5-7 估计了公共转移支付力度变化时贫困发生率、贫困差距和贫困差距平方的改变状况。我们假定:(1)当没有农业生产补助时(没有得到农业补贴金的家庭,其收入没有变化);(2)没有新农合的医疗报销时(没有新农合医疗报销的家庭,其收入没有变化);(3)没有低保金(非低户的收入没有改变)。

　　我们发现原先享有农业生产补贴在假定没有之后,全体贫困率增长了16%。贫困差距的改变大于贫困率,说明农业补贴对极度贫困家庭显得尤为重要,而且农业补贴对汉族家庭的影响要大于少数民族。这也说明在我国农村低收入家庭中，收入结构有民族差异，汉族低收入家庭对农业依赖的比例高于少数民族家庭。

新农合的作用方向同农业补贴类似，尽管这个作用数值很小。当假定享有新农合报销的家庭没有该项收入的时候，贫困率增长大约 3%。但是，贫困差距的变化依旧比贫困发生率的变化要大，表明医疗保险对特困家庭意义重大。然而，我们也注意到新农合的减贫效应在汉族家庭中要略大于少数民族家庭，这也意味着少数民族获得医疗救治的途径和机会更少。我们推测，也许这是由所处地理环境的劣势，如山区、偏远或报销手续繁杂等原因造成的。但是否真是如此需要在将来的研究工作中进一步讨论。

原先是低保家庭，假定没有低保收益后，贫困发生率会增长大约 5.2%，少数民族贫困发生率增长了 5.3%，汉族贫困发生率增长了 4.9%。低保金获得的变化使少数民族贫困差距、贫困差距的平方变化也大于汉族。由此表明了低保对少数民族减贫更为有效。

五 农业补贴是公共转移支付力度的决定因素

农业补贴是公共转移支付中占比最大的内容，本部分将基于家庭数据，分三个方面对公共转移支付的决定因素进行分析。在回归分析中，我们将家庭人均农业补贴的对数作为因变量，然后将影响农业补贴的因素分为三类：当地政府农业补贴对象的选择，家庭获得农业补贴的能力，地方财政能力和其他地方性政策因素。

地方政府（县级政府）农业补贴对象的选择是基于家庭农业生产的规模和结构。第一，需确定家庭人均土地面积，包括耕地、草地、森林、鱼塘和其他用地，以土地面积表明家庭农业生产的规模。粮食直补和农业生产补贴基于家庭耕地面积进行分配，因此，土地面积和农业补贴成正比关系。第二，农业补贴中的良种补贴与农业技术推广相关，因此以良种种植面积占总耕种面积的比例作为农业技术推广指标。我们预期两者之间是正向相关关系。第三，考虑到坡地转换项目补贴的覆盖面会影响西部民族地区的农业补贴水平，以调查家庭是否获得了坡地转换项目补贴为虚拟变量，并预期该变量与农业补贴成正向相关关系。为了控制农业生产在整个家庭经济活动中的权重，我们把非农收入部分（总的非农工资性收入）占家庭收入的比重作为变量放入回归分析中，预期该变量是负相关关系。

除了上述变量，考虑到少数民族的特殊优惠政策，我们构建了一个虚拟变量来表明少数民族家庭是否得到更多的农业补贴。此外，家庭的人力资本和社会资本对能否获得农业补贴起到重要作用，同时也是为了对县级政府的农业补贴目标瞄准进行监督，将家庭户主的受教育年限（代表人力资本）、是否是共产党员（代表社会资本）纳入分析中。

考虑到政府与农民之间信息不对称的可能性，在提供补助的时候政策透明度不够到位，事后监督有限，家庭如果有较好的获得信息的渠道就有可能获得更多的农业补贴。所以，在分析中增加了家庭成员总数这一变量。

考虑到地方政府财政能力的地区差距，在控制变量中也包括了2011年县级政府的人均财政支出和该支出的平方。国家农业补贴政策制定基本是在省区一级，县级农业补贴的获得与家庭可用于生产的资金又密切关系，生产资金多（如有能力购买农业机械等）获得的补贴就可能多。因此，我们以省区虚拟变量在省区层面加以控制。

表 5 - 8　农业补贴的影响因素分析

家庭人均农业补贴对数	(1)全体家庭			(2)少数民族家庭			(3)汉族家庭		
	系数	标准差	显著性	系数	标准差	显著性	系数	标准差	显著性
(a)家庭人均耕地面积（亩）	0.001	0.0002	***	0.0002	0.0002		0.001	0.0002	***
(b)良种种植面积/总种植面积	0.318	0.041	***	0.353	0.051	***	0.302	0.069	***
(c)坡地改造项目是否参与(0,1)	1.185	0.038	***	1.322	0.049	***	1.027	0.058	***
(d)非农收入/总收入	-0.611	0.051	***	-0.434	0.065	***	-0.781	0.082	***
(e)是否少数民族家庭(0,1)	-0.134	0.034	***						
(f)户主教育年限	0.012	0.005	**	0.011	0.006	*	0.006	0.009	
(g)户主是否共产党员(0,1)	0.098	0.045	**	0.111	0.057	*	0.067	0.072	
(h)家庭成员总数	-0.154	0.010	***	-0.152	0.013	***	-0.155	0.018	***
(i)2011年县人均财政支出(单位:1000元)	0.033	0.017	*	-0.021	0.024		0.070	0.028	**
2011年县人均财政支出平方项	-0.002	0.001	***	0.000	0.001		-0.004	0.001	***

家庭人均 农业补贴对数	（1）全体家庭			（2）少数民族家庭			（3）汉族家庭		
	系数	标准差	显著性	系数	标准差	显著性	系数	标准差	显著性
（j）地区变量（以内蒙古为参照组）									
青海	-0.672	0.065	***	-1.142	0.109	***	-0.490	0.090	***
宁夏	-0.344	0.063	***	-0.869	0.111	***	-0.187	0.084	**
新疆	-1.087	0.060	***	-1.680	0.100	***	-0.685	0.087	***
广西	-1.003	0.067	***	-1.536	0.105	***	-0.763	0.106	***
贵州	-0.902	0.063	***	-1.396	0.100	***	-0.812	0.109	***
湖南	-0.798	0.067	***	-1.267	0.105	***	-0.820	0.109	***
常量	5.844	0.107	***	6.280	0.156	***	5.720	0.170	***
样本量	7120			4280			2840		
调整后的 R2	0.296			0.295			0.259		

注：***，**，* 分别表示在1%，5%，10% 的水平上统计显著。

表5-8给出了全体家庭、少数民族家庭和汉族家庭的普通最小二乘（OLS）估计结果。第一，与农业补贴目标瞄准相关的变量回归结果均与预期基本一致，表明了农业补贴政策的实施正确。家庭人均耕地面积与家庭人均农业补贴金额显著相关，证实了农业补贴（特别是农业粮食直补和农业生产补贴）的发放是根据耕地面积。良种种植面积占总耕种面积的比例在回归分析中有更大的正向系数，说明农业补贴和农业技术改造应用有直接关系。是否参加坡地改造项目也对农业补贴的获得有积极影响，因此在民族地区应继续实施该项目。第二，代表家庭人力和社会资本的变量也显著，也就是说，良好的人力资本和社会资本会使得家庭与当地政府有更多的联系，从而也会增加农业补贴的数量。例如家庭户主每增加 年的教育年限便能大约增加1%的农业补贴收入，家庭户主是党员能够得到大约高于户主是非党员家庭10%的农业补贴。值得注意的是少数民族家庭的人力和社会资本变量系数比汉族家庭要大。这表明了少数民族家庭的人力和社会资本对其获得农业补贴较之汉族家庭更为重要。第三，汉族家庭在农业生产补贴方面受益更多。我们推测其原因，一是因为汉族家庭从事农业生产中更多地采用农业科技推广产品，二是汉族家庭可能拥有更好的信息渠道，以获得更多的农业补贴。

最后，我们发现了影响农业补贴水平的两个地区性因素。首先，2011年县级政府人均财政支出以及该变量的平方所代表的地方财政能力与农业补贴水平呈现了一个倒 U 形的关系。这意味着地方农业补贴随着地方财政能力的加强而提高，但达到一定值后，地方财政能力高的地区会转向关注非农产业。其次，地区虚拟变量的结果显示了较大的地区差异；尤其是内蒙古和其他地区相比，其农业补贴力度最大，也许是由于该地区有较大的畜牧业补贴。

六　简要结论

本章根据"西部民族地区经济社会状况家庭调查数据（2011 年）"证实了农村税费改革、农业补贴和农村社会保障项目的实施起到了公共转移支付再分配缩小收入分配差距的作用，彻底扭转了 21 世纪初期公共转移支付再分配扩大收入分配差距的情况。尽管净公共转移支付在全部家庭收入中所占份额较小（大约占了全部样本家庭的 5%），却表明长时间倾向于城市的公共政策发生了转变。我们同时还发现了公共转移支付再分配中的民族差异和对贫困的影响。第一，农产品补贴作为公共转移支付中占比最大的部分，汉族家庭比少数民族家庭受益更多。也就是在相同的政策下，汉族家庭相对于少数民族家庭能获得更多的该项补助。此外，少数民族家庭中与人力资本和社会资本的显著性表明其对于少数民族家庭获得农业补贴的重要性大于汉族。第二，公共转移支付中的农产品补贴和新农合对少数民族家庭的减贫作用小于汉族家庭。第三，农村低保在少数民族家庭的减贫作用更突出，尤其体现在缩小少数民族家庭间的贫困差距上。

最后，本章还发现公共转移支付的平均水平和再分配作用在不同地区存在差异。这些都表明了我国农业补贴和社会福利的高度分散，从而形成了公共转移支付在地区和民族间的复杂差异（林万龙等 2012；佐藤宏、李实和岳希明 2008；克里斯汀等 2008）。本章再次证实了公共转移支付越集中，地区和民族均等的效果就越明显。

参考文献

Bernstein, Thomas and Lü, Xiaobo. 2003. *Taxation without Representation in Contemporary Rural China*. Cambridge：Cambridge University Press.

Gustafsson, Bjorn, Ding, Sai, and Sato, Hiroshi. 2014. "Dibao and poverty alleviation in the western ethnic minority region," mimeo.

Gustafsson, Bjorn, Li, Shi, and Sato, Hiroshi. 2014. "Data for studying earnings, the distribution of household income and poverty in China," *China Economic Review*.

Hiroshi, Li, Shi, and Yue, Ximing. 2008. "The Redistributive Impact of Taxation in Rural China, 1995 – 2002," in Björn Gustafsson, Li Shi, and Terry Sicular (eds.), *Inequality and Public Policy in China*, New York：Cambridge University Press.

Kuhn, Lena and Brosig, Stephan. 2013. "Social Assistance in Rural China Identifying and Supporting the Needy," paper presented to the 9th International Conference on the Chinese Economy, October 24 – 25, 2013, Clermont-Ferrand, France.

Li, Shi, Hiroshi Sato, and Terry Sicular (eds.) 2013. *Rising Inequality in China：Challenge to a Harmonious Society*. New York：Cambridge University Press.

Wong, Christine and Fock, Achim. 2008. "Financing Rural Development for a Harmonious Society in China：Recent Reforms in Public Finance and Their Prospects," World Bank Policy Research Working Paper, no. 4693.

2012b,《中国农村统计年鉴 2012》,中国统计出版社。

国家统计局, 2012a,《中国统计年鉴 2012》,中国统计出版社。

国务院, 2012,《关于进一步做好减轻农民负担工作的意见》,国务院公报, http：// govinfo. nlc. gov. cn/gtfz/xxgk/xxgb/gwy/201207/t20120702_ 2224869. html, 最后访问日期：2014 年 5 月 27 日。

李克强、龙远蔚、刘小珉, 2014,《中国少数民族地区经济社会住户调查 2013》, 社会科学出版社。

李力、欧涉远、李霞, 2012,《2012 对农村贫困线及贫困发生的反思 "基础国家统计局和民政部的数据"》,《宏观经济研究》第 8 期。

林万龙, wong, christine, 2012,《北京的均衡政策惠及到贫困人口了吗？基于 "三农" 的直接补贴金分析》,《中国日报》, 67。

刘伯龙, 2011, 中国农村公共政策. 上海复旦大学出版社。

刘克春, 2010, 粮食生产补贴政策对农户粮食种植决策行为的影响与作用机理分析,《中国农村经济》第 2 期。

民族事务委员会, 国家统计局, 2012,《中国民族统计年鉴》,中国统计出版社。

2011 年减轻农民负担要点, 2014 年 5 月 27 日, http：//www. moa. gov. cn/ govpublic/NCJJTZ/201106/t20110624_ 2036901. htm。

农业部, 财政部, 国家发展和改革委员会, 教育部；国务院立法事务部门, 国家行政管理局新闻, 出版, 广播, 电影, 电视, 2011。

农业部, 2009,《中国农业统计资料 2008》,中国农业出版社。

齐良书, 2011, 新型农村合作医疗的减贫增收和再分配效果研究,《数量经济技术经济研究》第 8 期。

人民日报, 2012,《宁夏提高城乡低保标准和补助水平》,人民网, 最后访问日期：2013 年 12 月 1 日. http：//www. people. com. cn/24hour/n/2012/0930/c25408 – 19160864. html。

王翠琴、薛惠元, 2012,《新型农村社会养老保险收入再分配效应研究》,《中国人口资源与环境》第 8 期。

王元成，2012，《惠农政策的成效评价：基于全国 245 村 3641 户农民的调查与思考》，《东南学术》第 1 期。

王震，2010，《新型农村建设的收入再分配效应》，《经济研究》第 6 期。

中国共产党中央委员会和国务院，2005，《中央国务院关于进一步加强农村工作提高农业生产能力若干政策的意见》国务院公报第九期。

2012，《中国农业年鉴》，中国农业出版社。

2013，《中国农业年鉴》，中国农业出版社。

中国农业统计资料 2012，2010，2008. 北京农业出版社。

2011，《中国农业统计资料 2010》，中国农业出版社。

2013，《中国农业统计资料 2012》，中国农业出版社。

附录 1

地区	家庭			个人		
	汉族家庭	少数民族家庭	合计	汉族家庭	少数民族家庭	合计
内蒙古	813	227	1040	2728	895	3623
青海	391	581	972	1744	2993	4737
宁夏	530	424	954	2172	1975	4147
新疆	335	660	995	1179	2914	4093
广西	330	680	1010	1594	3125	4719
贵州	211	964	1175	914	4457	5371
湖南	231	745	976	1030	3350	4380
合计	2841	4281	7122	11361	19709	31070

注：剔除了样本中的民族身份缺失值，剔除了广西样本中的一个极值。

附录 2　农业补贴影响因素分析中的变量统计描述

变量统计	全部民族家庭		少数民族家庭		汉族家庭	
	均值	标准差	均值	标准差	均值	标准差
人均农业生产补贴（元）	285.001	603.954	213.360	407.763	392.967	802.907
家庭人均耕地（亩）	17.351	122.551	16.302	126.186	18.931	116.864
良种种植面积/总种植面积（%）	0.254	0.378	0.268	0.383	0.233	0.371
是否参加坡地改建项目（0,1）	0.270	0.444	0.243	0.429	0.311	0.463
是否少数民族家庭（0,1）	0.601	0.490				
户主教育年限（年）	6.824	3.111	6.632	3.244	7.112	2.877
户主是否共产党员（0,1）	0.131	0.337	0.127	0.333	0.136	0.342
家庭成员总数（人）	4.363	1.505	4.604	1.497	3.999	1.443
非农收入/总收入（%）	0.386	0.303	0.397	0.293	0.369	0.317
2011 年县财政人均支出（单位:1000 元）	5.473	3.109				
样本量	7120		4280		2840	

第六章 农村公共产品供给的变化
（2007～2011 年）

一 引言

随着中国西部大开发战略的实施和新农村建设，西部民族地区公共投资项目在 21 世纪初明显地快速增加。农村和城市的新政策安排，标志着长期以来的城市优先的公共投资在中国发生了重大改变（Wang and Li，2003年）。在此背景下，本文使用 2011 年"西部民族地区经济社会状况家庭调查数据（CHES）"中的行政村数据，从公共治理的角度考察 2000 年以来我国西部农村公共投资项目的位置和预算来源结构的决定因素。

公共治理的质量一直是发展中国家和新兴国家经济研究文献的重要主题（世界银行，1997）。从政治经济的视角来考察公共治理，首先是从激励约束机制出发，其次是从执行政策所需要的组织能力角度来看政府的行为。本文聚焦于基层农村实施公共投资项目的西部少数民族地区的县级政府。通过调查的七个省区在 2007～2011 年村级公共投资项目的数据以及村庄治理特点的信息，分析了地方政府如何进行公共项目投资。

因为在很多国家包括中国，基层政府在提供地方公共产品上负有很人的责任。为此，本文将分析重点放在县和行政村这两个层面上。县级政府历来是中国地方公共产品的主要供给者。此外，取消的农业税和财政改革已经重新定义了公共支出的责任结构，表明财政支出的最低一级已经从乡镇变为了县。最底层的行政村作为准政府行政机构（包括党支部和村委会），村委会在地方公共产品供给系统里起着重要作用，其不仅是公共投资项目的配套资金的提供者，同时也是沟通村民需要和安排上级政府活动之间的中介。此外，行政村有提供当地公共产品的自主权利，这是地方公共产品供给产生显著区域性差异的主要原因之一（Luo 等，2008）。

　　鉴于这个背景，我们提出了三个研究问题。第一个是在先前农村框架之下村级公共投资项目能增加到何种程度。第二个是当地政治经济的哪些方面影响县政府村级公共投资项目的地理位置和预算决策。第三个是财税改革之后行政村在公共产品供给上扮演何种角色。

　　迄今考察中国农村公共产品供给的文献大致从两方面展开，其一是调查公共投资项目的地理分配和预算来源的决定因素。其二是关注村级自治的影响，更具体地说，村级选举对地方公共产品供给的影响。

　　第一类的研究中，张林秀等（2005）基于 6 个省 2459 个村庄的调查数据，采用了加权后的最小二乘法和 Tobit 回归方法，分析研究了 1997 至 2003 年间村级公共投资项目中的位置确定和资金来源结构。两个被解释变量为调查村庄中有公共投资项目的数量和有公共投资项目的村庄是否获得上级政府的投资，前者是连续变量，后者是分类的非连续变量。解释变量包括了反映每个村庄的社会经济特征的若干变量。得到的回归结果表明，上级政府的投资和当地农民是否需要公共投资项目均会对该项目的位置选择有显著影响。同时还发现，上级政府对不同村庄的不同投资额度（例如对经济社会发展落后的村庄投资更多），起到了缩小村庄间发展水平差距的作用。在农民的需求方面，回归分析结果表明，外出的劳动力转移人数多会对公共投资水平产生负影响，也就是说外出转移的劳动力人数越多越会降低当地的公共服务提供水平。本章也试图利用调查数据验证决定村级公共投资的影响因素。

　　第二类研究中，很多学者都发现了村级选举会对村级公共产品的提供数量和质量有积极影响。因为村级选举会促使村干部承诺提供更多的公共产品以满足农民的需求。本章因缺乏相关数据所以无法验证政府部门对村级选举会导致提供更多的公共服务持何种态度。鉴于之前的相关研究，本章将考察村级组织的特点、召开村民大会的次数和村庄与上级政府的关系会对村级公共投资项目的具体影响。

　　本文的其余部分的结构如下：第二部分提供了数据描述；在第三部分中，我们简要回顾 2000 年以来西部民族地区在社会主义新农村建设中的公共政策；第四部分描述了村级公共投资项目的覆盖率和预算结构；在第五部分中，我们考察了村一级公共投资项目中位置选择和预算来源结构的决定因素；第六部分讨论了估计结果；第七部分进一步讨论了影响农村小学位置的因素；第八部分得出结论。

二 调查数据说明

本文所使用的是"西部民族地区经济社会状况家庭调查数据（2011）"，该数据由中央民族大学经济学院和中国社会科学院民族学与人类学研究所民族经济研究室在 2012 年共同完成搜集。在表 6-1 中，显示了该调查所涵盖的西北和西南地区七个省级（内蒙古、宁夏、青海、新疆、广西、贵州、湖南）地区的抽样。调查的基准年为 2011 年，并回顾以往的公共投资项目信息，因此 2007～2011 年受益的样本村庄也收集在内。此外，为进一步了解变动的情况，我们还将使用由中国社会科学院民族学与人类学研究所 2007 年在宁夏获得的行政村调查数据（以下简称宁夏数据）。

表 6-1 调查数据中样本村分布情况

	少数民族村	汉族村	总数
西北地区			
内蒙古	32	71	103
青海	87	46	133
宁夏	47	50	97
新疆	68	32	100
西南地区			
广西	71	32	103
贵州	105	15	120
湖南	81	20	101
总数	491	266	757

三 2000 年以来的中国农村政策变化

2000 年以来中国农村政策的本质与各地宣传的"多予，少取，放活"完全一致。"少取"体现的基本政策是农业税改革，由最开始的费改税到逐步取消农业税，到最后 2005 年全国范围内取消农业税。村/乡镇一级现有的税费，通过法律或者其他方式在税费改革中取消，并且村民委员会投资的公共项目必须实行"一事一议"的制度。另一项基本政策是免除学费，在2006年对西部地区的基础教育实施"两免一补"政策，并逐步扩大到中部和东部地区。"多予"包括对农户直接补贴、福利支付、社会保险和增加公共投资。增加农村地区公共投资的重点主要是社会发展，比如基础教育和医疗卫生，以及区域经济发展的基础建设，包括道路和灌溉设施。表6-2说明了中央政府对"三农"项目的财政支出的总量和结构。虽然"三农"支出在中央政府的财政支出中的比例是稳定的，但是我们看到支持社会发展方面的支出比例在2007~2011年逐步增加，反映了社会主义新农村建设政策在全国推广。

表6-2 2007~2011年中央政府的"三农"财政支出

单位：百万元，%

年份	中央政府"三农"财政支出总额	三农"财政支出结构				"三农"支出占中央政府财政支出的比例
		支援农业生产支出	农业生产的直接补贴	农村地区的社会发展支出	其他支出	
2007年	431830	41.7	11.9	32.8	13.6	8.7
2008年	595550	37.9	17.3	34.8	9.9	9.5
2009年	725310	36.9	17.6	37.5	7.9	9.5
2010年	857970	39.9	14.3	39.0	6.7	9.5
2011年	1049770	39.0	13.4	41.7	5.9	9.6

保证"少取"和"多予"这项政策的兼容性的一个关键因素，是乡村治理的改革，更确切地说是指县/乡镇这一级的政府间财政转移支付制度和财政管理制度的改革。政府间财政转移支付制度的改革包括中央政府与地方政府及各个省之间的支付改革。2000年，中央政府建立了政府间转移支付制度（农村税费改革转向转移支付）来弥补由于县和乡镇政府税费改革而减少的收入。2005年，中央第七个一号文件规定每年地方财政预算中增长的教育、医疗和其他基础公共服务的支出在县级以下的（农村地区）的地区的投资不得低于70%。财政管理改革中的关键因素是财政责任的转变，从行政村/乡镇为地方公共产品自负盈亏的单位到县级统一进行管理，最好的例子就是在21世纪第一个十年使用县级主导的教育预算系统来保证农村地区的教育支出。另一种安排与财政责任的增加密切相关，即"乡财县管"，强化了乡镇政府作为县政府分支的特点。

四　2007～2011 村级公共投资的覆盖范围

表 6－3 描述了在 2007～2011 年农村受益于公共投资项目的年份。表 6－4 反映了宁夏村级公共投资项目覆盖率在 2004～2006 年和 2007～2011 年的变化。

表 6－3　2007～2011 年中国农村公共投资项目覆盖率

单位：%

	没有项目的村所占样本村的比例	只有一年有项目的村所占样本村的比例	两年里都有项目的村所占样本村的比例	三年里都有项目的村所占样本村的比例	四年里都有项目的村所占样本村的比例	五年都有项目的村所占样本村的比例	总数
(i)道路建设和维护项目							
汉族村	28.2	38.4	12.8	5.6	3.4	11.7	100.0(266)
少数民族村	21.4	40.1	17.5	8.4	4.1	8.6	100.0(491)
总数	23.8	39.5	15.9	7.4	3.8	9.6	100.0(757)
(ii)灌溉项目							
汉族村	45.5	20.3	7.9	8.7	5.3	12.4	100.0
少数民族村	46.6	25.7	8.6	8.2	3.1	7.9	100.0
总数	46.2	23.8	8.3	8.3	3.8	9.5	100.0
(iii)饮用水项目							
汉族村	41.4	34.6	7.5	4.1	1.9	10.5	100.0
少数民族村	40.9	37.3	9.0	3.9	2.2	6.7	100.0
总数	41.1	36.3	8.5	4.0	2.1	8.1	100.0
(iv)小学项目							
汉族村	69.9	19.2	4.1	1.1	1.1	4.5	100.0
少数民族村	60.5	27.1	6.1	2.0	0.8	3.5	100.0
总数	63.8	24.3	5.4	1.7	0.9	3.8	100.0
(v)其他教育相关项目							
汉族村	86.5	6.8	1.9	1.1	0.4	3.4	100.0
少数民族村	87.6	8.8	0.8	0.6	0.4	1.8	100.0
总数	87.2	8.1	1.2	0.8	0.4	2.4	100.0
(vi)村医疗点项目							
汉族村	53.8	33.1	3.8	0.8	1.5	7.1	100.0
少数民族村	49.7	43.0	2.2	1.0	0.2	3.9	100.0
总数	51.1	39.5	2.8	0.9	0.7	5.0	100.0

注释：括号内为样本量。

表 6 - 4 宁夏村级公共投资项目覆盖率的变化

单位：%

至少一年有公共投资项目的村庄占样本村的比例	2004~2006 年	2007~2011 年
（i）道路建设和维护		
汉族村	56.7	80.0
少数民族村	54.7	61.7
总数	55.8	71.1
（ii）灌溉项目		
汉族村	22.4	48.0
少数民族村	13.2	38.3
总数	18.3	43.3
（iii）小学项目		
汉族村	6.0	22.0
少数民族村	5.7	25.5
总数	5.8	23.7

来源："西部民族地区经济社会状况家庭调查数据"（CHES）和中国社会科学院民族学与人类学研究所 2006 年宁夏调查数据。

表 6 - 3 表明大部分村庄在 2007~2011 年受益于公共投资项目。道路建设和维护是最常见和最受欢迎的基础设施项目之一，在 2007 年和 2011 年之间约有 76% 的村庄至少有一年有与道路相关的项目。此外，有约 54% 的村庄有投资灌溉项目，有 59% 的村庄进行饮用水项目投资，有 36% 的村庄投资小学，有 13% 的村庄进行其他教育投资，有 49% 的村庄投资村诊所项目。小学项目的低覆盖率反映了近期县级基础教育预算系统和小学的重组，即大都集中于乡中心小学。

表 6 - 4 显示了宁夏农村在 2004 年到 2006 年间，受益于村级公共投资的村庄比例增加了，在这段时间，社会主义新农村建设开始实施，并且在 2007~2011 年又进一步推进。虽然无法获得其他地区的相应数据，但可以肯定地说，在西部少数民族地区，社会主义新农村建设计划带来更多的基层公共投资项目的发展。

同时从表 6 - 3 和表 6 - 4 可以看出有公共投资项目的村庄与没有公共投资项目的村庄之间的差异性问题。

五　公共投资项目的位置选择与预算结构
（2007～2011 年）

本文关注在 2007～2011 年，村级公共投资项目的位置决定和预算结构。根据调查数据，村级公共投资项目指源于乡村干部所回答的使行政村受益的项目。具体来说，将 2007～2011 年村级公共投资项目的位置决定和预算结构定义为一个类别变量，并将其作为因变量，然后要运用多项 Logit 模型进行回归分析。

该类别变量由 4 个类别的村庄组成：（1）在 2007～2011 年中至少有一年的农村公共投资项目资金完全由财政预算资金（财政拨款）供给；（2）在 2007～2011 年中至少有一年，村庄的公共投资项目完全由村里的预算资金供给（财政自筹，包括劳动贡献的村民），但是同期没有项目完全由财政预算提供；（3）2007～2011 年，公共投资项目资金由财政拨款和财政自筹共同供给，但是既不完全由财政拨款也不完全由财政自筹的方式对公共投资项目进行投资。（4）在 2007～2011 年间，村庄没有任何公共投资项目（村庄没有小学或小学在 2007 年之前关闭都包括在这一类）。我们将最后一组作为参照组。表 6－5 概括了这四类村庄的分布情况。

表 6－5　村级公共投资项目财政预算结构，2007～2011 年

单位：%

	（1）至少一年公共投资项目是财政拨款的村所占比例	（2）至少一年公共投资项目是村自筹的村所占比例	（3）由村自筹和财政拨款共同供给的村所占比例	（4）没有任何公共投资项目额的村所占比例	总数
（ⅰ）道路建设和维护项目					
汉族村	27.4	14.7	29.7	28.2	100.0(266)
少数民族村	39.1	14.3	25.3	21.4	100.0(491)
总数	35.0	14.4	26.8	23.8	100.0(757)
（ⅱ）灌溉项目					
汉族村	28.6	9.4	16.5	45.5	100.0
少数民族村	24.4	13.0	15.9	46.6	100.0
总数	25.9	11.8	16.1	46.2	100.0

续表

	（1）至少一年公共投资项目是财政拨款的村所占比例	（2）至少一年公共投资项目是村自筹的村所占比例	（3）由村自筹和财政拨款共同供给的村所占比例	（4）没有任何公共投资项目额的村所占比例	总数
（iii） 饮用水项目					
汉族村	25.2	10.2	23.3	41.4	100.0
少数民族村	30.4	8.4	20.4	40.9	100.0
总数	28.5	9.0	21.4	41.1	100.0
（iv）小学项目					
汉族村	22.2	4.9	3.0	69.9	100.0
少数民族村	28.3	5.7	5.5	60.5	100.0
总数	26.2	5.4	4.6	63.8	100.0
（v）其他教育相关项目					
汉族村	7.9	4.5	1.1	86.5	100.0
少数民族村	7.3	3.3	1.8	87.6	100.0
总数	7.5	3.7	1.6	87.2	100.0
（vi）村医疗点项目					
汉族村	30.5	6.4	9.4	53.8	100.0
少数民族村	35.9	6.3	8.2	49.7	100.0
总数	34.0	6.3	8.6	51.1	100.0

注释：括号内为样本量。

表6-5包括了6个公共投资项目的类型，本文着重研究以下4个：（1）道路建设与维护项目，（2）灌溉项目，（3）饮用水项目，（4）小学项目。前两个项目类型是传统设施类项目，这仍是基层公共投资项目的支柱。在西部地区社会主义新农村建设中，尤其是在贫困地区，饮用水供应是社会发展最重要的项目之一。改善小学设施对西部地区社会发展很重要。在近期县基础教育预算系统的前提下，我们预期小学项目的融资渠道主要是通过财政预算拨款，而且小学的位置分布与当地农民需求或村庄治理的特点无关。因此，在检查小学项目时，应该重点关注影响小学项目完全由财政预算拨款概率的决定因素是什么。然而，村庄自筹资金的互补投资也会发生（见表6-5）。

如前所述，我们将解释变量分为三类：其一是县政府的政治和财政目标，其二是村级治理的特征，其三是当地农民的需求。我们假定上级政府对县政府的考核标准会影响县政府对相关村庄的公共投资资金分配（县乡财政建设问题研究课题组，2010；肖，2007；周，2006）。第一个标准是财政效率，第二个标准是区域平衡（或公平）。在少数民族地区，财政效率对于地方政府和上级政府是很重要的，尤其是在西部地方政府极大地依赖于上级政府的财政转移支付的情况下。财政转移收入在西部少数民族贫困地区的村庄也很重要，对地方政府实施扶贫政策起关键作用。

本文研究地方政府目标使用以下变量。第一个变量，少数民族村庄。我们将总人口的30%是由少数民族组成的村定义为少数民族村。之前的研究文献发现，是否为少数民族村与公共投资水平有显著相关性。张林秀等（2005、2006）使用覆盖六个省份的 2459 个村庄调查数据，分析得到以下两个结果。首先，就村级公共投资的总体水平（以公共投资项目数来计算）来说，在 1998～2003 年期间，少数民族占村总人口数较少的村庄往往低于少数民族人口占村总人口比例高的村庄。其次，相比之下，少数民族比例较高的村庄更有可能受益于上级政府的财政转移支付。张林秀等人发现少数民族占总体村民人口的比例与财政预算资金占公共投资总支出的比例有显著的正相关性。这些发现表明地方政府对少数民族村庄有特殊的政策待遇。出于不同地区平衡的考虑，我们预测政府更有可能将财政预算资金分配给少数民族村。（张林秀等，2005、2006）

第二个变量，村规模。用 2011 年人口总数来衡量，作为财政效率的指标。从财政效率的角度来看，我们预计村庄的大小和公共投资项目经费完全或部分由财政预算支出的概率之间有显著的正向相关性。因为地方政府可以增加公共投资项目的人口覆盖率，使更大的村庄成为投资的受益者。

第三个变量：村庄在县内的相对收入水平。具体而言，是 2007～2011 年的村内家庭年人均纯收入与县内家庭年人均纯收入的比率。这是村庄财政能力的一个标志。一方面，基于财政效率标准，如果村级组织也有一定财力，能与县政府共同投资的话，则该村庄获得县政府投资公共投资项目的可能性会大。这也就是说，县政府希望通过较少的投资为当地提供更多的公共产品，而不愿意选择完全由县政府投资的村级公共项目。另一方面，基于地区平衡的标准。县政府也倾向于对贫困村投资，进行公共项目建设。因此，不同项目类型和不同的效果会相互抵消。

第四个变量，村庄到行政中心的距离。这可以用来衡量在县政府管辖范围内村的地理优势/劣势。具体来说，我们采用的距离是指县政府所在地到乡镇中心（镇中心区）的距离。从区域平衡的角度来看，县政府可能有动机将财政预算资金分配给远离县城的村庄；而从财政效率标准的角度来看，县政府可能更倾向于将资金分配给县城附近的村庄。关于道路建设和维护项目，我们常常采用乡镇中心到最近交通站的距离，类似于村庄的相对收入，这些距离变量的影响可能会因项目类别不同或效果不同而彼此抵消。

关于当地农民的需求，该变量不能从村调查问卷中直接获得。依据已有的研究文献，在这里本文定义第 5 个变量：村级劳动力流动水平。我们将外迁人口占村庄总劳动力人口的比例定义为一个虚拟变量。取值为 0 ~ 3。当取值为 0 时表示该比例小于 10%；取值为 1 表示大于等于 10%，小于 20%；取值为 2 表示大于等于 20%，小于 40%；取值为 3 表示大于等于 40%。关于外迁人口对村级公共投资的影响，张林秀等（2005、2006）发现在 1998 ~ 2003 年期间，公共投资总体水平（项目总数）与外迁程度（外迁人口占村庄总体劳动力人口比例）呈显著的负相关性。相比之下，村外迁程度与公共投资的预算结构（财政预算资金占公共投资总量的比例）之间不存在显著相关性。根据这些发现，张林秀等（2005、2006）得出结论：随着外迁率的逐步提高，往往会降低农民在公共物品供给上的利益。佐藤宏和丁赛（2012）在证实张林秀等人（2005、2006）结论的同时，另外发现外迁人口占村庄总劳动力人口的比例与道路建设和维护项目资金更多依赖于上级政府财政预算资金拨款的概率呈显著的正相关。前一发现表明，外迁程度的加深会减少公共物品供给中农民的利益。佐藤和丁赛（2012）后续的研究表明，在西部地区，作为提高外迁程度的手段，县级政府有很强烈的动机投资交通基础设施项目，以使其成为该地区区域经济发展最重要的支柱。基于研究文献中的发现，本文假设，在西部少数民族地区，外迁程度与公共投资项目由财政预算资金拨款的概率之间存在显著地正相关性。

关于乡村治理的特点，本文将其定义为以下变量。第一个变量，在2011 年召开村级会议的次数。我们假设该会议反映了村自治（基层群众自治）的质量或者基层民主。第二个变量为虚拟变量，表示县级（或上级）党政官员是否来自该村，该变量代表村级社会资本。除了这些局部变量，本文将继续定义以下控制变量。1. 县级财政预算资金支出水平（2007 ~ 2011 年财政人均支出）。2. 我们定义一个虚拟变量表示省级行政单位是不是少数民族自治区。我们这样做是为了控制省级财政状况与政策上的不同。

六　估计结果

表 6-6 展示了估计结果。附表提供了各变量的统计结果。总之，本文发现的证据表明，三个关键的因素影响公共投资项目位置决策和预算结构，而且这些关键因素对不同类别的公共投资项目影响效果也不同。每个关键因素影响效果如下。

（一）县政府目标

关于县政府目标，本文有以下观点。第一，村庄的民族状况的估计结果表明，特殊政策待遇相对集中于少数民族村庄。少数民族村庄的虚拟变量表明，它与道路建设和维护以及小学建设项目的资金全部由财政预算资金拨款的概率呈显著的正相关性。这一发现与前面的研究文献所提出的观点一致（张林秀等，2005、2006）。然而，与此同时是不是少数民族村与灌溉和饮用水项目之间不显著。考虑到村样本主要集中在西部少数民族地区，是不是民族村与公共投资项目之间的弱相关性表明，在民族地区（该区域汉族不是主体民族）范围内，县政府对平衡民族村与汉族村之间的区域差异进行了考量。

第二，从考虑财政政策在地方政府预算的分配效率角度来看，没有明确的证据表明其考虑了地区平衡。在灌溉项目分配上，村庄的规模与灌溉项目完全由政府财政拨款的概率呈显著正相关，但是与县城距离呈显著负相关。这表明该县政府希望通过灌溉项目使该地区人口覆盖率最大化，以突出其在区域发展中的作用。同样，村规模与饮水项目存在与此相同的相关性。

此外，在灌溉项目的案例中，我们发现村的相对收入与项目资金由村自筹与政府财政原预算拨款集合进行公共投资的概率呈显著的正相关性。然而，村相对收入与村项目完全由财政预算拨款的概率不存在显著负相关性。这一发现表明，县政府将会更多地考虑将财政预算资金分配给灌溉项目。此外，我们发现村相对收入与村其他项目（除灌溉）完全由财政预算拨款的概率没有呈负相关。然而，一个村庄相对收入显然不能够完全反映县政府对地区之间平衡的考虑。因此，这个估计结果还需进一步检验。

表 6-6 各投资项目 MIogit 模型回归结果

（i）道路建设和维护项目

	（1）完全由财政拨款		（2）完全由村庄自筹		（3）财政拨款与村自筹共同作用	
	系数	标准差	系数	标准差	系数	标准差
是否是少数民族村	0.5426**	0.2307	0.1652	0.2862	-0.2413	0.2391
村庄规模	0.0001	0.0001	0.0002	0.0001	0.0001	0.0001
村相对收入（村人均收入比县人均收入）2007~2011 年	-0.1444	0.3545	-0.4293	0.4308	-0.0543	0.3559
县政府到村中的距离（km）	0.0043	0.0044	0.0021	0.0055	-0.0023	0.0048
乡镇中心到最近交通站的距离（km）	-0.0010	0.0083	0.0189**	0.0086	0.0094	0.0082
10%≤村级劳动力流动水平<20%（以不足10%为参照组）	1.1629**	0.4490	0.2811	0.5299	1.2060**	0.4889
20%≤村级劳动力流动水平<40%（以不足10%为参照组）	1.3068***	0.3745	0.3855	0.4220	1.3623***	0.4139
40%≤村级劳动力流动水平（以不足10%为参照组）	1.1900***	0.3492	0.3581	0.3912	1.1787***	0.3921
2011 年召开村民大会次数	-0.0028	0.0348	0.1145***	0.0399	0.0954***	0.0354
村社会资本（虚拟变量）	0.3296	0.2164	-0.0121	0.2695	0.2823	0.2294
县级人均财政支出（元）	0.0001***	0.0000	0.00002	0.00005	0.0001	0.00004
青海（以内蒙古为参照组）	0.7784***	0.3841	-1.0994**	0.5229	1.0267**	0.4171
宁夏	1.2320***	0.3929	-0.1122	0.4769	0.6906	0.4566
新疆	0.8858***	0.4131	0.2183	0.4465	1.0002**	0.4557
广西	1.6697***	0.4783	0.1033	0.5625	1.9984***	0.5131
贵州	1.2438***	0.4380	-0.0060	0.5121	1.7456***	0.4731
湖南	1.3437***	0.4756	1.2349**	0.5059	2.0009***	0.5098
常数	-3.1361***	0.7235	-1.8624**	0.8119	-3.2377***	0.7875
虚拟 R 平方	0.0739					
长期似然值	-940.13					
样本量（个）	757					

续表

(ⅱ) 灌溉项目

项目	(1) 完全由财政拨款		(2) 完全由村庄自筹		(3) 财政拨款与村自筹共同作用	
	系数	标准差	系数	标准差	系数	标准差
是否是少数民族村	-0.0947	0.2097	0.2605	0.3107	-0.1099	0.2553
村庄规模	0.0003***	0.0001	0.0003**	0.0001	0.0001	0.0001
村相对收入（村人均收入比县人均收入）2007～2011年	0.2832	0.3528	0.7744*	0.4240	0.9756**	0.3799
县政府到村中的距离（km）	-0.0156***	0.0042	-0.0062	0.0055	-0.0053	0.0046
乡镇中心到最近交通站的距离（km）	-0.0228	0.0160	-0.0389	0.0242	-0.0189	0.0196
10%－村级劳动力流动水平＜20%（以不足10%为参照组）	0.5666	0.4309	-0.3409	0.5819	0.7162	0.5105
20%－村级劳动力流动水平＜40%（以不足10%为参照组）	0.4505	0.3644	0.0711	0.4505	0.7797*	0.4314
40%－村级劳动力流动水平（以不足10%为参照组）	0.2187	0.3438	-0.1136	0.4316	0.5617	0.4166
2011年召开的村民大会次数	0.0594*	0.0330	0.2146***	0.0398	0.1355***	0.0365
村社会资本（虚拟变量）	0.0594	0.1994	-0.1683	0.2776	0.1974	0.2419
县级人均财政支出（元）	0.0001***	0.00003	0.0001	0.00005	0.00003	0.00004
青海（以内蒙古为参照组）	-0.3982	0.3473	-1.5561**	0.6009	-1.5621***	0.5323
宁夏	-0.4011	0.3583	-1.6484**	0.6564	-0.9025**	0.4998
新疆	-0.3453	0.4449	1.0634**	0.5044	1.1920***	0.4496
广西	-0.5936	0.4332	-1.2107*	0.6683	0.1350	0.4819
贵州	0.4495	0.3916	0.2009	0.5473	0.3516	0.4672
湖南	0.2299	0.4257	1.1642**	0.5438	0.3262	0.4998
常数项（以内蒙古为参照组）	-1.9811***	0.6773	-3.6277***	0.9004	-3.3271***	0.8243
虚拟 R 平方	0.1076					
长期似然值	-846.01					
样本量（个）	757					

续表

（三）饮用水项目

项目	(1)完全由财政拨款		(2)完全由村庄自筹		(3)财政拨款与村自筹共同作用	
	系数	标准差	系数	标准差	系数	标准差
是否是少数民族村	0.1256	0.2211	-0.3248	0.3054	-0.1465	0.2325
村庄规模	0.0003 ***	0.0001	0.0002	0.0001	0.0001	0.0001
村相对收入（村人均收入比县人均收入）2007~2011年	-0.2082	0.3219	-0.2419	0.4834	-0.1285	0.3555
县政府到村中的距离（km）	0.0034	0.0038	0.0005	0.0058	-0.0021	0.0043
乡镇中心到村最近交通站的距离（km）	0.0045	0.0151	-0.0332	0.0275	-0.0435 **	0.0191
10%-村级劳动力流动水平<20%（以不足10%为参照组）	0.7135	0.4336	0.0730	0.5704	-0.3301	0.4993
20%-村级劳动力流动水平<40%（以不足10%为参照组）	0.8499 **	0.3743	0.3917	0.4779	0.4197	0.3787
40%-村级劳动力流动水平（以不足10%为参照组）	0.7656 **	0.3556	0.0827	0.4630	0.4599	0.3560
2011年召开的村民大会次数	0.0109	0.0316	0.0724 *	0.0421	0.0330	0.0331
村社会资本（虚拟变量）	0.4456 **	0.2033	-0.4355	0.2950	0.2918	0.2194
县级人均财政支出（元）	0.0001 ***	0.00004	0.0001	0.0001	0.0001 ***	0.00004
青海（以内蒙古为参照组）	-0.8204 **	0.3856	-0.3657	0.6697	-1.0772 **	0.4172
宁夏	0.3951	0.3997	1.4597 **	0.6040	0.6963 *	0.3982
新疆	0.1792	0.4039	1.0612 *	0.6093	-0.1082	0.4288
广西	1.4103 ***	0.4252	1.5719 **	0.7064	1.1735 **	0.4602
贵州	1.2062 ***	0.4057	1.5629 **	0.6702	1.3251 ***	0.4260
湖南	0.9177 **	0.4117	1.5767 **	0.6721	0.0749	0.4803
常数项	-3.3035 ***	0.6968	-3.0667 ***	1.0724	-2.1759 ***	0.7408
虚拟R平方	0.0835					
长期似然值	-880.95					
样本量（个）	757					

续表

（iv）小学项目

项目	（1）完全由财政拨款		（2）完全由村庄自筹		（3）财政拨款与村自筹共同作用	
	系数	标准差	系数	标准差	系数	标准差
是否是少数民族村	0.3738*	0.2055	0.0643	0.3913	0.4428	0.4405
村庄规模	0.0001	0.0001	0.0000	0.0002	0.0001	0.0002
村相对收入（村人均收入比县人均收入）2007～2011年	0.4356	0.3039	−0.1724	0.5860	0.6402	0.5163
县政府到村中的距离（km）	0.0016	0.0038	0.0080	0.0069	0.0039	0.0074
乡镇中心到村最近交通站的距离（km）	−0.0207	0.0171	−0.0448	0.0348	−0.00005	0.0338
10%－村级劳动力流动水平＜20%（以不足10%为参照组）	−0.0792	0.4207	0.9041	0.7062	1.0351	0.7662
20%－村级劳动力流动水平＜40%（以不足10%为参照组）	−0.2480	0.3474	0.2599	0.6576	0.2665	0.7430
40%－村级劳动力流动水平（以不足10%为参照组）	0.0877	0.3202	0.0960	0.6496	0.2258	0.7189
2011年召开的村民大会次数	0.0315	0.0289	0.0026	0.0561	0.0130	0.0587
村社会资本（虚拟变量）	0.4857**	0.1946	−0.2021	0.3558	−0.1814	0.3788
县级人均财政支出（元）	−0.0001**	0.00004	−0.0001	0.0001	−0.0002	0.0001
青海（以内蒙古为参照组）	1.4759***	0.4436	−1.5271	1.1412	1.7340	1.1488
宁夏	2.0006***	0.4446	−0.2301	0.8934	0.7010	1.4568
新疆	0.8472*	0.4845	0.8228	0.6449	2.0863*	1.1332
广西	1.1863**	0.4737	−0.5636	0.8594	1.4521	1.1868
贵州	1.2143***	0.4619	−0.2377	0.7500	1.5364	1.1485
湖南	−0.0427	0.5361	0.8395	0.6893	1.7713	1.1623
常数项	−2.5211***	0.7258	−1.5866	1.4159	−4.6637***	1.6669
虚拟 R-squared	0.1049					
长期似然值	−635.25					
样本量（个）	757					

注释：***、**和*分辨表示统计量在1%、5%和10%的置信水平之下。

（二）当地农民的需求

关于劳动力流动、农民对当地公共产品供给的利益与村级公共投资的相关性，有以下结论。1. 村内劳动力外迁程度与村项目资金由自筹资金专门供给的概率之间不存在显著负相关性。这个结果与佐藤宏和丁赛（2012）所得结论一致，但是与张林秀等（2005、2006）的结果不同，外迁程度对民众在当地公共产品供给的利益没有负面影响。2. 外迁程度的上升与村道路建设及维护的项目资金全部或部分由财政预算拨款的概率呈正相关。此外，与最近公共交通车站的距离越远，道路建设与维护建设资金由村财政自己支付的概率越高。这些发现与佐藤宏和丁赛（2012）之前的研究结论一致。以上结论表明，在西部少数民族地区，村内劳动力外迁程度影响上级政府对基础设施公共投资的选择。

（三）村庄治理特点

估计结果还表明，村庄治理特点决定公共投资位置的选择和公共投资项目的预算结构。1. 我们确立了一个村庄自治改善的积极标志。具体来说，村民大会与村庄进行公路建设与维护、灌溉以及饮用水项目的资金完全或部分来自于村自筹资金的概率呈显著正相关。这表明"一事一议"制度有着重要作用。2. 与此同时，村的社会资本影响着村受益项目由财政拨款的概率。估计结果显示，上级政府和村之间的个人桥梁关系在村小学项目和饮水项目中，起着显著的正向作用。值得注意的是，社会资本变量在小学项目和饮水项目中与该项目由财政拨款的概率显著呈正相关。

七　研究案例：小学的基本情况

如表 6－2 所示，在社会主义新农村建设政策实施后，政府"三农"的财政支出中对农村社会发展的公共投资增加了。政府对农村教育与农村学校的整合（尤其是小学）的财政支出，在 21 世纪初也增加了。根据国家统计数据，中国农村和城市的小学总数从 2000 年的 553000 所减少到 2009 年的 280000 所（国家统计局编《中国统计年鉴 2013》：683）。2000~2009 年间，约 273000 所小学被关闭，其中大约 206000 所学校位于农村地区（吴，2011）。那么当前西部少数民族地区的小学的状况是什么

表6-7　完全小学的基本情况

单位：个、%

地区	完全小学									寄宿制完全小学			
	村中孩子需要住校的行政村占样本村总数的比例	拥有宿舍的学校占样本总数的比例	聘请民办教师的学校占学校总样本的比例	拥有营养补助的学校占学校总样本的比例	面临危房问题的学校占学校总样本的比例	拥有大量桌椅的学校占学校总样本的比例	拥有图书馆的学校占学校总样本的比例	有网络的学校占学校总样本的比例	学校数量	有自来水的学校占学校总样本的比例	有厨房的学校占学校总样本的比例	有洗浴间的学校占学校总样本的比例	学校数量
西北地区													
内蒙古	50.5	63.1	37.9	60.2	6.8	93.2	78.6	68.0	103	87.7	98.5	29.2	65
青海	19.5	23.3	27.8	34.6	17.3	91.7	61.7	30.8	133	90.3	87.1	0.0	31
宁夏	22.7	17.5	46.4	61.9	16.5	89.7	80.4	54.6	97	70.6	94.1	0.0	17
新疆	11.0	19.0	29.0	50.0	11.0	75.0	73.0	42.0	100	84.2	100.0	42.1	19
西南地区													
广西	27.2	32.0	30.1	41.7	20.4	83.5	62.1	20.4	103	90.9	87.9	90.9	33
贵州	30.0	43.3	22.5	81.7	21.7	90.8	73.3	47.5	120	90.4	100.0	9.6	52
湖南	50.5	66.3	25.7	40.6	21.8	89.1	67.3	33.7	101	95.5	100.0	68.7	67
总数	29.9	37.5	30.9	52.8	16.6	87.8	70.5	42.0	757	89.4	96.5	38.0	284

样的呢？学校整合在多大程度上影响着农村小学的地理位置？在学校合并浪潮之后，研究农村小学实际状况的研究成果还不多见。为此，我们描述了来自调查地区的样本村中的完全小学（以下简称完小）的状况。

表6-7显示在样本村中孩子需要住校的行政村占村总样本的比例，从新疆的11.0%到内蒙古和湖南的50.5%。邬志辉和史宁中（2011）引用中国教育部的报告：2007年，在全国范围内，小学生住宿的人数占总人数的8.1%。相应的研究数据显示，东部地区为4.0%，中部地区为8.5%，西部地区为11.6%，而西藏、内蒙古、云南、青海均超过20%。本文的调查结果高于上述统计结果，因为本文样本村中包括小孩寄宿的村庄。

表6-7还表明了尽管大多数完小配备基本设施（足够多的桌椅、图书馆房间等），但是有相当一部分完全小学，从内蒙古大约有7%的比例到贵州和湖南的大约22%的比例，仍面临危房的问题。尽管在2008年汶川大地震之后，学校建筑质量受到关注，但在西部少数民族地区，学校设施匮乏仍然是一个严重的问题。此外，有相当部分的完全小学雇佣非编制内（编制外、民办）老师，我们可以据此认为农村教师编制不足。此外，2011年秋季学期，当最新的农村政策推出后，孩子在完全小学得到营养补助的学校占学校总样本的比例从青海的35%增加到贵州的82%以上。这些地区差异表明，我们需要进一步考察当地农村教育财政资金的分配。

农村学校合并最直接的一个影响就是增加到学校的通勤距离。上面所提到的高年级学生需要住宿的高比例与由学校合并所带来的通勤距离增加密切相关。然而，尽管到学校的通勤距离应是教育政策中的重要问题，但是地方在实施学校合并的过程中很少注意到。邬志辉和史宁中（2011年）基于八县的案例研究，认为有将近一半的县没有对学校关闭之后的影响进行事前评估。

表6-8-A　样本村到完全小学的平均距离

	少数民族村（公里）	汉族村（公里）	全体（公里）	学校数量（所）
西北地区				
内蒙古	10.6	10.4	10.4	103
青　海	1.9	6.5	3.4	133
宁　夏	3.2	6.6	5.0	97
新　疆	8.6	11.8	9.6	100

续表

	少数民族村（公里）	汉族村（公里）	全体（公里）	学校数量（所）
西南地区				
广　西	4.3	2.4	3.7	103
贵　州	4.1	0.7	3.7	120
湖　南	5.9	10.2	6.7	101
总　数	5.0	7.6	5.9	757

表 6 - 8 - B　样本村到完全小学距离的 OLS 回归模型

因变量:样本村到完全小学的通勤距离	平均值	系数	显著程度	标准差
是否是少数民族村	0.648	- 2.139	**	1.018
到县政府的距离	31.4	0.110	***	0.018
村规模（总人口）	1831	- 0.0008	*	0.0004
县范围大小（平方米）	5587	0.0003	***	0.00009
青海（以内蒙古为参照组）		- 4.194	**	1.726
宁夏		- 2.185	**	1.827
新疆		- 0.770		1.994
广西		- 3.057		1.910
贵州		- 3.006		1.855
湖南		- 0.750		1.894
常数项		5.825	***	1.806
调整后的 R 平方		0.105		
F 检验		9.89(0.000)		
样本量		756		

注：表中 * 代表在 10% 水平下显著；** 代表在 5% 水平下显著；*** 代表在 1% 水平下显著。

　　表 6 - 8 反映了完小的通勤距离。如表 6 - 8 - A 所示，平均通勤距离范围从青海 3.4 公里到内蒙古的 10.4 公里，走这么远距离上学的学生平均年龄只有十岁。赵丹等人（2012）利用 GIS 数据研究广东省山区里学校合并前后的农村小学分布的情况，该结果显示，合并后学生到学校的通勤距离增加了，由 2003 年的 1.1 公里增加到 2009 年的 2.9 公里。值得注意的是，赵丹等人（2012）的结果小于表 6 - 8 - B，这是因为他所选取的样本包括非完小和更小的教学点。

表 6 – 9　样本村庄与完全小学距离的决定因素的 OLS 估计

因变量:样本村到完全小学的通勤距离	平均值	系数	显著程度	标准误
少数民族村庄(虚拟变量)	0.648	– 2.139	**	1.018
与县政府的距离(km)	31.4	0.110	***	0.018
村庄规模(总人口)	1831	– 0.0008	*	0.0004
县面积(平方米)	5587	0.0003	***	0.00009
青海		– 4.194	**	1.726
宁夏		– 2.185	**	1.827
新疆		– 0.770		1.994
广西		– 3.057		1.910
贵州		– 3.006		1.855
湖南		– 0.750		1.894
常数项		5.825	***	1.806
调整的 R 平方		0.105		
F 检验		9.89(0.000)		
样本量		756		

那么，在学校整合方面少数民族村有什么特殊政策待遇？表 6 – 9 的结果是，村庄到完小的距离是村少数民族状况（是否是少数民族村）的回归结果。我们加入控制变量，使用从村到县镇范围的距离来衡量样本村的地理位置，使用村规模来衡量儿童人口规模，使用县的面积来衡量县的地理条件。为了衡量任何财政、民族、政策上的差异，我们还加入地区虚拟变量。结果如表 6 – 9 所示，少数民族村的通勤距离比汉族村小，可见在学校整合方面政府对少数民族村有特殊政策待遇。

八　简要结论

基于"西部民族地区经济社会状况家庭调查（CHES）"的数据，我们发现在 2007 ~2011 年社会主义新农村建设进程中，村级公共投资项目数量明显增多了。从县政府目标、村庄治理以及当地农民的需求对村级公共投资项目的位置选择以及它的财政预算分配结构角度进行解释和估计，得到以下观点。

第一，关于县政府目标，我们发现政府更加偏爱少数民族村庄，同时也注重对村级公共投资的财政效率的考虑。第二，我们发现一个村庄的社会资本以及乡村自治，影响了公共投资项目的位置分配。第三，关于当地农民的需求，与现有的一些文献相反，我们没有发现外迁程度会减少当地居民对公共投资的利益。相反，结果显示外迁程度提高的同时，当地的公共投资也在增加。

作为一个村级公共投资项目的研究案例，本文也阐明了受访家庭儿童所上的学校状况。尽管大部分学校都具备基础设施，但还是有相当部分的学校面临危房的问题。从对学校整合政策的考察来看，本文再一次证明少数民族村存在的优惠政策。总之，进一步调查需要从基层公共投资位置分布中区域平衡和公共的角度，来看地方政府目标和村庄治理特点。

参考文献

Besley, Timothy and Coate, Stephen. 2003. "Centralized versus Decentralized Provision of Local Public Goods: A Political Economy Approach," *Journal of Public Economics* 87 (12).

Fan, Shenggen, Zhang, Linxiu, and Zhang, Xiaobo. 2002. *Growth, Inequality, and Poverty in Rural China: the Role of Public Investments*. Washington D. C.: International Food Policy Research Institute.

Fock, Achim and Wong, Christine. 2007a. "China: Improving Rural Public Finance for the Harmonious Society," Report No. 41579 - CN, Rural Development, Natural Resources and Environmental Sustainable Development Department, The World Bank.

Gustafsson, Bjorn, Li, Shi, and Terry Sicular (eds.) 2008. *Inequality and Public Policy in China*. New York: Cambridge University Press.

Gustafsson, Bjorn and Ding, Sai. 2009. "Villages Where China's Ethnic Minorities Live," *China Economic Review* 20 (2).

Li, Shi, Hiroshi Sato, and Terry Sicular (eds.) 2013. *Rising Inequality in China: Challenges to a Harmonious Society*, New York: Cambridge University Press.

Luo, Renfu, Linxin Zhang, Jikun Huang and Scott Rozelle. 2010. "Village Elections, Public Goods Investments and Pork Barrel Politics, Chinese-style," *Journal of Development Studies* 46 (4).

Luo, Renfu, Zhang, Linxiu, Huang, Jikun, and Rozelle, Scott. 2007. "Elections, Fiscal Reform and Public Goods Provision in Rural China," *Journal of Comparative Economics* 35 (3).

Martinez-Bravo, Monica, Padró i Miquel, Gerard, Qian, Nancy, and Yao, Yang.

2012. "The Effects of Democratization on Public Goods and Redistribution: Evidence from China," NBER Working Paper No. 18101.

Sato, Hiroshi and Ding, Sai. 2012. "Local Public Goods Provision in the Post-Agricultural Tax Era in Rural China," Global COE Hi-Stat Discussion Paper Series (222).

Sato, Hiroshi. 2008a. "Public Goods Provision and Rural Governance in China," *China: An International Journal* 6 (2).

Sato, Hiroshi. 2008b. "The Impact of Village-Specific Factors on Household Income in Rural China," in *Inequality and Public Policy in China*, Björn Gustafsson, Li Shi and Terry Sicular (eds.), New York: Cambridge University Press.

Tsai, Lily L. 2007. *Accountability without Democracy: Solidary Groups and Public Goods Provision in Rural China*. New York: Cambridge University Press.

Wang, Shuna and Yao, Yang. 2007. "Grassroots Democracy and Local Governance: Evidence from Rural China," *World Development* 35 (10).

Wong, Christine and Fock, Achim. 2008. "Financing Rural Development for a Harmonious Society in China: Recent Reforms in Public Finance and Their Prospects," World Bank Policy Research Working Paper (4693).

World Bank. 2007. *China: Improving Rural Public Finance for the Harmonious Society*. World Bank Open Knowledge Repository, accessed January 8, 2013, http://hdl. handle. net/10986/7664.

World Bank. 1997. *The State in a Changing World* (World Development Report1997) New York: Oxford University Press.

Zhang, Linxiu, Luo, Renfu, Liu, Chengfang, and Rozelle, Scott. 2006. "Investing in Rural China: tracking China's commitment to modernization," *The Chinese Economy* 39 (4).

Zhang, Xiaobo, Fan, Shenggen, Zhang, Linxiu, and Huang, Jikun. 2004. "Local Governance and Public Goods Provision in Rural China," *Journal of Public Economics* 88 (12).

党国英, 2009,《我国乡镇机构改革的回顾与展望》,《中国党政干部论坛》第 3 期。

国家统计局, 2013,《中国统计年鉴 2013》, 中国统计出版社。

国家统计局:《中国县（市）社会经济统计年鉴》, 中国统计出版社。

国务院发展研究中心课题组, 2007,《中国新农村建设推进情况总报告》,《改革》第 6 期。

林万龙, 2007,《中国农村公共服务供给的结构失衡：表现及成因》,《管理世界》第 9 期。

刘伯龙、竺乾威、何秋祥, 2011,《中国农村公共政策》, 复旦大学出版社。

罗仁福、张林秀、邓蒙芝, 2008,《农村公共物品投资策略的实证分析》,《中国科学基金》第 6 期。

罗仁福、张林秀、黄季焜、罗斯高、刘承芳, 2006,《村民自治，农村税费改革与农村公共投资》，《经济学季刊》第 5 卷第 4 期。

王国华、李克强，2003，《农村公共物品供给与农民收入问题研究》，《财政研究》第 1 期。

邬志辉、史宁中，2011，《农村学校布局调整的十年走势与政策议题》，《教育研究》第 7 期。

"县乡财源建设问题研究"课题组，2010，《县乡财源建设问题研究（总报告）》，《经济研究参考》第 50 期。

萧卫文，2007，《关于市县党政领导干部政绩考核标准的研究》，《探求》第 6 期。

徐小青主编，2002，《中国农村公共服务》，中国发展出版社。

张林秀、李强、罗仁福、刘承芳、罗斯高，2005，《中国农村公共物品投资情况及区域分布》，《中国农村经济》第 11 期。

张林秀、罗仁福、刘承芳、Scott Rozelle，2005，《中国农村公共物品投资的决定因素分析》，《经济研究》第 11 期。

赵丹、吴宏超、Bruno Parolin，2012，《农村学校撤并对学生上学距离的影响》，《教育学报》第 8 卷第 3 期。

中共中央、国务院，2005，《中共中央国务院关于进一步加强农村工作提高农业综合生产能力若干政策的意见》，《现代乡镇》第 Z1 期。

周飞舟，2006，《分税制十年：制度及其影响》，《中国社会科学》第 6 期。

第七章　民族地区农村少数民族
更贫穷却更幸福？

近年来，幸福经济学的发展很迅速，尤其是针对主观幸福感决定因素的研究文献逐年增加。许多国家包括中国都已对基于幸福函数的主观幸福感进行了研究，而且实证研究的结果总体是可信的和有说服力的。尽管主观幸福感研究的实际政策意义仍然存在争议，但该研究的结论越来越多地被政府纳入视野并应用到相关的政策制定（奥唐奈，2013）。

很多有关幸福感的研究都围绕着这样一个重要的问题，即物质决定因素（例如收入和财富）和非物质决定因素（例如个人关系、社交网络、社会的力量和文化遗产）哪类对幸福感更重要。本文将通过"西部民族地区经济社会状况家庭调查数据（2011年）"探究民族地区不同民族的幸福感。本章的结构如下：第一部分是简短的文献综述；第二部分是调查数据说明；第三部分给出了被检验的假说并提供检验方法；第四部分分别检验五个假说；第五部分是得出有关西部民族地区农村不同民族幸福感研究的简要结论和相关讨论。

一　文献综述

根据已有的有关中国少数民族地区经济和社会发展的研究文献，研究不同民族的差异性，在农村比在城市更加适合。城市中的少数民族人口比例远低于农村，他们中的大多数都已经融入了城市生活，差异性不显著。对2002年中国家庭收入调查数据进行工资函数分析后发现，少数民族与汉族相比较不再有明显的工资收入差异（Kningt 和 Song，2008）。中国农村的少数民族大多集中生活在西部民族地区，而这一地区同时也是偏远、贫穷、山区比例很高的地区。（Bhalla 和 Qiu，2006；Gustafsson 和 Wei，2000）。Riskin 和 Li（2001）根据公布的中国农村贫困标准计算得到非贫困地区的贫困人群中少数民族占 14%；贫困地区的贫困人群中少数民族占 25%。这两个百分比都比少数民族占中国农村总人口的百分比要高得多。这意味着少数民族的贫困人口所占人口比例较高，而贫穷的少数民族群众也大都集中在那些贫困地区。

在全球化的大潮下，外来文化对本民族文化的冲击已经在各国都有体现。在中国经济社会不断发展的同时，许多少数民族依然保留本民族的习惯、传统文化和生活方式，作为个体对本民族的认同意识也并未减弱，这一特点已经引起了学术界的关注和研究。有学者认为，少数民族总体上的经济弱势地位可能会降低其幸福感。中国少数民族身份的认定并不是自我意愿的选择，因而不会存在由于少数民族特殊优惠政策和差别对待而造成的民族身份的变化。

和国际上有关幸福经济学丰富的研究文献相比，中国针对主观幸福感的研究还不是很多。Knight 等（2009、2010、2012）分别利用中国家庭收入调查数据（CHIP，2002），通过建立幸福函数得到以下结论。

第一，虽然传统的经济理论认为，家庭和个人的经济状况改善可以提高人们的幸福感。但分析结果表明，收入和财富的绝对水平无论是在实质上还是与其他解释变量对幸福感的贡献相比较，其影响程度都远低于预期。

第二，收入函数证实，收入的增加对提高幸福感有积极作用，同时，主观意愿对收入的认定可对幸福感产生负面作用，而后者可被参照组的收入所影响。通常这一参照组可由信息获得和社会关系所决定。例如，大多数农村受访者以自己所在村庄作为参照组，也就是说人们的幸福感要受到评判自己在村庄中的经济收入位置高低的结果所影响。因此，个人收入的提高或降低对幸福感的影响将同时被所在村庄人均收入的提高或降低对幸福感的影响所抵消。

第三，所在地区的公共服务和基础设施等社会变量在决定个人幸福感时也发挥着重要作用。社会变量包括了村人均收入，受访者对村卫生室的满意度，或者村干部是否能为本村的利益着想。

第四，主观态度也与幸福感的得分相关。人际关系的好坏影响幸福感，而从个人经济角度所测量的结果表明个人收入提高带来的幸福感往往要低于人际关系和谐对幸福感的正向影响。因此，相对于生活中的经济因素，人际关系良好更能使人们对生活感到满意。

第五，幸福函数中包括的少数民族虚拟变量得到了正向系数，且具有显著性。因此，当其他条件保持不变时，少数民族在平均意义上比汉族更幸福。

二 调查数据说明

本章重点关注的是民族地区农村少数民族和汉族的幸福感。根据 2010 年人口普查数据，中国乡村少数民族人口为 7519 万，占全国农村人口的比例约为 11.35%。西部民族地区经济社会状况家庭调查数据（Chinese Household Ethnicity Survey，CHES 2011）是对新疆维吾尔自治区、内蒙古自治区、宁夏回族自治区、广西壮族自治区、青海省、贵州黔东南苗族侗族自治州和湖南省七个地区的城镇、农村家庭进行的调查。本章的研究主要基于获得的三类调查数据。其一是个人数据，包括了 31615 个受访者；其二是家庭数据，涵盖了 7257 户家庭；其三是行政村数据，有 763 个行政村。农村调查数据在省区级层面，调查个人数据样本范围是 870~1200，行政村数量为 97~133；在 136 个县级层面，平均每县调查了 6 个行政村，平均 53 个家庭；个人数据库中包括了汉族（48%）、苗族（15%）、回族（9%）、侗族（8%）、维吾尔族（7%）、壮族（6%）、藏族（5%）和其他样本量极少的 28 个民族。鉴于调查的七个地区的价格水平并不相同，在分析和比较收入水平时需进行调整。因此，我们根据 Brandt 和 Holz（2006）研究得到的中国 31 个省区的购买力平价，再以统计局公开的历年农村消费价格指数对 2011 年七个地区的家庭收入进行了相应的调整。

调查问卷中与本研究相关的有三个主观问答题，第一个问题是"你幸福吗？"，回答选项为"非常幸福、幸福、一般、不幸福、一点也不幸福"；如果受访者（正常情况下由户主或家庭主要成员回答）选择"非常幸福"就赋值为 4 分，依次类推，"一点也不幸福"是 0 分。第二个问题是"你对你现在的收入满意程度如何？"提供的回答选项从"非常满意"（4 分）

到"一点也不满意"（0分）。第三个问题是"为了全家能够维持最低生活，请估计您家全年至少还需要多少现金？"，在分析时将其转化并作为家庭人均收入的最低值。

表7－1　少数民族和汉族三个主观问题回答的百分比分布和平均值

单位：元，%

	基本分数	幸福感		收入满意程度		最低收入要求	
		少数民族	汉族	少数民族	汉族	少数民族	汉族
非常	4	7.48	6.76	4.09	2.68		
是	3	36.93	40.06	20.87	20.81		
一般	2	39.17	35.80	33.37	37.02		
否	1	14.69	15.52	26.08	21.16		
一点也不	0	1.75	1.85	15.59	18.33		
平均值	2	2.34	2.34	1.72	1.68	10516	12217
样本量		2635	1997	2592	1980	2639	1994

注：计算中将回答有着明显错误和那些回答"不知道"的样本进行了排除。

从表7－1可以看出，少数民族受访者和汉族受访者的幸福感得分的平均值都是2.34；但少数民族所要求的最低家庭人均年收入（7287元）仅仅是汉族家庭人均年收入（12600元）的58%。少数民族受访者的收入满意程度平均值（1.72）高于汉族受访者的得分（1.68）。这种收入满意度的差异可以部分地被解释为少数民族和汉族对最低家庭收入要求的差异。经过购买力平价调整后得到少数民族家庭年平均最低收入是汉族家庭平均最低收入的88%。

除此之外，本章还利用了调查问卷中另外两个主观评价问题。问题一是"您家的收入在村里处于什么水平？"回答选项有："大大高于平均水平"（4分）；"高于平均水平"（3分）；"平均水平"（2分）；"低于平均水平"（1分）；"大大低于平均水平"（0分）。问题二是"您认为家庭/朋友/收入："很重要"（4分）、"比较重要"（3分）、"一般"（2分）、"不太重要"（1分）、"不重要"（0分）。"

表 7 - 2　少数民族和汉族重要解释变量的统计描述

	基本分数	家庭重要性		朋友重要性		收入重要性		收入水平		人均收入（元/年）	
		少数民族	汉族	少数民族	汉族	少数民族	汉族	少数民族	汉族	少数民族	汉族
非常重要/远超于(%)	4	86.42	91.04	40.4	45.61	83.48	83.73	1.38	1.11		
重要/远超于(%)	3	12.07	6.73	41.31	34.88	14.09	12.51	14.66	13.39		
一般重要/平均(%)	2	1.32	1.87	14.61	17.42	1.96	3.71	51.69	60.18		
不重要/低于(%)	1	0.04	0.35	3.04	1.17	0.27	0.05	29.36	22.84		
一点也不重要/远低于(%)	0	0.16	0.00	0.63	0.92	0.20	0.00	2.92	2.48		
平均值	2	3.85	3.88	3.80	3.80	3.80	3.80	1.82	1.88	7639	13504
样本量		2577	1976	2532	1958	2555	1967	2606	1979	2661	2020

注：受访者回答"不知道"的被排除了。计算时基于表 4 中的较小的样本产生了非常相似的百分比分布和平均值。

　　少数民族评价自己收入在村里所处的水平平均值是 1.82；汉族该评价平均值是 1.88。在家庭、朋友、收入的重要性评价上，汉族和少数民族受访者的得分只有微小的差别。调查数据也显示，家庭和收入在农村受访者中受到高度重视，选择"非常重要"的比例分别为 86% 和 83%。

　　虽然调查的农村家庭样本共有 7257 户，但回答了本章所要研究的问题并可用于分析的样本量大大减少。主要原因有两个：第一，尽管有 7214 户受访家庭回答了关于幸福感的问题，但有的受访者漏报了家庭编码从而无法鉴别其是家庭户主还是其中的具体家庭成员，而幸福函数的估算中需要回答者的相关个人信息，如果无法对应到所需信息就只能放弃该样本。因此，在回答家庭成员编码的 4782 个样本量中就民族和各主观问题回答齐备的样本量最终是 4632，这也是表 7 - 1 和表 7 - 2 的样本量。第二，剔除了回答不知道和不清楚的样本后得到 3596 个有效样本。再保留同时回答家庭重要性、朋友重要性和收入重要性的样本为 3417。这也是表 7 - 3 和表 7 - 4 的样本量。由于样本缺失引发了问题：家庭选择性的退出有没有使计算结果产生偏差？因本章主要对汉族和少数民族进行比较研究，需要验证删除的样本对汉族和少数民族是否有不同影响。由于访问员没有填入家庭成员编码造成的样本丢失可认为是随机的。汉族受访者因回答不知道或不清楚损失了 21% 的样本；少数民族受访者因回答不知道或不清楚损失了 25% 的样本。通过对 7214，4782，3596 和 3417 四个不同的家庭数据分别计算得到了汉族和少数民族的幸福指数，汉族受访者的平均得分分别是 2.40、2.34、2.36 和 2.37，而少数民族则分别是 2.42、2.34、2.33 和 2.35。通过这种简单的偏离验证，证实上述样本损失不会导致幸福感分析出现严重偏离，但由于数据的限制，在本章最后下结论时需要更加谨慎。

三　研究假设和检验

（一）本章的分析研究将基于以下基本假设：

假设一：如果提高受访农村少数民族的家庭收入，农村少数民族受访者的幸福感将更加高于农村汉族受访者。

少数民族生活中的文化、所在村庄状况等因素或者主观感受到的良好自我评价可能会提升幸福感，感受到自己的差异尤其是弱势可能会降低幸福感。因此假设一取决于主观态度的正面影响是否大于负面影响。

汉族和少数民族受访的平均条件幸福得分的差异性的研究结果要求本研究对其原因进行调查，这里涉及第二个假设。

假设二：不同因素对农村少数民族幸福感的影响不同，但非物质因素对幸福感所起作用更显著。

根据 Knight 等（2009、2010、2012）的研究方法，本章试图发现少数民族和汉族在幸福感方面是否存在绝对或有条件的相对差异。为此，采用了主观幸福函数对少数民族和汉族受访者进行了幸福感决定因素分析。主观幸福感（本章将交替使用主观幸福感、幸福感和生活满意度三个术语表示同样的含义）将根据对应的分值作为幸福函数的因变量，解释变量主要包括个人、家庭和所在行政村的特征。

假设三：非经济性因素对少数民族幸福感影响的异质性。

为了更好地理解汉族和少数民族幸福感差异的原因，本章将少数民族细分为八个不同族别的民族做进一步的分析。

假设四：在其他条件不变的情况下，本民族是行政村中人口最多民族的少数民族受访者比本民族不是行政村人口最多民族的少数民族受访者更幸福。

研究表明如果对所在社区感觉良好更容易提升幸福感，为此，我们将少数民族划分为行政村中人口最多的民族和非人口最多的民族来加以比较分析。

假设五：少数民族受访者相对于汉族受访者，即使只有更低的家庭收入也能满意，同时他们对家庭最少收入的标准也更低。

为此，将回答收入满意度问题和回答最低收入要求问题（五个等级，换算为分值）转为两个自变量，进行相关检验。以证明少数民族是否较之汉族表现出特定条件下对收入的关注更少，同时也没那么重视收入的价值。

（二）对上述五个假设的检验

1. 对假设一的检验

表 7-1 中的数据显示少数民族受访者和汉族受访者有相同的幸福感得分，然而少数民族家庭的人均收入明显低于汉族家庭。表 7-2 中少数民族受访者认为自己在本村中的收入水平低于汉族受访者。通常，绝对收入和相对收入都可能会直接影响幸福感，这对于少数民族来说是不利的。因此，为了明确单纯的少数民族身份的影响，本章对幸福函数进行了测算。

在幸福函数中放入少数民族虚拟变量，通过对照汉族来检验假设一是否成立。

表 7-3 幸福函数估计结果

	（1）	（2）	（3）	（4）
少数民族地位	-0.0065	0.0815 ***	0.0461 *	0.0474
	(0.0261)	(0.0311)	(0.0289)	(0.0306)
年龄		-0.0147 *	-0.0298 ***	-0.0196 **
		(0.0086)	(0.0080)	(0.0080)
年龄的平方		0.0001	0.0003 ***	0.0002 **
		(0.0001)	(0.0001)	(0.0001)
女性		-0.1272 ***	-0.1143 ***	-0.1035 ***
		(0.0372)	(0.0348)	(0.0346)
受教育年限		0.0052	-0.0036	0.0075
		(0.0056)	(0.0052)	(0.0053)
人均收入对数		0.1815 ***	0.1021 ***	0.0927 ***
		(0.0181)	(0.0173)	(0.0187)
在村内的收入位置				
大大高于平均水平			0.7502 ***	0.7159 ***
			(0.1313)	(0.1298)

续表

	（1）	（2）	（3）	（4）
高于平均水平			0.2985 ***	0.2732 ***
			（0.0394）	（0.0391）
低于平均水平			− 0.5729 ***	− 0.5677 ***
			（0.0323）	（0.0318）
大大低于平均水平			− 1.0570 ***	− 1.0676 ***
			（0.0872）	（0.0861）
省区				
广西				0.1510 ***
				（0.0595）
贵州				（0.0614）
				（0.0562）
宁夏				0.3681 **
				0.2291 ***
青海				0.5002 ***
				（0.0627）
新疆				0.3415 ***
				（0.0668）
内蒙古				0.0760
				（0.0627）
截距	2.3435 ***	1.1663 ***	2.3988 ***	1.8716 ***
	（0.0197）	（0.2619）	（0.2490）	（0.2537）
调整后 R 的平方	− 0.0002	0.0363	0.1775	0.2042
幸福感的平均值	2.3398	2.3383	2.3430	2.3430
样本量	4632	3657	3589	3589

注：括号里标准误差，*、**和***分别表示在 10%、5% 和 1% 的水平下显著；少数民族、女性、在村内的收入位置以及省区的虚拟变量的参照组分别为汉族、男性、在村内位于收入的平均水平和湖南省。

纵列 1 显示少数民族身份变量系数为负但不显著；纵列 2 在纵列 1 的基础上增加了年龄、性别、教育和收入变量。对不同国家的幸福函数分析后大都发现年龄和幸福感呈 U 型关系，男性比女性更幸福。本章的收入函数发现年龄越大幸福感值越低，男性比女性更幸福，教育年限对幸福感不起作用。虽然人均收入具有极显著的正系数，但人均收入翻一番后幸福感分值也只提高 0.13 分。与纵列 1 不同的是少数民族身份系数值为正且显著，但作为少数民族只比汉族在幸福感数值上高 0.08 分。纵列 3 是在纵列

2 的基础上加入了自评收入在村内位置的四个虚拟变量，这四个虚拟变量都统计显著，且自评收入在村内大大高于平均水平的虚拟变量与自评收入在村内大大低于平均水平的虚拟变量对幸福感数值的影响差异达到了 1.8 分。家庭人均收入对幸福感的正向影响依然显著但系数相应减少。这两种变化也就是相对收入和绝对收入对幸福感的影响。少数民族身份这一变量系数值减少了约 0.05，但仍在 10% 的水平上显著。纵列 4 中加入省区六个虚拟变量之后与纵列 3 所得结果大体没有区别，只是少数民族身份这一变量系数不再显著。湖南之外的六个调查地区中有五个地区的幸福感数值高于湖南省。

上述分析可以得到三个结论：第一，少数民族同汉族相比幸福感数值存在差异；第二，少数民族的幸福感更高；第三，绝对收入和相对收入的提高都会提升幸福感，因此少数民族在收入上的相对弱势会影响到他们绝对幸福感数值。

2. 对假设二的检验

对该假设的检测是通过对少数民族幸福函数与汉族幸福函数的估算（表 7 - 4）以及对幸福感决定因素差异的分解分析（表 7 - 5）。

表 7 - 4　少数民族和汉族的幸福函数估计结果

	(1)	(2)	(3)	(4)
	不包括地区变量		包括地区变量	
	少数民族	汉族	少数民族	汉族
年龄	- 0.0306 ***	- 0.0314 **	- 0.01886 *	- 0.0225
	(0.0097)	(0.0144)	(0.0098)	(0.0140)
年龄的平方	0.0002 **	0.0003 *	0.0002	0.0002
	(0.0001)	(0.0001)	(0.0001)	(0.0001)
女性	- 0.1202 **	- 0.1121 **	- 0.1140	- 0.1285 ***
	(0.0507)	(0.0487)	(0.0511)	(0.0480)
受教育年数	- 0.0166 **	0.0188 **	- 0.0040	0.0307 ***
	(0.0067)	(0.0085)	(0.0069)	(0.0084)
人均收入的对数	0.1071 ***	0.0710 ***	0.0591 **	0.0158
	(0.0232)	(0.0268)	(0.0251)	(0.0323)
在村内的收入位置				
大大高于平均水平	0.6855 ***	0.8005 ***	0.5721 ***	0.7918 ***
	(0.1632)	(0.2104)	(0.1634)	(0.2054)

续表

高于平均水平	0. 2290 ***	0. 3896 ***	0. 2263 ***	0. 3718 ***
	(0. 0515)	(0. 0613)	(0. 0511)	(0. 0608)
低于平均水平	− 0. 5643 ***	− 0. 5744 ***	− 0. 5729 ***	− 0. 5601 ***
	(0. 0422)	(0. 0513)	(0. 0417)	(0. 0500)
大大低于平均水平	− 1. 1639 ***	− 0. 6836 ***	− 1. 1902 ***	− 0. 8080 ***
	(0. 1152)	(0. 1451)	(0. 1143)	(0. 1425)
家庭的重要性 (分值)	0. 2790 ***	0. 2394 ***	0. 2897 ***	0. 1995 ***
	(0. 0469)	(0. 0635)	(0. 0480)	(0. 0623)
朋友的重要性 (分值)	0. 0923 ***	− 0. 0900 ***	0. 0952 ***	− 0. 0523 * *
	(0. 0233)	(0. 0264)	(0. 0233)	(0. 0266)
收入的重要性 (分值)	− 0. 1712 ***	− 0. 0651	− 0. 1653 ***	− 0. 0397
	(0. 0396)	(0. 0498)	(0. 0398)	(0. 0494)
省区				
广西			0. 2122 ***	− 0. 0941
			(0. 0742)	(0. 1165)
贵州			0. 1797 **	0. 2756 **
			(0. 0717)	(0. 1065)
宁夏			0. 4888 ***	0. 2842 ***
			(0. 0841)	(0. 1030)
青海			0. 4671 ***	0. 3917 ***
			(0. 0829)	(0. 1025)
新疆			0. 3004 ***	0. 5597 ***
			(0. 0860)	(0. 1255)
内蒙古			0. 3917 ***	− 0. 0279
			(0. 1037)	(0. 1007)
截距	1. 8509 ***	2. 1119 ***	1. 4983 ***	2. 0011 ***
	(0. 3565)	(0. 4644)	(0. 3705)	(0. 4794)
调整后 R 的平方	0. 2236	0. 1694	0. 2437	0. 2196
幸福感的平均值	2. 3492	2. 3685	2. 3492	2. 3685
样本量	1847	1563	1847	1563

注：括号里标准误差，*、* * 和 *** 分别表示在 10% 、5% 和 1% 的水平下显著；女性、在村内的收入位置以及省区的虚拟变量的参照组分别为汉族、在村内位于收入的平均水平和湖南省。

比较表 7 - 4 纵列 1 和纵列 2 少数民族幸福函数和汉族幸福函数的回归结果，发现差异主要在以下三个方面。第一，受教育年限对少数民族的幸福感是负向影响，而对汉族的幸福感却是正向影响。第二，收入对少数民族幸福感的影响程度大于汉族。第三，大大低于村内收入的平均水平会显著降低少数民族的幸福感。在纵列3和纵列4中是引入地区虚拟变量后的少数民族和汉族幸福函数的回归结果，两相比较唯一的区别是广西、宁夏和内蒙古的少数民族的幸福感数值高于汉族，但在新疆却恰好相反。在主观态度认定上，家庭和朋友的重要性对少数民族幸福感的影响相比于汉族来说更大。收入重要性对少数民族的幸福感有负面作用（实际上这个影响只有在少数民族幸福感函数中才是显著的）；换言之，少数民族如果更加注重物质会降低其幸福感。

少数民族和汉族的幸福函数在上述方面的不同表现表明，如果要确定少数民族身份对幸福感的单纯影响还需要进行进一步的分解分析。

表 7 - 5 少数民族和汉族幸福感决定因素的分解分析

受访者是否觉得幸福	平均值	标准误差
少数民族	2.3492 ***	0.0203
汉族	2.3685 ***	0.0225
差异	0.0193	0.0303
可解释部分	0.1553 ***	0.0277
不可解释部分	− 0.1360 ***	0.0363
样本量		3410
少数民族样本量		1847
汉族样本量		1563

注：表中结果是基于表 7 - 4 的回归系数值与表 7 - 4 中变量的平均值。*** 表示在 1% 水平下统计显著。

表 7 - 5 是 Blinder-Oaxaca 分解结果。其中将少数民族和汉族在幸福感平均数值上的差异分解为可解释部分和不可解释部分，可解释部分即少数民族幸福函数和汉族幸福函数在解释变量上的不同；不可解释部分是两组幸福函数的回归系数值的不同。表 7 - 5 证实，在幸福感平均数值上少数民族低于汉族 0.019。然而，差距不超过 0.156 是属于可解释部分，剩下的差距为 − 0.137 是不可解释部分。汉族受访者相对于少数民族更高的实际收入水平和自评其收入在村内较高的位置都提升了幸福感；而少数民族自身的幸福能力（幸福函数更高）增加了幸福感以至于几乎抵消了他们在经济收入方面低于汉族的负面影响。Blinder-Oaxaca 的具体分解（未在表 7 -

5 中报告) 显示汉族较高的绝对收入对幸福感的解释是 0.035,而在村内的收入位置所代表的相对收入解释了 0.028;在不可解释部分,少数民族受访者对家庭和朋友比汉族受访者更加看重的特点分别解释了 -0.35 和 -0.476。这也说明汉族受访者在绝对收入和相对收入方面得到更多的幸福感,而少数民族在人际关系方面得到更多的幸福感。

3. 对假设三的检验

对该假设的检测也是通过幸福函数的分析,与之前不同的是,少数民族将被细分为八个不同族群,以汉族为参照组 (表 7 - 6);之后再通过估算不同少数民族的幸福函数来了解其幸福感的具体影响因素 (表 7 - 7)。

表 7 - 6 不同少数民族的幸福函数估计结果

	(1)	(2)	(3)	(4)	(5)
蒙古族	0.1759 **	0.1637 *	0.2045 **	0.4342 ***	0.4349 ***
	(0.0793)	(0.0908)	(0.0844)	(0.0873)	(0.0831)
回族	0.2401 ***	0.3286 ***	0.2918 ***	0.1663 ***	0.1642 ***
	(0.0420)	(0.0523)	(0.0495)	(0.0539)	(0.488)
藏族	0.0682	0.2856 ***	0.1963 **	-0.0585	-0.0146
	(0.0619)	(0.0844)	(0.0784)	(0.0844)	(0.0772)
维吾尔族	-0.1139 *	-0.0664	-0.2317 ***	-0.6923 ***	-0.6280 ***
	(0.0653)	(0.0753)	(0.0701)	(0.0925)	(0.0690)
苗族	-0.1383 ***	-0.0549	-0.0867 **	-0.0130	-0.1041 **
	(0.0412)	(0.0471)	(0.0441)	(0.0531)	(0.0434)
壮族	-0.1054 *	-0.0146	-0.0585	0.0028	0.1968 ***
	(0.0563)	(0.0597)	(0.0559)	(0.0723)	(0.0550)
侗族	0.0874	0.1953 ***	0.1391 ***	0.1949 ***	0.0897 *
	(0.0532)	(0.0572)	(0.0530)	(0.0614)	(0.0522)
其他少数民族	-0.2208 ***	-0.1534 **	-0.1133 **	-0.1336 **	-0.1089 **
	(0.04911)	(0.0571)	(0.0529)	(0.0559)	(0.0523)
年龄		-0.0090	-0.0240 ***	-0.0181 **	-0.0168 **
		(0.0086)	(0.0081)	(0.0079)	(0.0079)
年龄的平方		0.0000	0.0002 **	0.0002 **	0.0001 *
		(0.0001)	(0.0001)	(0.0001)	(0.0001)

续表

	（1）	（2）	（3）	（4）	（5）
女性		− 0. 1280 ***	− 0. 1212 ***	− 0. 1168 ***	− 0. 1170 ***
		（0. 0370）	（0. 0345）	（0. 0342）	（0. 0340）
受教育年数		0. 0122 **	0. 0031	0. 0068	0. 0072
		（0. 0057）	（0. 0053）	（0. 0052）	（0. 0052）
人均收入的对数		0. 1530 ***	0. 0693 ***	0. 0257	0. 0355 **
		（0. 0189）	（0. 0179）	（0. 0198）	（0. 0176）
在村内的收入位置					
大大高于平均水平			0. 6579 ***	0. 7064 ***	0. 6956 **
			（0. 1305）	（0. 1283）	（0. 1285）
高于平均水平			0. 3008 ***	0. 3063 ***	0. 3020 ***
			（0. 0392）	（0. 0388）	（0. 0386）
低于平均水平			− 0. 5786 ***	− 0. 5771 ***	− 0. 5712 ***
			（0. 0320）	（0. 0314）	（0. 0315）
大大低于平均水平			− 1. 0692 ***	− 1. 1055 ***	− 1. 0936 ***
			（0. 0868）	（0. 0853）	（0. 0854）
省份					
广西				0. 1673 ***	
				（0. 0666）	
贵州				0. 1917 ***	
				（0. 0571）	
宁夏				0. 3351 ***	
				（0. 0690）	
青海				0. 5035 ***	
				（0. 0675）	
新疆				0. 6884 ***	
				（0. 0824）	
内蒙古				0. 0522	
				（0. 0674）	
截距	2. 3435 ***	1. 2037 ***	2. 4809 ***	2. 4151 ***	2. 3715 ***
	（0. 0195）	（0. 2636）	（0. 2507）	（0. 2565）	（0. 2468）
调整后 R 的平方	0. 0189	0. 0541	0. 1945	0. 2266	0. 2008
平均值	2. 3398	2. 3383	2. 3430	2. 3430	2. 1461
观察值	4632	3657	3589	3589	3589

注：表中 * 代表在 10% 水平下显著，** 代表在 5% 水平下显著，*** 代表在 1% 水平下显著。除了把少数民族地位虚拟变量替换为八个少数民族的虚拟变量以外，其他变量和表 3 相同；汉族的作为参照组。在第一阶段，通过少数民族和汉族的相结合来估计方程，从中得到一组相应的省份系数。在第二阶段这个省份系数被强加在方程中，被估计和显示在纵列 5 中。

表7-6中纵列1是只有八个不同族别虚拟变量的幸福函数回归结果；纵列2按照惯例在幸福函数中增加了性别、教育和收入变量；纵列3继续增加了在村内的收入位置的虚拟变量；纵列4增加了地区虚拟变量。在纵列1中，蒙古族和回族的平均幸福感分值要显著地高于汉族，而藏族和侗族回归系数不显著表明和汉族没有区别，维吾尔族、苗族、壮族和其他少数民族的平均幸福感分值要显著地低于汉族。在纵列2和纵列3中蒙古族、回族、藏族和侗族比汉族有着更高的幸福感数值，壮族和汉族没有明显差异，而维吾尔族、苗族和其他少数民族比汉族的幸福感数值低。这两个纵列中其他变量的回归系数结果与表7-3中相同变量的回归系数值没有什么差别。在测量八个不同民族幸福感的单纯影响时需考虑的是，观察到的幸福感数值方面的差异是否只反映了特定少数民族的影响，抑或还有少数民族所居住的省区的影响？纵列4给出的幸福函数结果是试图分离不同民族和不同地区的影响，因此在解释变量中既有省区的虚拟变量又有不同民族的虚拟变量。回归系数说明，蒙古族、回族、侗族的系数仍然保持与幸福感的显著正向关系；其他少数民族的系数则呈现显著的负向关系，藏族、苗族和壮族现在的系数都接近于0，但是维吾尔族的负向系数增加了-0.69。在估算民族因素的唯一影响时，一个可供选择的方法是做出一个合理的假定，即省区变量对幸福感的影响和其他与民族因素无关的变量一样。为此，本文采用了二阶段估计方法，在第一阶段方程中不包括民族虚拟变量，但包括省区变量，从而得到地区因素对于幸福感的影响。以这种方式得出的省区回归系数作为常数项被纳入第二阶段方程，由此可以得出控制了省区因素后的不同民族回归系数。具体结果显示在纵列5中。纵列4和5中的系数很相似。唯一明显的不同是壮族回归系数在纵列5中是正向显著。如果需要进一步了解为何不同民族会导致这样的结果，可能需要进行社会学、人类学或者政治学的分析。

表7-7　不同少数民族的幸福函数估计结果

	(1) 回族	(2) 维吾尔族	(3) 苗族	(4) 侗族
年龄	-0.0470**	-0.0052	-0.0474**	0.0173
	(0.0217)	(0.0316)	(0.0189)	(0.0306)
年龄的平方	0.0005**	0.0000	0.0004**	-0.0002
	(0.0002)	(0.0003)	(0.0002)	(0.0003)

续表

	（1） 回族	（2） 维吾尔族	（3） 苗族	（4） 侗族
女性	- 0. 1136	0. 2181	- 0. 1382	- 0. 0653
	（0. 1050）	（0. 2232）	（0. 1069）	（0. 1469）
受教育年数	0. 0111	- 0. 0107	- 0. 0131	0. 0035
	（0. 0152）	（0. 0238）	（0. 0109）	（0. 0203）
人均收入的对数	0. 1381 **	0. 0295	0. 0785	- 0. 0956
	（0. 0549）	（0. 0901）	（0. 0614）	（0. 1032）
在村内的收入位置				
大大高于平均水平	0. 6478 ***		0	1. 5486 ***
	（0. 2336）		Omitted	（0. 5040）
高于平均水平	0. 3288 ***		0. 3428 ***	0. 2572 *
	（0. 1201）		（0. 0932）	（0. 1479）
低于平均水平	- 0. 4499 ***		- 0. 6061 ***	- 0. 4468 ***
	（0. 1107）		（0. 0729）	（0. 1056）
大大低于平均水平	- 0. 8882 ***		- 1. 7560 ***	- 1. 7025 **
	（0. 2364）		（0. 2489）	（0. 6872）
家庭的重要性（分数）	0. 7296 ***	0. 4238 ***	- 0. 0893	0. 3222 **
	（0. 1460）	（0. 1016）	（0. 1114）	（0. 1532）
朋友的重要性（分数）	0. 0258	0. 3499 ***	0. 1448 ***	0. 1754 **
	（0. 0547）	（0. 0698）	（0. 0544）	（0. 0706）
收入的重要性（分数）	- 0. 2419 ***	- 0. 8348 ***	- 0. 1512 *	- 0. 3734 ***
	（0. 0894）	（0. 1313）	（0. 0895）	（0. 0967）
截距	0. 5298	3. 0838 ***	3. 5400 ***	2. 5798 **
	（0. 9074）	（1. 1313）	（0. 7856）	（1. 3086）
调整后 R 的平方	0. 2643	0. 3507	0. 2852	0. 1992
幸福感平均值	2. 6564	2. 1517	2. 1707	2. 4958
样本量	326	145	451	240

注：表中 * 代表在10% 水平下显著，** 代表在5% 水平下显著，*** 代表在1% 水平下显著。除了八个民族的虚拟变量，表7-7 的其他变量与表7-4 相同。维吾尔族幸福函数中剔除了在村内的收入位置虚拟变量，因回答此问题的维吾尔族受访者数量很少，这意味使用这组虚拟变量得到的回归系数是不可靠的。

表7-7 给出了回族、侗族、苗族和维吾尔族幸福函数的各自估计结果。其中侗族受访者有较高的绝对幸福感和较高的有条件的幸福感，苗族受访者有低的绝对幸福感和较高的有条件的幸福感，维吾尔族受访者有较低的绝对幸福感和较低的有条件的幸福感。由于维吾尔族受访者回答在村

内的收入位置的样本量较少，且回归系数都是统计不显著，因此在其幸福函数中剔除了该组虚拟变量。人均收入取对数后对幸福感有显著的正向影响只有回族，其他三个少数民族中，相对村庄收入的虚拟变量有着单调显著的回归系数。表 7 - 7 中的三个主观态度变量对于我们的研究非常有帮助。家庭的重要性会产生幸福感，在回族的幸福函数中尤其明显。对于侗族、苗族和维吾尔族来说，朋友的重要性会产生幸福感。在四类少数民族中，收入增加得越多，幸福感越低，这意味着对收入有着较高愿望的人不利于幸福感的产生。维吾尔族的幸福感相对较低可能是由于对收入提高的愿望较为迫切。

4. 对假设四的检验

对假设四的检验需要寻找一个能代表少数民族在社区中相互交往情况的变量。最有效的办法是得到少数民族在其所居住地区的人口比例。本章所使用的调查数据没有提供相关信息，而成稿之时 2010 年人口普查少数的民族人口数据还未公布，因此，本章以是否为在行政村内人口最多的民族为标准，将研究对象划分为两类少数民族分别估算它们的幸福函数。

表 7 - 8　作为村内人口最多民族和不是村内人口最多民族的幸福函数估计结果

	(1)	(2)	(3)
少数民族是	0.0462	0.0379	0.0569
村内人口最多的民族	(0.0592)	(0.0596)	(0.0597)
年龄	− 0.2535 **	− 0.0263 ***	− 0.0204 **
	(0.0101)	(0.0103)	(0.0101)
年龄的平方	0.0002 *	0.0002 **	0.0001
	(0.0001)	(0.0001)	(0.0001)
女性	− 0.0941 *	− 0.1018 *	− 0.0758
	(0.0536)	(0.0537)	(0.0541)
受教育年数	− 0.0158 **	− 0.0166 **	− 0.0147 **
	(0.0070)	(0.0071)	(0.0070)
人均对数	0.1062 ***	0.1039 ***	0.0629 **
	(0.0252)	(0.0253)	(0.0279)
在村内的收入位置			
大大高于平均水平	0.8697 ***	0.8062 ***	0.8615 ***
	(0.2154)	(0.2238)	(0.2003)

续表

	（1）	（2）	（3）
高于平均水平	0. 2401 ***	0. 2240 ***	0. 2493 ***
	（0. 0547）	（0. 0554）	（0. 0540）
低于平均水平	- 0. 5788 ***	- 0. 5842 ***	- 0. 5748 ***
	（0. 0436）	（0. 0437）	（0. 0439）
大大低于平均水平	- 1. 4617 ***	- 1. 4846 ***	- 1. 4990 ***
	（0. 1183）	（0. 1194）	（0. 1191）
有卫生站的村庄			0. 1933 ***
			（0. 0396）
山区			- 0. 0202
			（0. 0477）
行政村已通公路			- 0. 7299 ***
			（0. 2252）
离最近中学的距离			0. 0008
			（0. 0014）
截距	2. 3675 ***	2. 4212 ***	3. 2448 ***
	（0. 3335）	（0. 3359）	（0. 4157）
调整后 R 的平方	0. 2136	0. 2125	0. 2207
平均值	2. 2992	2. 2931	2. 3046
样本量	1701	1682	1694

注：表中 * 代表在 10% 水平下显著，** 代表在 5% 水平下显著，*** 代表在 1% 水平下显著。数据中剔除了汉族行政村中的汉族样本。纵列 2 排除了没有当地户口和在 15 岁之后才获得当地户口的样本。纵列 3 使用了纵列 1 的样本，增加了纵列 1 中的 4 个变量来代表村庄资源和设施。虚拟变量中的参照组为男性、村内收入的平均水平、丘陵或平原地区、村庄没有卫生站、行政村未通公路。

　　表 7 - 8 中我们按照少数民族是否为村内人口最多的民族将之分为两个虚拟变量，而不是直接使用少数民族身份作为虚拟变量。将这两个虚拟变量分别定义为：村内人口最多的少数民族（80% 及以上）和不是村内人口最多的少数民族。通常情况下，在社区中的相互交往低对幸福感有着重要的影响，如果村内人口最多的少数民族群体有着强烈的社区情感，就可以预测村内人口最多的少数民族群体的受访者要比不属于人口最多的少数民族群体的受访者有着更高的回归系数。由于汉族村（人口最多的民族是汉族）可能会比较富裕，相对于生活在少数民族村的少数民族，在汉族村里的少数民族可能会生活得更幸福。因此，在分析时排除了汉族村的汉族人，把不属于人口最多民族的少数民族作为参照对象。如果假设成立，村

内人口最多的少数民族的回归系数应是显著正向相关的。纵列 1 的幸福函数没有放入地区变量，结果表明少数民族村内人口最多民族的回归系数是正向的但并不显著。纵列 2 是在纵列 1 的基础上试图修正自我选择的偏差，即排除了没有当地户口和只有在 15 岁以后才获得当地户口的样本。估计的回归系数同样是正向但并不显著。考虑到行政村拥有的公共资源或公共基础设施所起的作用，纵列 3 在初始方程中又加入了以下变量：所在村的地势是山区、村内设有卫生站、已通公路、到最近中学的距离。回归结果显示，设有卫生站的系数为正且显著，已通公路的回归系数为负且显著，其他两个变量不显著。这意味着如果通了公路，与外界交往的增加会减少幸福感。虽然设有卫生站会增加幸福感，但与中学的距离变量不显著使我们无法认定改进村内的公共基础设施和公共服务会直接提升幸福感。同时，幸福函数的估计结果不支持作为村内人口最多民族会促进主观幸福的假设。

5. 对假设五的检验

对假设五的检验要借助于方程来预测对收入的满意程度，方程中包括以汉族作为参照组的少数民族群组的虚拟变量（表 7 - 9），并且用方程来预测满意的生活对于收入的要求，同样包括以汉族为参照组的少数民族群组的虚拟变量（表 7 - 10）。

表 7 - 9　收入满意度函数（只包括是否少数民族的虚拟变量）的估计结果

	（1）	（2）	（3）	（4）
少数民族	0.0346	0.0806 **	0.0170	0.0292
	(0.0323)	(0.0387)	(0.0342)	(0.0362)
年龄		- 0.0022	- 0.0229 **	- 0.0207 **
		(0.0107)	(0.0095)	(0.0095)
年龄的平方		0.0000	0.0002 **	0.0002 **
		(0.0001)	(0.0001)	(0.0001)
女性		- 0.1813 ***	- 0.1655 ***	- 0.1637 ***
		(0.0462)	(0.0408)	(0.0410)
受教育年数		- 0.0098	- 0.0232 ***	- 0.0167 ***
		(0.0069)	(0.0061)	(0.0062)
人均收入的对数		0.1334 ***	0.0025	0.0417 *
		(0.0225)	(0.0202)	(0.0221)

续表

	（1）	（2）	（3）	（4）
在村内的收入位置				
大大高于平均水平			1.4773 ***	1.3933 ***
			（0.1531）	（0.1528）
高于平均水平			0.6295 ***	0.5969 ***
			（0.0461）	（0.0461）
低于平均水平			− 0.8501 ***	− 0.8546 ***
			（0.0379）	（0.0377）
大大低于平均水平			− 1.3747 ***	− 1.3657 ***
			（0.1052）	（0.1048）
省份				
广西				− 0.0357
				（0.0711）
贵州				0.0257
				（0.0672）
宁夏				0.0456
				（0.0734）
青海				0.1289 *
				（0.0730）
新疆				− 0.3284 ***
				（0.0795）
内蒙古				− 0.1180
				（0.0750）
截距	1.6833 ***	0.6148 *	2.5388 ***	2.0660 ***
	（0.0243）	（0.3260）	（0.2923）	（0.3005）
调整后 R 的平方	0.0000	0.0111	0.2463	0.2569
收入满意度平均值	1.7030	1.6791	1.6827	1.6827
样本量	4572	3605	3549	3549

注：表中 * 代表在10%水平下显著，** 代表在5%水平下显著，*** 代表在1%水平下显著。本表的变量与表3中的4列相同，本表的因变量是收入的满意度分值。

　　表7-9中有4个纵列：第1列只包含少数民族虚拟变量，第2列增加了年龄、性别、家庭人均收入对数，第3列加入了自评的在村内的收入位置四个虚拟变量，第4列包含了省区虚拟变量。少数民族虚拟变量在每一种情况下的回归系数都为正，但只有在纵列2中是显著的。对家庭人均收入取对数

的回归系数在纵列 2 和纵列 4 是显著正向的。纵列 2 和纵列 1 的区别表现为少数民族对家庭人均收入的提高较为敏感，会显著提升其对收入的满意度，少数民族事实上更容易对已有的收入水平感到满意。从纵列 3 和纵列 4 可以看出，在村内的收入位置这一相对收入情况对收入满意度有重大影响。在表 7 - 2 中少数民族的相对收入的平均分值是 1.82 而汉族是 1.88，前者是后者的 96.81%，但是家庭人均收入平均值差异显著。少数民族家庭人均收入平均值是 7287 元，汉族家庭人均收入平均值是 12600 元。通过和纵列 2 比较，我们认为这是纵列 3 和 4 中少数民族回归系数显著性变化的原因。因此，表 7 - 9 只是提供了作为少数民族比汉族更容易满足现有收入的微弱证据。然而，这一情况在不同民族群体中都存在差异（因篇幅所限没有报告八个民族的收入满意度函数估计结果），其中对收入满意度最高的是回族（ + 0.149），对收入满意度最低的是维吾尔族（ - 0.251）。

表 7 - 10　收入（维持家庭基本生活所需的最低收入）方程的估计结果

	（1）	（2）	（3）	（4）
少数民族地位	- 1.7005 ***	0.0955	- 0.2567	0.3780
	(0.2810)	(0.3283)	(0.3299)	(0.3571)
年龄		0.3190 ***	0.3052 ***	0.3077 ***
		(0.0935)	(0.0941)	(0.0945)
年龄的平方		- 0.0038 ***	- 0.0037 ***	- 0.0037 ***
		(0.0001)	(0.0001)	(0.0001)
女性		0.9491 **	0.9518 **	0.7475 *
		(0.4062)	(0.4075)	(0.4107)
受教育年限		- 0.0048	- 0.0163	0.0073
		(0.0605)	(0.0607)	(0.0621)
家庭人均收入		0.1568 ***	0.1541 ***	0.1277 ***
		(0.0147)	(0.0148)	(0.0159)
家庭人均收入的平方		- 0.0002 ***	- 0.0002 ***	- 0.0002 ***
		(0.0000)	(0.0000)	(0.0000)
在村内的收入位置				
大大高于平均水平			6.7315 ***	6.3716 ***
			(1.5347)	(1.5345)
高于平均水平			0.5541	0.5149
			(0.4616)	(0.4621)
低于平均水平			0.5439	0.4997
			(0.3770)	(0.3754)

续表

	（1）	（2）	（3）	（4）
大大低于平均水平			1.3449	0.9171
			(1.0249)	(1.0222)
省份				
广西				-0.2318
				(0.7019)
贵州				-2.3166 ***
				(0.6598)
宁夏				0.4011
				(0.7125)
青海				-0.5314
				(0.7167)
新疆				-0.6156
				(0.7868)
内蒙古				1.2077
				(0.7189)
截距	12.2168 ***	3.7241	3.9937 *	4.0004
	(0.2121)	(2.3474)	(2.3680)	(2.4796)
调整后 R 的平方	0.0076	0.0526	0.0588	0.0701
平均值	11.2482	11.4702	11.4478	11.4478
样本量	4633	3659	3586	3586

注：表中 * 代表在 10% 水平下显著，** 代表在 5% 水平下显著，*** 代表在 1% 水平下显著。收入方程的变量与表 7 - 4 中的第 4 列一致，但现在每年家庭人均最低收入（经测量为 1000 元）作为因变量。

表 7 - 10 给出了维持家庭基本生活所需的最低年家庭人均收入的决定因素。对收入函数的估计是为了验证我们的假设，即收入减少幸福感是由于少数民族的收入预期没有得到满足。之前的分析表明，少数民族不过分看重物质因素，对收入的预期较低，因此很少感到沮丧并且对生活更加满意。收入函数的回归系数有关少数民族的变量没有选择具体民族而是选择了是否少数民族这一虚拟变量，在第 1 列中该变量为负且统计显著，这表明少数民族估算的维持家庭基本生活所需的最低年家庭人均收入明显低于汉族。同时这也同之前的研究所证实的最低收入要求对于实际收入的作用是积极的这一结论相一致。在第 2 列至第 4 列中，我们发现最低家庭人均收入与实际收入的关系是非线性的；实际家庭人均收入的平方项在每一种

情况下均呈显著负相关。这同时也表明，一旦其他变量被放入收入函数中，少数民族的回归系数不再显著，也就是说少数民族和汉族在对于收入没有达到预期的不满意程度上似乎没有显著区别。

表7-9和表7-10的估计结果都没有对假设五提供足够的支持。这与表7-4中幸福函数的结果相一致，表7-4中对于少数民族来说家庭人均收入的自然对数的系数似乎更高，而不是更低，并且少数民族与汉族相比，收入的重要性对幸福感的影响更小。这些结论的得出可能是由于本章着重对少数民族整体而非不同族别的少数民族进行分析研究所致。在调查数据所涉及的八个少数民族中回族受访者的幸福感最高，维吾尔族受访者幸福感最低。并且相对幸福的回族对他们的收入状况较为满意，而相对不幸福的维吾尔族对他们的收入感到不满意。总而言之，研究结果表明，少数民族的幸福感主要来自人际交往和人际关系而非更依赖经济收入状况。

四 简要结论和相关讨论

本章针对主观幸福感的物质和非物质的决定因素的相对重要性分析，得到的总体结论是：在西部民族地区农村的少数民族尽管比汉族穷，但由于生活方式、文化、人际交往、主观态度的原因，却比汉族感觉更加幸福。这个结论与 Knight 和 Gunatilaka（2010）发现的中国农村居住者比城市居住者更幸福的结论存在一致性。通过建立并检验了五个假设后发现少数民族和汉族的幸福感数值是一样的，但考虑到他们更低的收入状况以后，少数民族实际上固有的（即有条件的）幸福感要高于汉族。研究发现的具体结论为以下五点。

第一，通过幸福函数的分析得知族别变量对其幸福感有直接的正向影响，也就是少数民族比汉族的幸福感更高。然而，较低的绝对收入和在村内的收入位置所体现的相对收入状况减少了少数民族的幸福感，使得少数民族的绝对幸福感和汉族一样。

第二，少数民族幸福函数和汉族幸福函数估计结果出现差异，通过分解分析更准确地估计了少数民族变量对幸福感的影响。汉族拥有较高的以收入为代表的资源禀赋增加了他们的幸福感，但是这种优越性几乎被少数民族对于感受幸福的巨大内在能力所抵消，特别是少数民族从家庭和朋友两个方面显著提升了幸福感。

第三，我们对回族、苗族、侗族、维吾尔族等八个民族的分析显示了各自有条件的幸福感分值方面的明显不同。蒙古族、回族和侗族比汉族感到更加幸福，藏族、苗族和壮族则和汉族相差无几，但维吾尔族却没有汉族幸福。这些结果可能反映出文化的不同或者对民族差异认定的不同。主观态度对幸福感是很重要，例如家庭的重要性会显著增加回族的幸福感，收入预期的不足会降低维吾尔族的幸福感。

第四，通过检验，少数民族聚居区内的主体少数民族更幸福这一观点没有被证实。利用幸福函数我们发现村内人口最多民族的少数民族和非村内人口最多少数民族的幸福感没有区别。

第五，针对少数民族是否比汉族更不在意物质条件这一观点，本章进行了相关检验，但没有证实少数民族面对比汉族更低的绝对家庭人均收入前提下对现有家庭人均收入状况更加满意的假设。而可以明确的是，家庭和朋友是少数民族提升其幸福感的两大重要原因。

本章对于幸福感的非经济因素的研究结果可能反映了物质因素和非物质因素相互抵消作用力之后的净效应：生活方式增加幸福感，对经济差异的感知则会减少幸福感。这两种影响的相对重要性的差异或许可以解释调查地区少数民族有条件的幸福感数值的变化。本次调查问卷没有检验民族歧视程度和影响的问题，这在今后的研究中有待改进，同时这也是研究中国农村少数民族幸福感的需要。

很多学者对主观幸福感的研究是为了将其应用到社会评估中，为此他们试图给出相应的价值判断。Knight 和 Gunatilaka（2010、2015）认为人们关于自己是否幸福的认定应该成为社会评估的标准之一，但又不仅仅是标准。例如，幸福感与就业待遇和机会方面的公平程度、健康检测和对生活预期等等方面都有关系。Diamond（2012、后记）认为现代社会在物质上是相对丰富的，但在社交和情感上是相对匮乏的；而传统社会在物质上是相对匮乏的，但在社交和情感方面是相对丰富的。

经济发展往往带来文化的改变。中国未来的经济增长和转型可能会越来越多地改变少数民族地区农村少数民族的生活方式，如何保持少数民族既有的生活方式，同时又要融入全国的经济发展大潮获得更高的收入，需要学界的努力和政府予以考虑并制定相关的政策措施。

我们可以将文化定义为一种态度、社会规范、惯例和生活方式。本章检验了文化一个具体的经济效应，即对主观幸福感的影响。更广泛地说，文化和经济发展之间这种让人们更幸福生活的同一目的性但不同作用途径的相互关系是未来需要学术界做更加深入的调查研究的。

参考文献

Bhalla, Ajit S. and Shufang Qiu（2008）. *Poverty and Inequality among Chinese Minorities*, London and New York: Routledge.

Brandt, Loren and Carsten Holz（2006）. "Spatial price differences in China: estimates and implications", *Economic Development and Cultural Change*, 55, 1.

Diamond, Jared（2012）. *The World until Yesterday. What can we Learn from Traditional Societies?*, London: Penguin Books.

Gustafsson, Bjorn and Wei Zhong（2000）. "How and why has poverty in China changed? A study based on microdata for 1988 and 1995", *China Quarterly*, 164.

Knight, John, Lina Song and Ramani Gunatilaka（2009）. "The determinants of subjective well-being in rural China", *China Economic Review*, 20, December.

Knight, John and Ramani Gunatilaka（2010）. "The rural-urban divide in China: income but not happiness?", *Journal of Development Studies*, 46, March.

Knight, John and Ramani Gunatilaka（2012）. "Income, aspirations and the hedonic treadmill in a poor society", *Journal of Economic Behavior and Organization*, 82, 1.

Knight, John and Ramani Gunatilaka（2015）. "Subjective well-being and social evaluation: a case study of China", in Andrew Clark and Claudia Senik（eds）, *Happiness and Economic Growth: Lessons from Developing Countries*, Oxford: Oxford University Press, in press.

Knight, John and Lina Song（2008）" China's emerging wage structure, 1995 – 2002", in Bjorn Gustafsson, Li Shi and Terry Sicular（eds）, *Inequality and Public Policy in China*, Cambridge and New York: Cambridge University Press.

O'Donnell, Gus（2013）. " sing well-being as a guide to policy", in John Helliwell, Richard Layard and Jeffrey Sachs（eds）, *World Happiness Report* 2013.

Riskin, Carl and Li Shi（2001）. "China's rural poverty inside and outside the poor regions", *China's Retreat from Equality. Income Distribution and Economic Transition*, Armonk, New York: M. E. Sharpe.

国家统计局人口和就业统计司、国家民族事务委员会经济发展司，2013，《中国2010 年人口普查分民族人口资料（上）》，民族出版社。

第八章　城市少数民族的劳动
参与和收入比较

一　引言

中国少数民族主要聚集在内陆的西部地区，农村少数民族人口比例明显超过了城市。很多研究证实，相比于汉族，少数民族的贫困比例更高（Gustafsson 和 Li，2003；Gustafsson 和 Ding，2009a）。随着中国城镇化进程不断加快，更多的农村少数民族转移到城市居住生活。在中国城市劳动力市场上，少数民族劳动力的就业情况究竟如何？虽然这个问题对于现在和未来的社会和政治发展极其重要，但这方面的研究成果并不是很多。本章的目的在于通过分析西部民族地区城市劳动力市场中少数民族劳动者职业选择和劳动收入状况，找出缩小民族差距的方法。

在研究西部地区民族经济时，一个需要认真考虑的问题是各个少数民族是多样性的群体。本章所采用的数据也是"西部民族地区经济社会状况家庭调查数据（2011 年）"（Chinese Household Ethnicity Survey 2011，以下简称 CHES），这使得本章通过劳动力市场对民族间差异的分析就不仅限于粗略的比较，由于民族的多样性，汉族和少数民族的粗略比较很可能得出错误的结论。图 8 - 1 至图 8 - 3 阐释了当比较个人收入分配时，对各少数民族分别研究的重要性。

图 8 - 1 展示了汉族和少数民族个人年收入值，也就是 CDF（累积密度函数，Cumulative Distribution Function），汉族和少数民族的这一数据并没有表现出明显不同。然而，当把各个少数民族分开研究时，正如图 8 - 2 和图 8 - 3 所示，这种明显的数据差异就表明了各少数民族的多样性。

本章对民族地区不同民族（汉族及其他八个民族）的就业和收入差异

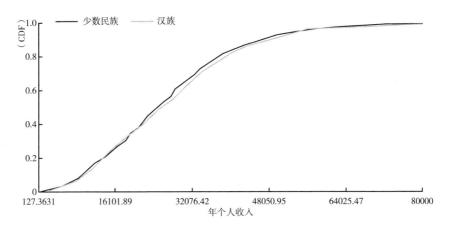

图 8 - 1　汉族和少数民族的个人收入分配情况

数据来源：西部民族地区经济社会状况家庭调查数据（2011 年）。

进行了分析。这也是对第九章民族地区城市汉族和少数民族收入差距和歧视问题研究的重要补充。并且鉴于性别因素可能在研究劳动力市场状况中占有重要影响，我们也分性别对劳动力参与和收入进行了分析。

本章的结构如下：第二部分简要回顾了现有的相关研究文献；第三部分提供了基于 CHES 数据的描述统计；第四部分阐释了研究方法；第五部分分析了民族地区不同民族的就业差异；而第六部分研究了民族地区间不同民族的就业收入差距；最后是对本章的研究进行了总结。

二　相关文献综述

在已发表的非中文研究文献中，很少使用家庭数据来分析和描述中国民族地区不同民族在贫困和幸福感上的差异。对中国民族地区不同民族发展不均衡微观层面的研究较少的主要原因是缺乏充分的数据，在很多大样本和有影响力的调查中，对各个少数民族并没有明确详细的分类（仅仅将汉族与少数民族区分开来）。通过梳理国内的相关研究文献，可以看出大部分针对少数民族的研究聚焦在农村地区，研究城市少数民族和汉族收入水平和差距的文献较少。古斯塔夫森（Gustafsson）和李实（2003）的研究表明，在中国农村地区，少数民族平均收入在 1988 年到 1995 年间不断增长，但是少数民族和汉族收入的差距也在不断扩大。这一现象正是中国区域经济发展不平衡的结果，少数民族主要分布在较偏远地区，相比汉族，他们没有充分享受到全国经济发展的成果。古斯塔夫森（Gustafsson）和丁赛（2009a）使用2002年中国家庭收入分配调查数据（CHIP）中的农村数据，通过和汉族作对比，发现农村地区少数民族生活水平更低，少数民族贫困比例也更高。古斯塔夫森（Gustafsson）和丁赛（2009a）对农村村寨的研究表明，有些少数民族村寨的平均收入低于全国平均水平，也低于汉族村落，这也是进一步拉大中国地区发展差距的原因之一。

相对于农村，研究城市地区不同民族劳动力市场状况的文献就更少。但是，从有限的研究中可以看出不同民族劳动力在劳动参与（Maurer-Fazio *et al.*，2007、2010）、雇佣（Zang，2008、2010；Maurer-Fazio *et al.*，2007、2010）、具体职业（Hannum 和 Xie，1998；Wu 和 Song，2014）、职业收入差别（Ding 和 Li，2009；Ding *et al.*，2013；Zang，2011、2012a，2012b）等方面有值得思考的一些问题。除去对比汉族和少数民族整体的研究成果之外，研究最多的少数民族地区便是宁夏回族自治区和新疆维吾尔自治区。当然，也有一些对其他少数民族的研究。所有的研究成果似乎都有一个共同的结论：在城市地区劳动力市场上，相比汉族，各少数民族劳动者的生活处境较差，而教育水平和居住区位差异是造成这一现象的潜在重要原因。

Maurer-Fazio *et al.*（2010）运用1982年、1990年和2000年的人口普查数据分析了城市地区不同少数民族劳动者的劳动力参与率，分析主要集中在汉族和6个少数民族（回族、朝鲜族、满族、蒙古族、维吾尔族和壮族）的对比上。研究发现各民族劳动力状况性别差异十分明显：不同民族男性劳动力参与率差别不大，但是汉族和其他少数民族女性劳动力参与率却明显不同。并且，在中国改革开放进程之中，少数民族女性劳动者的劳动参与率急剧下降，不仅低于少数民族男性和汉族男性，同时也低于汉族女性。

丁赛等（2013）分析运用1995年、2002年、和2007年的中国家庭收入分配调查数据（CHIP），强调少数民族和汉族城市劳动者的收入差距一开始是在缩小，但是后来却慢慢扩大。这一问题在男性和女性上有不同的表现：男性收入差距在1995年到2007年间，一直在不断拉大；而女性的这一差距在20世纪90年代末却是不断缩小，但是从新世纪伊始开始拉大。一个解释原因是劳动力市场政策发生了改变，致使教育和国企雇佣的回报率均衡化。对于女性来说，还有一个原因可以解释 20 世纪 90 年代末收入差距的缩小，那就是少数民族教育水平的大幅度提高，这一时期，少数民族女性收入不断提高。

汉娜（Hannum）等（1998）使用 1982 年、1990 年的人口普查数据对新疆维吾尔自治区内汉族和少数民族的具体职业差异进行了研究。他们发现随着时间推移，民族间的工作职业差别越来越显著，他们认为对这一现象的最合理的解释为少数民族受教育水平的劣势，因为较高端的工作对良好教育的需求越来越高。臧小威（2008、2010）通过收集分析 2001 年兰州和 2005 年乌鲁木齐的实地考察数据，对各民族在国有部门就业的差异性进行了研究。相比于汉族，回族和维吾尔族劳动力在尝试进入国企工作时，往往会受到一定的制约。相比之下，维吾尔族劳动力进入政府和公共部门的可能性和汉族相差不大，但是回族进入这些部门的可能性却低于汉族同胞。根据乌鲁木齐 2005 年调查报告，臧小威（2011）发现除去个人性格因素变量影响，维吾尔族劳动者的收入比起汉族劳动者收入低了 31%，这种收入差距在非国有部门中表现得极为明显，而国有部门亦是如此。臧小威（2012a）进一步指出，维吾尔族女性和汉族女性存在收入差距，造成这一差距的最主要原因在于家庭因素（家庭责任的重担大部分落在维吾尔族女性身上），这一问题也一定程度上加重了民族间收入的不平衡性。同时，研究还发现，尽管年轻的维吾尔族劳动者受到了更好的教育，收入比他们的父辈母辈高出许多，但是他们的收入仍低于汉族，其原因不仅在于新疆地区一些企业对少数民族越来越多的歧视，也在于年轻的维吾尔人很难在国有部门工作、享受国有企业优厚待遇。

吴晓刚和宋曦（2014）通过分析 2005 年新疆维吾尔自治区小型人口普查数据研究了汉族和维吾尔族劳动者的收入差别，与臧小威（2010）的结论不同的是，他们发现维吾尔族比汉族更有可能在政府机构就业，并且维吾尔族更喜欢个体经营。他们指出在政府部门就业比例不同这一因素对于汉族和维吾尔族收入差距这一问题来说是完全可以忽略的，个体经营收入差距才是最大的解释因素（这一点支持了臧小威（2011）的研究）。在丁赛和李实（2009）对宁夏回族自治区的研究中，他们发现 2006 年汉族和回族几乎没有收入差距。但是，不同民族的性格和特点对于收入决定机制十分重要。特别是，研究发现回族女性的经济地位较低，并且相比于汉族，回族的教育回报率也十分低下，但是工作经验回报率却比较高。

三　研究数据说明

本章采用西部民族地区经济社会状况家庭调查数据（2011）。该调查数据包括七个地区：内蒙古自治区、宁夏回族自治区、青海省、新疆维吾尔自治区、广西壮族自治区、贵州黔东南苗族侗族自治州和湖南省。本书附录部分有详细的调查报告。本章使用的城市调查数据样本包括了53个城市，3259户家庭，10512位受访者。由于我们主要研究劳动力市场，所以选择了调查对象年龄在20岁到60岁之间的样本①。因为20岁之后，许多人选择离开学校，寻找工作进入社会；而60岁是男性的退休年龄，很少有人到了这一年龄还继续工作。CHES城市样本的一个重要特点在于，样本仅仅包括拥有城市户口的当地居民，也就是说，户口在其他地区的居民被排除在外。

CHES数据为分析民族地区城市劳动力市场提供了一些便利。首先，调查数据包括了不同的少数民族，在接下来的分析中，将着重围绕8个民族：回族、土家族、蒙古族、维吾尔族、哈萨克族、壮族、侗族、苗族和瑶族。这8个民族都是中国城市地区重要的少数民族。但遗憾的是调查数据中没有满族、彝族的调查样本，而青海藏族的城市样本量不足以进行单独的分析。第二，因为CHES数据是根据特定民族收集的，所以这些数据能够为我们理解民族之间的差异性提供更多维度和细节。尤其需要注意的是，调查问卷中涉及语言能力（交流和读写），包括当地汉语方言和普通话能力，以及宗教行为。正如涉及国际移民问题的经济文献所述，语言能力对人类十分重要，是解释移民劳动力市场发展取得成功的原因之一（Chiswick和Miller，1995、2003；Dustmann和Fabbri，2003）。熟练掌握所在地使用的语言能够增进与当地居民的交流，也能及时获取工作方面的信息，提高劳动生产率。对中国的少数民族特别是拥有自己民族语言的民族来说，熟悉当地语言对于他们改善劳动力状况也十分重要。

---

① 16岁在校生比例为98%，20岁在校生的比例降为61%，24岁在校生这一比例为13%。

表 8-1 不同民族适龄劳动力的个体特点和劳动参与情况

	汉族	回族	土家族	蒙古族	维吾尔族	哈萨克族	壮族	侗族	苗族瑶族*	总计
男性(%)	49.4	48.1	44.7	47.5	45.2	46.0	51.3	45.7	49.7	48.6
年龄(岁)	40.96	37.29	38.95	39.74	39.12	38.42	41.44	41.7	40.25	40.31
已婚(%)	83.8	84.9	78.3	83.7	76.4	83.9	83.2	84.5	80.0	83.0
受教育年限(年)	11.15	10.48	11.37	11.86	10.48	13.7	11.91	11.48	11.7	11.24
男	11.48	11.18	11.41	12.05	10.24	13.4	12.77	11.85	12.25	11.58
女	10.82	9.833	11.34	11.68	10.69	13.96	11	11.17	11.15	10.91
熟练使用汉语方言或普通话(%)	67.8	79.0	78.3	83.1	33.8	53.2	79.8	79.7	78.2	69.6
男	70.0	80.2	82.4	84.0	36.6	52.6	83.6	78.3	79.2	71.5
女	65.7	77.9	75.0	82.2	31.4	53.7	75.9	81.0	77.2	67.7
劳动力参与率(%)	75.1	65.8	80.3	77.6	66.9	79.8	83.2	74.6	75.5	74.4
男	85.2	81.3	89.7	82.8	82.4	82.5	86.9	83.0	85.2	84.6
女	65.2	51.5	72.6	72.8	54.1	77.6	79.3	67.5	65.9	64.6
劳动力结构(%)										
就业者	70.8	61.1	72.4	74.3	57.6	77.4	75.6	69.8	70.2	69.6
男	80.2	75.8	80.9	80.4	76.1	78.9	78.7	76.4	78.4	79.3
女	61.6	47.4	65.5	68.9	42.4	76.1	72.4	64.3	62.2	60.4
失业者	4.3	4.8	7.9	3.2	9.2	2.4	7.6	4.7	5.3	4.8
男	5.0	5.6	8.8	2.5	6.3	3.5	8.2	6.6	6.8	5.4
女	3.5	4.0	7.1	3.9	11.6	1.5	6.9	3.2	3.8	4.2
学生	4.2	5.7	4.0	6.1	4.5	9.7	3.4	4.3	5.1	4.6
男	4.3	4.4	4.4	6.1	3.5	10.5	6.6	2.8	3.8	4.5
女	4.0	7.0	3.6	6.1	5.2	9.0	0.0	5.6	6.4	4.8
退休者	8.1	4.0	5.3	6.4	4.5	4.8	4.2	8.2	4.7	6.9
男	5.6	4.4	4.4	3.7	6.3	3.5	1.6	8.5	4.2	5.2
女	10.5	3.7	6.0	8.9	2.9	6.0	6.9	7.9	5.2	8.4
家务劳动者	8.1	17.7	7.2	5.0	16.9	4.0	5.0	6.9	6.2	8.9
男	0.9	1.6	0.0	0.0	1.4	1.8	0.0	0.9	0.4	0.9
女	15.0	32.7	13.3	9.4	29.7	6.0	10.3	11.9	12.0	16.4
样本量(人)	3350	524	152	343	314	124	119	232	531	5689

注：劳动力组成合计不到100%，因为3%的劳动者声明处在"其他状态"（非工作状态）。"其他状态"具体劳动力数量在这里没有标注。

*苗族和瑶族是不同的两个民族，但是这两个民族的观测值实在是太少，在定量分析中将二者独立分析的难度较大。由于这两个民族有诸多相同点，所以我们将其合二为一进行考察。这两个民族相同点如下：第一，苗族和瑶族属于华南地区同一语系，苗瑶语族；第二，这两个民族都是中国西南地区城市中的较贫困民族，劳动者再就业部门选择方面有相同的特点。

资料来源：西部民族地区经济社会状况家庭调查数据（2011）。

表 8 - 1 给出了各民族适龄劳动者（年龄在 20 岁到 60 岁之间，包括就业者和失业者）的个体特征和劳动参与情况。这一统计表明，在不同民族之间存在着许多值得研究的数据差异。第一，在劳动参与率上，各民族相差很大，壮族这一数据高达 83.2%，而回族这一数据却只有 65.8%。劳动参与率性别差异也十分明显：对于不同民族的男性劳动者来说，这一数据从 81.3% 延展至 89.7%，而不同民族女性劳动者的这一数据则比较平均。尤其值得注意的是，回族和维吾尔族女性劳动参与率相比汉族和其他少数民族来说十分低（分别为 51.5% 和 54.1%）。劳动参与数据说明，造成以上现象的原因在于这两个民族的女性更多地从事了家务劳动，32.7% 的回族女性和 29.7% 的维吾尔族女性是家庭主妇，这一数据远远高于 16.4% 的平均数据。相反的是，哈萨克族和壮族女性的劳动参与率接近 80%，和男性的参与率相当。失业率（对于所有的适龄劳动者来说）在不同民族之间相差也较大。哈萨克族女性和蒙古族男性的失业率较低（分别为 1.5% 和 2.5%），相比之下，维吾尔族女性的失业率较高，为 11.6%。

第二，不同民族之间劳动者教育水平差距明显，尤其是性别之间差异很大。回族和维吾尔族是受教育水平最低的两个民族（受教育年数为 10.48 年），哈萨克族比汉族的受教育水平还高，哈萨克劳动年龄受访者的平均受教育年限超过 13 年。解释原因之一是哈萨克族一直从事游牧业，城市中的哈萨克族都是接受了更好的教育才有工作的机会，是更适应城市生活的教育精英。受教育程度的性别差异依然存在，差别最大的是壮族和回族，壮族男性和女性受教育年数相差 1.77 年，而回族则相差 1.35 年。

第三，对于各民族来说，在能够自认为同时掌握当地汉语方言和普通话能力（口语或写作）这方面相差明显。相比于其他民族，维吾尔族和哈萨克族在这方面尤其不占优势：只有 33.8% 的维吾尔族调查对象和 53.2% 的哈萨克族调查对象声明自己能够熟练使用当地汉语方言或普通话，这一数据远远低于 69.6% 的平均水平。

表 8 - 2 总结了受访者个人职业、行业和企业所有制的情况。同样，这些对于不同民族来说也存在差异。例如职业分布，哈萨克族从事行政工作的劳动者比例是各民族平均比例的两倍（高达 24%）。这与哈萨克族较高的受教育水平是相对应的。相比之下，壮族和回族劳动者从事行政方面工作的比例更少。在工作性质分布上，技术含量较低（手工）的劳动者所占的比例在各民族中较为相似，大约为 10% 左右（除了哈萨克族和回族两个 5% 左右的特例）。

表 8 - 2 不同民族就业者所在的劳动力市场特征

单位：%

	汉族	回族	土家族	蒙古族	维吾尔族	哈萨克族	壮族	侗族	苗族瑶族	总计
年收入	29865	28879	18499	31581	24796	25306	24864	24890	25818	28539
职业（%）										
行政人员	8.8	6.9	10.9	9.8	11.6	24.0	6.7	11.1	9.7	9.4
专业技术人员	21.0	25.9	16.4	28.6	19.9	24.0	25.6	23.5	17.7	21.7
办公室人员	26.8	15.6	33.6	25.1	24.3	29.2	31.1	27.2	41.3	27.4
服务行业人员	16.1	13.1	17.3	11.8	29.3	3.1	15.6	17.9	14.5	15.8
非技术工人	12.4	11.6	9.1	9.4	8.3	5.2	12.2	4.3	6.7	10.8
其他	15.0	26.9	12.7	15.3	6.6	14.6	8.9	16.0	10.2	15.0
部门（%）										
第一产业	5.6	11.6	2.8	4.4	3.9	20.8	4.6	2.5	4.1	5.9
制造业	5.7	3.4	7.3	3.6	2.8	1.0	5.7	7.5	2.4	5.0
建筑业	3.8	5.1	1.8	8.3	2.3	1.0	1.1	2.5	2.4	3.8
交通运输业	10.9	14.3	11.0	7.5	5.6	2.1	5.7	8.1	7.1	9.9
商业	16.8	14.0	15.6	10.3	28.1	6.3	13.6	15.5	13.3	15.9
公共事业和房地产业	6.3	5.1	1.8	7.5	3.4	3.1	4.6	3.7	4.9	5.7
社会服务业	15.5	13.0	11.9	14.3	16.3	19.8	15.9	18.6	13.8	15.2
教育文化	10.6	10.6	7.3	13.9	13.5	18.8	18.2	11.2	10.0	11.2
科学研究	2.1	7.5	2.8	1.6	4.5	2.1	1.1	1.9	1.9	2.5
金融业	2.7	2.4	0.0	2.0	1.1	5.2	0.0	1.2	2.2	2.4
政府管理	19.9	13.0	37.6	26.6	18.5	19.8	29.5	27.3	37.9	22.5
企业所有制（%）										
国有企业	49.3	43.7	59.1	60.1	58.4	74.0	69.8	54.9	63.9	52.9
私人企业	7.0	12.9	6.4	4.7	2.8	2.1	3.5	6.2	5.4	6.8
个体经营	16.8	13.2	10.9	8.7	16.9	6.3	14.0	11.7	13.0	14.9
小企业	15.6	17.6	15.5	17.4	16.9	3.1	10.5	12.3	8.7	14.8
其他企业	11.3	12.6	8.2	9.1	5.1	14.6	2.3	14.8	9.0	10.7
样本容量	2372	320	110	255	181	96	90	162	373	3959

注：这里的收入是根据 Brandt 和 Holz（2006）计算出的城市省级空间平减物价指数去除通货膨胀影响的，数据更新到 2011 年。基数：2011 年全国价格。

资料来源：西部民族地区经济社会状况家庭调查数据（2011）。

在某些行业中，有些少数民族所占比重超过或是低于平均水平。哈萨克族劳动者在初级制造业部门工作的比重很大（大概为 20.8%），教育和文化产业、社会服务产业的比重也较大，但是在商业方面，哈萨克族劳动者却表现出较低水平。与之形成鲜明对比的是，维吾尔族受访者更热衷于从事商业（占 28.1% 的比重），回族受访者更愿意从事交通运输业（占 14.3% 的比重），苗族、土家族和壮族受访者更多地在政府管理机关工作（这一比重分别是 37.9%，37.6% 和 29.5%）。

从企业所有制方面进行考虑的话，哈萨克族在国有企业中的工作者比重最高（74%），其次是壮族（69.8%）。相反，回族这一比例较小（43.7%），但是回族劳动者在私有企业中工作的比例是最高的（12.9%）。有意思的是，各个民族从事自营经营的比重比较相近，最高的占比 17%，最低的占比为 6%，仅仅相差十几个百分点。

总的来说，从这些数据中可以突出看出有几个民族在某些方面不同于其他民族。尤其是哈萨克族，在教育程度和在公共部门从事行政工作比例方面与其他民族相差较大。回族和维吾尔族在劳动参与率的性别差异方面表现较为明显。壮族女性劳动参与率较高（尽管女性受教育水平与男性有较大差距），并且许多在政府管理部门就职。其他民族的受访者在工作性质等方面并没有展示出明显的特殊性，但如果分析年收入，情况就发生了变化，其他民族的特点也凸现出来。

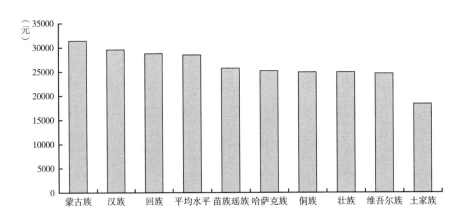

图 8 - 2　不同民族个人年平均收入

数据来源：西部民族地区经济社会状况调查数据（2011）。

图 8 - 2 展示了不同民族的平均年收入，反映了在收入上的民族多样性。全样本人均年收入为 28539 元。只有蒙古族受访者的人均年收入（31581 元）超过了汉族。与汉族人均年收入相差最多的是土家族，人均年收入为 18499 元，

约为汉族人均年收入的 62%。其他民族与汉族年收入差距低于土家族，差距从
986 元到 5069 元不等，土家族是唯一年收入显著低于其他民族的族群。

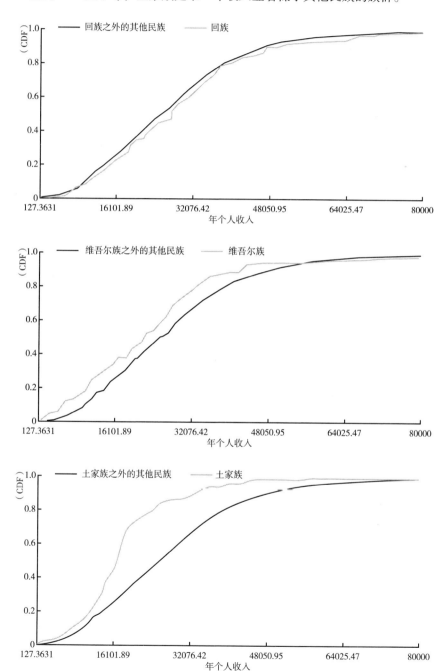

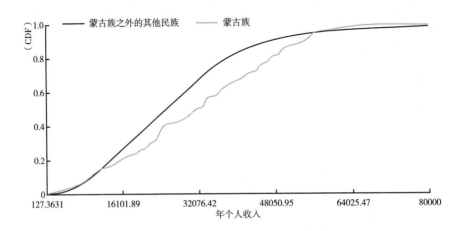

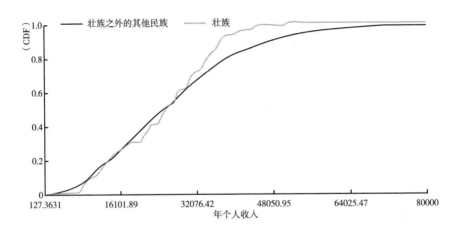

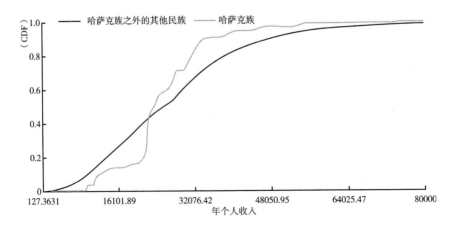

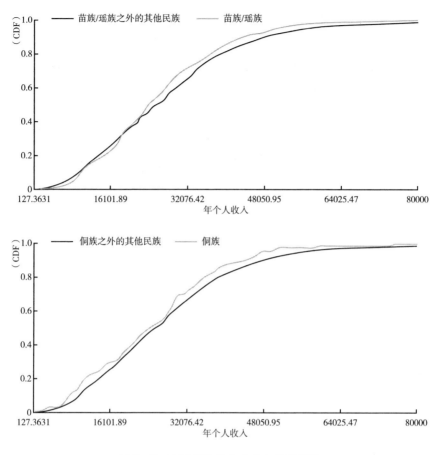

图 8 - 3　不同民族的个人收入分配情况

数据来源：西部民族地区经济社会状况调查数据（2011）。

图 8 - 3 展示了不同民族个人收入分配差距的情况，展现了不同民族间的收入分配的不同。首先可以看出，这些数据突出了各民族的特点：回族、苗族和侗族相比于其他民族，没有展现出明显的收入优势或劣势；而对土家族来说，个人收入却低于其他民族；相反的是，蒙古族的收入要高于其他民族（除了分配顶端的一部分）。另外，有些民族呈现出一种变化的收入分配模式。哈萨克族在低收入部分似乎不占优势，但是在较高的分配层面，收入较高（这也契合了哈萨克族受教育水平较高，能够胜任行政工作的特点）。对于壮族来说，在低收入部分与其他民族差别不大，但是在较高层面的分配中，则不占优势。

四　实证研究的框架

第一步，我们用一个基于劳动参与的概率测算 Probit 模型对劳动力状况进行分析。劳动参与的潜在个人效用（）可以如下表示：

$$y_i^* = \alpha + yZ_i + \varepsilon_i \tag{1}$$

Z_i是一系列的解释变量，是随机分布残差。实际决定方程如下：

$$Y_i = \begin{cases} 1 & \text{if } y_i^* > 0 \\ 0 & \text{otherwise} \end{cases} \tag{2}$$

我们分两步进行分析：第一步，用一个混合的概率方程来分别估计不同民族男性和女性就业可能性差异；第二步，对每个民族进行分别估计，以更好地解释劳动力就业可能性的民族差异性（这是男性和女性混合后的估计，因为如果单独分别估计，那么每个民族的分析样本量就会太少）。矢量 Z_i包含着个人特征、家庭结构、民族区位等控制变量。个人和家庭特点包括年龄（年龄的平方）、教育程度（以在学校受教育年限为标志）、语言熟练程度（以个人是否能熟练使用普通话或当地汉族方言决定）、婚姻状况、在家庭中是否有年龄低于 6 岁的孩子和超过 65 岁的老人。民族特点是通过个体特点来呈现的，为了更好地进行分析，我们假设劳动力市场行为或许会受宗教信仰影响，于是引入了一个能够衡量户主是否有定期的宗教活动的变量。这种情况在中国的穆斯林群体中较为普遍，正如臧小威（2012b）所强调，传统的性别角色观念影响着穆斯林家庭的劳动分工。调查户主宗教信仰的问题如下："你一个月去几次像寺庙、教堂或者是清真寺这种的宗教场所？"户主每月去与不去礼拜场所的回答便成了宗教的虚拟变量。将户主的宗教信仰因素加入解释变量是一种测量劳动力性别差异（妇女不参加劳动的可能性更高）是否被加强了的方法。地理区位这一因素由三个指标来衡量：个人居住城市的规模，城市失业状况，还有最重要的指标——本民族是否为当地的主体民族。当地主体民族是从中国 2000 年人口普查数据中计算出来的，人口比例最高的就是当地的主体民族。并且，为了测算出不同民族的潜在模式，当地主体民族和其他民族进行了交互处理。

第二步，我们测算了收入方程，通过最小二乘（OLS）方法分析男性就业收入的影响因素，通过 Heckman 方程测算女性就业收入的影响因素，以此来解释不到 70% 的女性劳动参与率所产生的选择性偏差。明瑟（Mincer-type）收入方程的估计式如下：

$$w_i = \beta X_i + u_i \tag{3}$$

w_i 是个人年度收入 i 的自然对数（根据省际购买力差异进行了调整）；X_i 是个人的社会学人口特征向量，β 为每个观察到的特征的系数值；u_i 代表了所有可能影响个人收入 w_i 的其他所有不可观测的因素。解释向量 X 包括了就业者特征、所在地区的特征以及工作特征（具体职业、所在企业的性质以及所在的行业）。对于工作特征来说，我们定义了"先天性"特点（比如说性别和民族）和生产性特点或者说是人力资本；后者包括了教育程度、实际工作经验（在调查问卷中有相关问题进行了询问）以及语言能力。和劳动参与方程相似的是，区位因素是由城市规模、城市失业率和当地主要民族决定的。

采用 Oaxaca-Blinde 方法（Blinder，1973；Oaxaca，1973）进行分析后发现，有两个因素造成不同民族劳动者之间的收入差距。一个因素是民族团体之间平均个人禀赋的差异，另一个是这些禀赋的回报差异。观察到的民族团体收入差距，r_1 和 r_2，可以被规定为：

$$\Delta \bar{W}_{r_1 r_2} = \bar{W}_{r_1} - \bar{W}_{r_2} \tag{4}$$

$\Delta \bar{W}_{r_1 r_2}$ 代表的是平均值，将方程（3）带入方程（4）可得：

$$\Delta \bar{W}_{r_1 r_2} = \bar{X}'_{r_1} \beta_{r_1} - \bar{X}'_{r_2} \beta_{r_2} \tag{5}$$

$\Delta \bar{W}_{r_1 r_2}$ 表示的是估算的收入方程。

假设非歧视的收入结构 β^* 已知，那么工资差异可以被分解为下式（Neumark，1988）：

$$\Delta \bar{W}_{r_1 r_2} = (\bar{X}_{r_1} - \bar{X}_{r_2})' \beta^* + [\bar{X}'_{r_1}(\beta_{r_1} - \beta^*) - \bar{X}'_{r_2}(\beta_{r_2} - \beta^*)] \tag{6}$$

方程（6）表明不同民族的收入差距 r_1 和 r_2 可以被分解为两部分。第一部分可以被看作不同民族群体间个人品质特点的不同，也就是说，这一部分测量的是，一个收入为 r_1 的劳动者，假设他与收入为 r_2 的另一个民族团体有相同的个人品质特点，那他的收入应是多少。第二部分代表的是两个不同民族之间收入不同源于非歧视工资结构的数量。这是收入差距中"未解释"的或者剩余因素。有许多方式构建假设的非歧视工资结构 β^*（Jann，2008），在下面的论述中，我们将以汉族系数当作工资结构来进行分解。

五 不同民族的就业差异

表8-3给出了总样本的劳动力参与概率估计的边际效应结果，同时这一表格是根据性别划分的。我们从中可以看出边际影响：对于虚拟（二进制）变量，他们展现出了劳动参与率概率的离散型变化；对于连续变量来说，测量的是因为单方面（连续）变量变化所引起的其他变化的可能性。第3列和第4列是在第1列和第2列数据基础上加入户主宗教信仰变量后得出的结果。

表8-3 **Probit 劳动力参与的概率估计-边际效应**

就业状况 因变量	(1) 男	(2) 女	(3) 男	(4) 女
年龄	0.0293 *** (0.000)	0.0770 *** (0.000)	0.0291 *** (0.000)	0.0766 *** (0.000)
年龄的平方	- 0.0003 *** (0.000)	- 0.0010 *** (0.000)	- 0.0003 *** (0.000)	- 0.0010 *** (0.000)
受教育年限	0.0106 *** (0.000)	0.0388 *** (0.000)	0.0106 *** (0.000)	0.0387 *** (0.000)
熟练使用当地汉语方言 或普通话(0,1)	0.0198 (0.250)	0.1550 *** (0.000)	0.0187 (0.268)	0.1500 *** (0.000)
已婚(0,1)	0.1030 *** (0.000)	- 0.0006 (0.982)	0.1030 *** (0.000)	0.0005 (0.984)
家庭中有6岁以下儿童 (0,1)	0.0016 (0.909)	- 0.1060 *** (0.000)	0.0017 (0.906)	- 0.1060 *** (0.000)
家庭中有65岁以上的老人 (0,1)	- 0.0258 (0.221)	- 0.0666 (0.140)	- 0.0256 (0.228)	- 0.0653 (0.138)
少数民族(参照民族:汉族)				
回族	- 0.0499 * (0.055)	- 0.1710 *** (0.000)	- 0.0452 * (0.060)	- 0.1490 *** (0.007)

续表

就业状况 因变量	（1） 男	（2） 女	（3） 男	（4） 女
土家族	0.0467 *** （0.000）	0.0207 （0.504）	0.0471 *** （0.000）	0.0259 （0.453）
蒙古族	-0.0033 （0.941）	-0.0281 （0.794）	-0.0016 （0.971）	-0.0180 （0.876）
维吾尔族	0.0196 （0.267）	-0.1550 *** （0.000）	0.0209 （0.226）	-0.1480 *** （0.001）
哈萨克族	0.0836 *** （0.000）	0.2780 *** （0.000）	0.0836 *** （0.000）	0.2770 *** （0.000）
壮族	-0.1430 *** （0.003）	-0.0491 （0.435）	-0.1390 *** （0.003）	-0.0441 （0.500）
侗族	0.0037 （0.910）	-0.0280 （0.820）	0.00349 （0.917）	-0.0284 （0.814）
苗族和瑶族	-0.0032 （0.919）	-0.0155 （0.897）	-0.0037 （0.909）	-0.0217 （0.854）
户主是否有宗教信仰			-0.00771 （0.215）	-0.0444 （0.250）
是否主体民族	-0.0252 （0.140）	-0.0639 * （0.072）	-0.0244 （0.146）	-0.0607 （0.114）
主体民族为回族	-0.0211 （0.398）	-0.0401 （0.464）	-0.0237 （0.327）	-0.0551 （0.392）
主体民族为土家族	-0.149 *** （0.003）	-0.0271 （0.565）	-0.147 *** （0.003）	-0.0215 （0.599）
主体民族为蒙古族	-0.00728 （0.866）	0.0369 （0.684）	-0.00753 （0.862）	0.0387 （0.670）
主体民族为维吾尔族	0.0106 （0.555）	-0.0285 （0.516）	0.0108 （0.557）	-0.0257 （0.550）
主体民族为哈萨克族	-0.939 *** （0.000）	-0.792 *** （0.000）	-0.939 *** （0.000）	-0.792 *** （0.000）
主体民族为侗族	-0.00943 （0.889）	0.0643 （0.273）	-0.0114 （0.869）	0.0602 （0.329）

续表

就业状况 因变量	（1） 男	（2） 女	（3） 男	（4） 女
主体民族为苗族	-0.0122 (0.721)	-0.004 (0.962)	-0.0121 (0.728)	-0.0007 (0.994)
主体民族为壮族		0.2280 *** (0.000)		0.2270 *** (0.000)
城市人口 <150000(人)	-0.0704 *** (0.003)	-0.1130 *** (0.006)	-0.0681 *** (0.004)	-0.1020 ** (0.015)
城市人口 150000~700000(人)	-0.0305 (0.196)	-0.0515 (0.124)	-0.0301 (0.204)	-0.0477 (0.130)
城市失业率*	-0.7750 *** (0.000)	-0.7740 ** (0.017)	-0.7770 *** (0.000)	-0.7970 ** (0.010)
样本量	2439	2468	2439	2468
观测频数	0.894	0.716	0.894	0.716
预测概率(均值)	0.929	0.762	0.929	0.762
对数似然	-669.2	-1141.2	-668.9	-1138.7
伪 R 平方	0.1894	0.2256	0.1897	0.2273

注：标准差的计算是在省一级。边际效用大小在表格中已经给出，括号中的数值便是 p 值，* p < 0.10，** p < 0.05，*** p < 0.01。城市失业率是由数据测算的，Gustafsson 和 Ding（2013）研究发现城市失业率对城市就业率有消极影响。

来源：西部民族地区经济社会状况调查数据（2011）。

控制变量的边际效应与期望值是一致的。不管对于男性还是女性来说，随着受教育年限的增加和年龄的增长，劳动参与率也在增加。对于女性的劳动参与来说，教育尤为关键：受教育年限每增加一年，女性劳动参与率能够提高 3.88 个百分点，这一边际效应近乎是男性的四倍。教育程度与女性劳动参与率的巨大正相关关系在相关的中国城市劳动力市场研究文献中已得到过证实（Hannum et al.，2013）。受教育程度和语言熟练程度对女性就业有影响显著，而对男性就业的影响不显著，当地汉语方言或者普通话熟练的女性参加工作的可能性比不熟练的女性参加工作可能性高出 15.5%。鉴于家庭特点原因，婚姻仅仅增加了男性的就业可能性，而若是一个家庭中有一个 6 周岁以下的孩子，女性劳动力（仅仅是女性）参与率就会受到很大的影响，大概下降 10.6%。另一方面，家庭中如果有老人的话，男性和女性的劳动参与率似乎不会受到太大影响。至于区位因素，在较小城市中的男性和女性明显有更低的劳动参与率：居住在少于 15 万人口城市中的居民相比于 70 万人口城市中的居民来说，劳动参与的可能性减少了 7～11 个百分点。并且，城市的失业率也对男性和女性产生了消极影响，城市失业率每增加 1 个百分点会使他们的工作可能性减少 77%。

在控制了上述观察到的特点之后，本研究发现少数民族与汉族的就业率差异明显，并且在性别上也相差很多。城市地区适龄劳动者劳动参与率在不同民族之间的巨大差异与第四章农村老年人选择参与劳动还是退出劳动力市场的状况相呼应。就性别而言，土家族和哈萨克族男性的劳动参与率超过了汉族男性，而回族和壮族男性的劳动参与率显著低于汉族男性（分别低 4.9% 和 14.3%）；回族和维吾尔族女性相比于汉族女性，其参加工作的可能性要低一些（分别低 17.1% 和 15.5%）。相比之下，哈萨克女性劳动参与率比汉族女性高 27.8%。在估计中加入的宗教因素（第 3 栏和第 4 栏）没有显示出户主的固定宗教活动对个人劳动参与率产生显著的影响，无论对于男性劳动者还是女性劳动者来说，影响都不是十分明显。这一发现显示，控制了民族因素已经涵盖了大部分的宗教影响。最后考虑特定地区的主体民族和少数民族身份对就业的影响。新疆伊犁哈萨克自治州阿勒泰地区的主体民族是哈萨克族，哈萨克族无论是男性还是女性同主体民族进行交互后得到的变量系数估计值都为负值，这表明在当地的主体民族哈萨克族中，男性和女性劳动参与率都低于汉族男性和女性；而伊犁哈萨克自治州外的哈萨克族同汉族相比，有更高的劳动力市场参与率。

表 8-4 给出了每个民族各自的估计系数和标准差，表明不同民族之间劳动参与行为存在许多不同。第一，为了检测不同性别对于婚姻状况和家庭组成结构潜在的不同反应（由于每个民族有限的样本，所以简化了模型），我们引入了三个相互作用的女性虚拟状况：是否结婚、一个家庭中是否有年龄低于 6 岁的小孩和是否有年龄超过 65 岁的老人。分开的估量结果表明了民族间和不同性别劳动者的巨大差异。一方面，维吾尔族女性结婚

表8-4 不同民族劳动参与的概率估计-边际效应

因变量 就业状况	(1) 汉族	(2) 回族	(3) 土家族	(4) 蒙古族	(5) 维吾尔族	(6) 壮族	(7) 侗族	(8) 苗族、瑶族
年龄	0.0610*** (0.000)	0.0652*** (0.003)	0.0889*** (0.000)	0.0365** (0.016)	0.1080*** (0.000)	0.0314*** (0.000)	0.0867*** (0.000)	0.0515*** (0.010)
年龄的平方	-0.0007*** (0.000)	-0.0008*** (0.005)	-0.0011*** (0.000)	-0.0004** (0.023)	-0.0012*** (0.000)	-0.0003*** (0.000)	-0.0010*** (0.000)	-0.0006** (0.014)
受教育年限	0.0220*** (0.000)	0.0322*** (0.000)	0.0153*** (0.000)	0.0183*** (0.004)	0.0390*** (0.000)	0.0178*** (0.000)	0.0272*** (0.000)	0.0185* (0.067)
熟练使用当地汉语方言 或普通话	0.0685*** (0.000)	0.1270*** (0.001)	-0.0279* (0.094)	0.0660 (0.115)	0.1280*** (0.000)	0.2470*** (0.000)	0.0819* (0.077)	0.0761*** (0.000)
已婚的女性	-0.1400*** (0.000)	-0.2740*** (0.000)	-0.0166*** (0.000)	-0.0279 (0.393)	-0.4300*** (0.000)	0.0252*** (0.000)	-0.0004 (0.996)	-0.1300*** (0.000)
家庭中有6岁以下小孩的女性	-0.0569** (0.014)	-0.0260 (0.191)	-0.0003 (0.985)	-0.1210** (0.043)	0.0898*** (0.000)	-0.2180*** (0.000)	-0.1360*** (0.002)	-0.0361 (0.203)
家庭中有65岁以上老人的女性	-0.0581 (0.216)	-0.1160 (0.534)	-0.3200*** (0.000)	0.0668 (0.413)	-0.1680*** (0.000)	-0.1230 (0.305)	-0.2410*** (0.000)	-0.0428*** (0.000)
主体民族	-0.0369* (0.075)	-0.1640** (0.010)	-0.1060 (0.174)	0.0017 (0.966)	-0.9930*** (0.000)	0.0597*** (0.000)	-0.0177 (0.889)	-0.0252 (0.135)

续表

因变量	(1) 汉族	(2) 回族	(3) 土家族	(4) 蒙古族	(5) 维吾尔族	(6) 壮族	(7) 侗族	(8) 苗族、瑶族
就业状况								
城市规模	0.0269**	-0.0328	0.0001	-0.0080	3.8280***	-0.0535***	0.0923	-0.0402
	(0.044)	(0.606)	(0.998)	(0.725)	(0.000)	(0.001)	(0.569)	(0.150)
城市失业率	-0.7190***	-0.5870	0.6560	-1.0130	-2.6750***	-1.2200***	0.4010**	-1.8840***
	(0.000)	(0.867)	(0.752)	(0.461)	(0.000)	(0.000)	(0.019)	(0.009)
户主的宗教信仰	0.0022	-0.0757	0.0403***	-0.0311**	-0.0799***	-0.0231***	-0.1070**	-0.1210***
	(0.91?)	(0.130)	(0.000)	(0.015)	(0.000)	(0.000)	(0.031)	(0.000)
样本量	2877	465	136	293	284	109	194	457
观测频数	0.824	0.688	0.809	0.870	0.637	0.826	0.835	0.816
预测概率（均值 r）	0.871	0.736	0.867	0.899	0.699	0.934	0.889	0.874
对数似然	-1067.20	-215.10	-50.10	-97.24	-128.30	-28.37	-62.85	-164.40
伪平方	0.2015	0.2546	0.2450	0.1398	0.3100	0.4373	0.2765	0.2460

注：标准差是在省一级。边际效用大小在表格中已经给出，括号中的数值是 p 值。* $p < 0.10$，** $p < 0.05$，*** $p < 0.01$。由于观察值较少，所以对哈萨克族没有进行具体估计。

数据来源：西部民族地区社会经济状况调查数据（2011）。

后，工作可能性显著下降（下降了43%）；回族女性这一数据下降了27%；苗族和瑶族下降的较少，为13%。相比之下，土家族、蒙古族和壮族单身男女和已婚男女的劳动参与率并没有太显著的不同。至于家庭组成对于女性和男性劳动参与率的影响，如果家庭中有一个小孩或者老人的话，壮族和侗族女性会更少地参与到工作中去，对这两个民族的女性来说，由于家庭因素而引起的劳动参与率的下降是十分明显的，分别下降了15%和24%。如果家庭中有老人，土家族女性的劳动力参与率也大大降低了（降低了32%）。所有的这些测算都表明对于两个穆斯林民族（回族和维吾尔族）来说，婚姻减少了女性的劳动参与率；但是对于其他大部分民族（壮族、侗族、土家族和蒙古族）来说，是家庭构成因素（家庭中是否有小孩或者老人）减少了女性的劳动参与率。

从人力资本方面考虑，教育状况的改善能够提高工作可能性这一点，对所有民族都是适用的，边际效应从土家族的1.5%到维吾尔族的3.9%不等。相比之下，对当地汉语方言或者普通话是否熟练这一因素，对不同民族的影响还是有差别的，能够熟练运用当地汉语方言或者普通话进行交流显著地增加了工作可能性（增加了12.8%）。熟练运用官方语言同样也增加了一些民族的工作可能性：壮族、回族、苗族和瑶族。平均来说，这几个民族人民运用语言的能力更强。

六　不同民族的收入差距

表8-5是对男性和女性的收入决定因素分析。根据不同性别的两组测算表明，在基本分类中将就业人员和区位特点作为控制变量；在特定分类中将工作性质（产业、职业和企业性质）加入到控制变量中。基于三分之一的女性没有参加工作的状况（见表8-1），我们运用 Heckman 的两步法来消除样本选择偏差，将家庭中有6岁以下儿童作为识别变量。对基本分类和特定分类来说，估计系数 λ 是积极的，这表明选择误差和收入方程已被修正，但 λ 值比较小，并且不是显著的常规水平。

表 8 - 5　年度个人收入的决定因素

因变量	男	女	有工作的男性	有工作的女性
对数（年收入）	*OLS*	*Heckman*	*OLS*	*Heckman*
受教育年限	0.0584 **	0.0767 ***	0.0353 **	0.0422 ***
	(0.010)	(0.000)	(0.034)	(0.000)
工作经验	0.0383 ***	0.0400 ***	0.0289 ***	0.0290 ***
	(0.000)	(0.000)	(0.001)	(0.000)
工作经验的平方	- 0.0006 ***	- 0.0006 **	- 0.0005 **	- 0.0005 ***
	(0.007)	(0.023)	(0.011)	(0.001)
熟练使用当地汉语方言或普通话	0.1330 ***	0.1700 ***	0.0697 ***	0.0850 **
	(0.006)	(0.000)	(0.010)	(0.018)
回族	0.1510	0.2230 *	0.1400	0.2930 ***
	(0.177)	(0.056)	(0.174)	(0.009)
土家族	- 0.3030 **	- 0.2130 ***	- 0.3180 **	- 0.2400 ***
	(0.018)	(0.000)	(0.011)	(0.000)
蒙古族	0.0698	0.1090	0.0650	0.1030
	(0.529)	(0.252)	(0.455)	(0.188)
维吾尔族	- 0.1140	- 0.2400 ***	- 0.0674	- 0.1750 ***
	(0.348)	(0.000)	(0.454)	(0.000)
哈萨克族	0.3690	- 0.0008	0.2930 *	- 0.0582
	(0.147)	(0.969)	(0.087)	(0.481)
壮族	- 0.0021	- 0.1080 **	0.0309	0.0254
	(0.983)	(0.018)	(0.739)	(0.722)
侗族	0.0413	0.2040 **	0.0176	0.2090 ***
	(0.770)	(0.013)	(0.874)	(0.000)
苗族和瑶族	0.1750	- 0.0792	0.1780	- 0.1460 *
	(0.206)	(0.287)	(0.184)	(0.066)
主体民族	0.1380 **	- 0.0026	0.1360 ***	0.0180
	(0.020)	(0.964)	(0.008)	(0.749)
主体民族为回族	- 0.1260 *	- 0.3440 **	- 0.3410 **	- 0.3470 ***
	(0.097)	(0.022)	(0.011)	(0.008)
主体民族为土家族	- 0.2760 ***	- 0.2440 ***	- 0.2780 ***	- 0.1990 **
	(0.000)	(0.000)	(0.000)	(0.026)
主体民族为蒙古族	0.0905	0.1600	0.1160 *	0.1400
	(0.188)	(0.180)	(0.068)	(0.239)
主体民族为维吾尔族	- 0.1720 **	- 0.0308	- 0.2780 **	- 0.1890 ***
	(0.029)	(0.564)	(0.012)	(0.003)

续表

因变量	男	女	有工作的男性	有工作的女性
主体民族为哈萨克族	− 0.5340 **	− 0.0147	− 0.4360 ***	− 0.0510
	(0.016)	(0.883)	(0.001)	(0.747)
主体民族为侗族	− 0.2310 ***	0.0593	− 0.3040 ***	− 0.1700
	(0.002)	(0.679)	(0.002)	(0.240)
主体民族为苗族、瑶族	− 0.2790	− 0.8080 ***	− 0.2620	− 0.7780 ***
	(0.379)	(0.000)	(0.318)	(0.000)
主体民族为壮族	− 0.2740 ***	− 0.1180	− 0.2780 ***	− 0.0644
	(0.004)	(0.483)	(0.003)	(0.561)
城市人口 <150000 人	0.1870 **	0.0715	0.1570 *	0.0872
	(0.019)	(0.486)	(0.087)	(0.273)
城市人口 15 万 ~ 70 万人	0.1010	− 0.0422	0.0635	− 0.0361
	(0.262)	(0.572)	(0.395)	(0.659)
城市失业率	− 1.1360 ***	− 1.2630 **	− 0.8990 *	− 1.0290
	(0.008)	(0.026)	(0.081)	(0.176)
常数项	8.723 ***	8.494 ***	9.427 ***	9.417 ***
	(0.000)	(0.000)	(0.000)	(0.000)
样本量	1877	2185	1822	2153
R^2	0.179		0.246	

注：标准差是计算在省一级. 括号里面数据为 t 统计量. * $t<0.10$, ** $t<0.05$, *** $t<0.01$. 第 3 列和第 4 列包括行业、职业和企业性质。在表中没有给出女性的选择方程。

数据来源：西部民族地区社会经济状况调查数据（2011）。

表 8 - 5 的收入回归结果表明，在基本分类中，男性的教育回报率为 5.84%，而女性的教育率回报率为 7.67%。尽管我们发现差距在缩小，约缩小了 33%，但是城市地区女性高于男性的教育回归是实证文献研究的一项普遍的发现（Zhang *et al.*，2005）。并且，添加与工作相关的变量往往会降低估计的教育回报率，主要原因在于受过更好教育的人更倾向于去追求更好的职业岗位。这里还要注意一个问题，在特定分类中，男性受教育程度系数下降了 40%，而女性的这一系数下降了 45%。除了正式教育之外，熟练使用当地汉语方言或普通话也对个人产生了积极和显著地影响，并且在这方面对女性的影响依然高于对男性的影响（0.17% 对 0.133%）。当控制了工作特点的变量之后，能力更强的人选择在高收入的行业、部门内工作，会降低教育回报的估计值。正如所预料的，在特定分类中，工作经验和工作经验平方的结果表明，在拥有 31 ~ 33 年的工作经验之后，工作

经验对收入的影响逐渐减小；对男性和女性以及各不同分类来说，其影响都没有差异了。

每个民族的估计系数表明民族之间平均年收入的许多差异，其中性别差异尤为明显。第一，即使控制了个人特点和区位因素之后，土家族无论男性还是女性，都比汉族收入低一些，其中女性低 21%，男性低30%。同样的是，维吾尔族女性的收入也比汉族女性要少一些（一定程度上壮族女性也是如此）。相比之下，回族和侗族女性相比于汉族女性来说，情况略好，在修正和控制了与生产相关的个人特点之后，回族和侗族女性每年收入增加了 20% ~ 22%。如果把这些研究成果运用在第五部分的概率测算中，由于维吾尔族女性很低的就业可能性，并且她们就业之后的收入远远低于汉族女性，所以维吾尔族女性就成了最弱势的群体。与维吾尔族女性不同的是，回族女性进入劳动力市场的可能性虽然较小，但是一旦她们参加工作，她们的年收入甚至高于汉族女性。土家族女性则拖了后腿，她们进入劳动力市场没有受到任何限制，但是一旦就业，便因为工资等因素，处于弱势地位（土家族男性一定程度上亦是如此）。

另外，当地主体民族的测算也呈现了许多特点。第一，对男性来说，如果是当地主体民族的话，那么年收入比其他民族的男性劳动者会高13.8%。但是对于土家族、维吾尔族、哈萨克族、壮族、苗族和瑶族这 6 个民族来说，情况恰恰相反，主体民族男性的收入反而更低。对于女性来说情况稍微不同，可能是当地主体民族对于收入没有太大影响；但是回族、土家族和侗族这三个民族如果是当地的主体民族，她们的收入会低于其他民族。

表 8 - 6 分别给出了不同民族男性和女性年薪的 Oaxaca-Blinder 分解，呈现了与汉族相比其他各民族的平均预测的差异，说明了解释部分和未解释部分差异的分解（都用均值表达）。由于有些民族样本容量较小，所以有些地方没有深入进行分析解释，但是研究结果也突出了三个特点：第一，个人年收入在不同民族群体中有很大差异，与汉族差距最大的是土家族和维吾尔族。特别是，这两个民族男性年收入与汉族男性相比差异非常明显。第二，分解的结果表明，男性禀赋的不同拉大了收入差距，而女性则不然。回族、土家族和维吾尔族男性禀赋低于汉族，这也在一定程度上解释了收入差距。哈萨克族无论男性还是女性，他们的教育程度和就业个

表 8-6 根据民族和性别对年收入的 Oaxaca-Blinder 分解

不同民族		(1) 汉族-回族	(2) 汉族-土家族	(3) 汉族-蒙古族	(4) 汉族-维吾尔族	(5) 汉族-哈萨克族	(6) 汉族-壮族	(7) 汉族-侗族	(8) 汉族-苗族-瑶族
男性	收入差距	-0.00574 (0.0824)	0.528*** (0.0650)	-0.0913 (0.0676)	0.397*** (0.0696)	-0.00777 (0.0369)	0.0107 (0.0688)	0.131 (0.0859)	0.0162 (0.101)
	解释部分	0.101* (0.0462)	0.0676* (0.0284)	0.0167 (0.0225)	0.172*** (0.0519)	-0.0952*** (0.0229)	-0.0641* (0.0323)	0.0583 (0.0556)	-0.0410 (0.0374)
	未解释部分	-0.107 (0.0722)	0.461*** (0.0784)	-0.108 (0.0722)	0.225* (0.104)	0.0874 (0.0515)	0.0748 (0.0830)	0.0728 (0.106)	0.0572 (0.109)
	样本量	1281	1161	1233	1197	1154	1158	1189	1296

不同民族		(1) 汉族-回族	(2) 汉族-土家族	(3) 汉族-蒙古族	(4) 汉族-维吾尔族	(5) 汉族-哈萨克族	(6) 汉族-壮族	(7) 汉族-侗族	(8) 汉族-苗族-瑶族
女性	收入差距	0.0205 (0.173)	0.407 (0.638)	-0.186 (0.184)	0.331 (0.705)	0.00993 (0.255)	-0.0612 (0.189)	0.402 (0.332)	0.341 (0.191)
	解释部分	0.0317 (0.0526)	0.0839 (0.0631)	-0.0736 (0.0470)	0.0801 (0.0590)	-0.136** (0.0511)	-0.0753 (0.0745)	0.0795 (0.0533)	0.00969 (0.0326)
	未解释部分	-0.0111 (0.168)	0.323 (0.640)	-0.113 (0.175)	0.251 (0.702)	0.145 (0.248)	0.0141 (0.190)	0.323 (0.330)	0.331 (0.190)
	样本量	975	915	978	932	914	898	932	1008

注：括号里面为标准误差* $p < 0.05$，** $p < 0.01$，*** $p < 0.001$。男性年收入数据的分解采用汉族男性系数作为权重，进行 OLS 回归推算的。而女性的分解是用汉族女性系数为权重，进行 Heckman 修正回归的。

数据来源：西部民族地区社会经济状况调查（2011）。

体特征都优于汉族，所以如果不存在工资结构差异的话，他们的收入必然比汉族多一些。第三，未解释部分对于观察到的汉族－土家族男性和汉族－维吾尔族男性差异起着重要作用，对于以上两个民族来说，一些民族差异似乎在劳动力市场中产生了影响，致使收入差距扩大了40% ~ 50%。

七　简要结论

本章通过使用2011年西部民族地区经济社会状况家庭调查数据，集中比较分析了民族地区8个少数民族与汉族的劳动参与和就业收入的差异。这8个少数民族分别为：回族、土家族、蒙古族、维吾尔族、哈萨克族、壮族、侗族、苗族－瑶族。

研究结果表明各民族之间和不同性别在劳动参与和收入方面存在明显差异。第一，女性在就业方面差异明显而男性在收入差距方面尤为明显。第二，各民族在劳动力市场参与方面的差异性十分明显，尤其是女性。即使控制了区位变量，回族和维吾尔族女性的工作可能性也较低。与之相对的是哈萨克族女性，她们的工作可能性显著地高于维吾尔族女性。其他民族没有表现出与汉族显著的差异。有趣的是，对于维吾尔和哈萨克族来说，如果他们是当地的主体民族，那么其参加劳动的可能性会减少，特别是哈萨克族的边际负效应十分大，超过了边际正效应的补偿。

第三，通过收入方程的测算，我们发现当一个民族是当地主体民族时，这种收入差距对他们是不利的。对于回族、土家族、维吾尔族、哈萨克族、壮族、苗族－瑶族来说，占当地多数民族的男性通常收入会更低一些。最后，分解结果表明，即使将个人特点设为常量，还有一些不能解释的差异存在于土家族和维吾尔族男性身上。

本章的研究结果也和本书的第九章有所呼应，且第九章的内容也补充了对上述问题的理解。最后，应该注意到2011年西部民族地区经济社会状况家庭调查数据也仅集中在7个样本地区。所以，我们的研究结果并不能够在总体上概括西部民族地区的城市和中国城市劳动力市场状况，尤其要指出的是，在这里与各民族比较的汉族并不能完全扩展为中国城市地区的汉族。

参考文献

Blinder, A. S. (1973), "Wage Discrimination: Reduced Form and Structural Estimates", *Journal of Human Resources*, 8 (4).

Brandt, L. and C. A. Holz (2006), "Spatial Price Differences in China: Estimates and Implications," *Economic Development and Cultural Change*, 55 (1).

Chiswick, B. R. and P. W. Miller (1995), "The endogeneity between language and earnings: International analyses," *Journal of Labor Economics*, 13.

Chiswick, B. R. and P. W. Miller (2003), "The complementarity of language and other human capital: Immigrant earnings in Canada," *Economics of Education Review*, 22.

Ding, S. and S. Li (2009), "An Empirical Analysis of Income Inequality between a Minority and Majority in Urban China: The Case of the Ningxia Hui Autonomous Region," *Global COE Hi-Stat Discussion Paper Series* 022, Hitotsubashi University.

Ding, S., S. Li and S. L. Myers, Jr. (2013), "Intertemporal changes in ethnic urban earnings disparities in China," in S. Li, H. Sato, T. and Sicular, eds., *Rising Inequality in China*, 414 – 444, Cambridge: Cambridge University Press.

Dustmann, C. and F. Fabbri (2003), "Language proficiency and labour market performance of immigrants in the UK," *The Economic Journal*, 113.

Gustafsson, B. and S. Ding (2009a), "Temporary and Persistent Poverty among Ethnic Minorities and the Majority in Rural China", *Review of Income and Wealth*, 55.

Gustafsson, B. and S. Ding (2009b), "Villages where China's Ethnic Minorities Live", *China Economic Review*, 20.

Gustafsson, B. and S. Li (2003), "The Ethnic Minority-Majority Income Gap in Rural China During Transition", *Economic Development and Cultural Change*, 51 (4).

Gustafsson, B. and S. Ding (2013), "Unemployment and the rising number of nonworkers in urban China: Causes and distributional consequences," in S. Li, H. Sato, T. and Sicular, eds., *Rising Inequality in China*, 289 – 331, Cambridge: Cambridge University Press.

Hannum, E. and Y. Xie (1998), "Ethnic stratification in northwest China: occupational differences between Han Chinese and national minorities in Xinjiang, 1982 – 1990", *Demography*, 35 (3).

Hannum, E., Y. Zhang and M. Wang (2013), "Why are returns to education higher for women than for men in urban China?", *China Quarterly*, 215.

Jann, B. (2008), "A Stata implementation of the Blinder-Oaxaca decomposition," *ETH Zurich Sociology Working Papers* 5, ETH Zurich.

Longhi, S., C. Nicoletti and L. Platt (2013), "Explained and unexplained wage gaps across the main ethno-religious groups in Great Britain", *Oxford Economic Papers*, 65 (2).

Maurer-Fazio, M. (2012), "Ethnic discrimination in China's internet job board labor market", *IZA Journal of Migration*, 1: 12. http: //www. izajom. com/content/1/1/12.

Maurer-Fazio, M., J. Hughes and D. Zhang (2007), "An Ocean Formed from One Hundred Rivers: The Effects of Ethnicity, Gender, Marriage, and Location on Labor Force Participation in Urban China", *Feminist Economics*, 13 (3 – 4).

Maurer-Fazio, M., J. Hughes and D. Zhang (2010), "A Comparison of Reform-Era Labor Force Participation Rates of China's Ethnic Minorities and Han Majority", *International Journal of Manpower*, 31 (2).

Neumark, D. (1988), "Employers' Discriminatory Behavior and the Estimation of Wage Discrimination", *Journal of Human Resources*, 23.

Oaxaca, R. L. (1973), "Male-Female Wage Differentials in Urban Labor Markets," *International Economic Review*, 14 (3).

Wu, X. and X. Song (2014), "Ethnic Stratification amid China's Economic Transition: Evidence from the Xinjiang Uyghur Autonomous Region", *Social Science Research*, 44.

Zang, X. (2008), "Market Reforms and Han-Muslim Variation in Employment in the Chinese State Sector in a Chinese City," *World Development*, 36.

Zang, X. (2010), "Affirmative action, economic reforms, and Uyghur-Han variation in job attainment in Urumqi," *China Quarterly*, 202.

Zang, X. (2011), "Uyghur-Han earnings differentials in Urumchi," *The China Journal*, 65.

Zang, X. (2012a), "Age and the cost of being Uyghur in Urumqi," *China Quarterly*, 210.

Zang, X. (2012b), "Gender roles and ethnic income inequality in Urumqi," *Ethnic and Racial Studies*, 35.

Zang, Xiaowei, 2012a. Uyghur Islamic Piety in Urumqi, Xinjiang, Chin. Sociol. Rev. 44 (4).

Zhang, J., Y. Zhao, A. Park and X. Song (2005), "Economic returns to schooling in urban China, 1988 to 2001", *Journal of Comparative Economics* 33 (4).

第九章　是否存在少数民族就业收入歧视？

——来自西部民族地区城市的证据

关于劳动力市场尤其是城市劳动力市场是否存在对少数民族劳动力歧视的讨论一直在持续。很多少数民族人士也表示由于民族身份的缘故在找工作和适应工作的过程中遇到很多困难。（参见 Hasmath 2011a；Hasmath and Ho 2015）。但是，本章针对城市少数民族的研究中，却没有发现汉族与少数民族就业收入之间存在明显的收入差距。对于这个困惑有几种解释：首先，少数民族所感受到的歧视很大程度上与他们现实拥有的收入无关；其次，少数民族采取弥补性的策略应对歧视，利用其他途径消除了歧视。另一种可能的解释是歧视真实存在，但是由于当前研究方法论的缺陷没有被完全地识别出来。

在对汇总数据和回归方法进行了详细的阐释后，本章的结果说明调查样本中的少数民族整体并未受到明显歧视。但是，年龄偏大的少数民族和明显不适应劳动力市场的少数民族同其他就业人员相比确实存在工资收入的差距（或称为工资性歧视），这种工资收入差距（或歧视）可在本章中得到证实。政府制定的针对少数民族优惠的就业政策，有助于受过高等教育的少数民族获得在稳定的政府部门工作的机会。如果现实中存在不同民族的工资性差距或歧视，那些在政府部门就业的少数民族无疑会缓解该问题。这一发现对中国少数民族的歧视研究以及主导性的反歧视理论的现实应用有着多方面的启示。

一　文献综述

目前有关中国城市少数民族工资收入决定因素的研究还不够深入。

迄今为止，研究少数民族收入的文献主要针对农村少数民族，研究发现农村少数民族家庭人均收入都要低于汉族家庭人均收入，尽管某种程度上这种收入差距是否完全由地理因素所致还存在争论。在关于城市地区少数民族就业收入的定量研究中，汉族和少数民族之间并没有普遍发现存在显著的差异。然而，在定性的案例研究中，少数民族认为在寻找工作和工作中存在一定的歧视。现在还没有清晰的理论预期来论证这些发现是正确的，所以需要一种新的方法来探讨城市少数民族收入的决定性因素。

之前的很多文献主要就少数民族在劳动市场上的竞争力、收入差异等问题开展研究时，大都倾向于关注少数民族在农村以及与农村相关地区的经验研究。研究证实少数民族的就业收入低于汉族。然而，学者们的争论集中围绕劳动力市场中的少数民族是否会面对系统性歧视，或者少数民族因缺乏技能和低学历而倾向于（或不得不）从事某些低收入工作。汉娜（Hannum）等（1998）在他们的研究中认为新疆的劳动力市场中存在对少数民族的偏见。他们发现少数民族在少年学习阶段通常因不能获得足够好的教育，从而影响他们未来的工作预期。通过控制地理、教育变量后发现，在一些职业领域少数民族和汉族还是存在相当大的收入差异，他们把此视为歧视。一些定性的研究认为，在农村地区，语言、生活习惯等差异不仅限制了少数民族外出发展，也导致了歧视。尽管少数民族享有高考加分的相关教育优惠政策和中央政府与地方政府的援助，但上述现实难题依旧存在（Hasmath 2011a，2012；Maurer-Fazio 2012）。

还有些学者更多地关注少数民族经济研究，指出农村少数民族贫穷率高的原因主要是由于所处的恶劣地理情况。古斯塔夫森和李实（2003）发现，全国农村中少数民族的家庭人均收入增长速度比汉族慢。但在相同地域比较汉族和少数民族的家庭人均收入后发现不同民族的家庭人均收入不存在差距。因此，全国农村不同民族间的收入差距主要是由于少数民族居住的地区经济增长速度缓慢造成的。古斯塔夫森和丁赛（2009a）通过研究农村地区不同民族的贫困发生率发现，少数民族由于所处的地理条件更加恶劣导致了其和汉族相比更加容易陷入贫困，但是处于同样的贫困打击下，少数民族和汉族都会通过劳动力转移的方式缓解家庭贫困。他们的研究同样也发现，位于东部和北部的少数民族村寨与同地区的汉族村落相比，在收入水平上没有差异。但在西部和南部，特别是贫困地区，少数民族村寨的收入水平明显低于同地区的汉族村落。然而在少数民族劳动力转移过程中，由于受教育水平低和语言等方面的障碍，少数民族的劳动力转移规模较小，表现出固守家园的特点。

地理因素和歧视因素是否成为城市少数民族低收入的主要原因目前还存在争议。如果城市少数民族同汉族居民在同样的地理条件下拥有相似的收入，就可以推论出在劳动力市场，针对少数民族的歧视不存在或即使存在一定的歧视也并没有显著的影响收益。现有的研究发现，少数民族和汉族之间在劳动力市场上没有收入差异。虽然导出结论的调查数据可能存在一定程度的缺陷，但目前还没有数据支持与此不同的其他结论。Appleton 等人（2005）通过广泛调查，在分析研究城市少数民族收入的决定因素时，发现针对少数民族的特殊优惠政策使其能获得适度的额外收入，而这部分收入无法和就业收入有效剥离，所以基于这样的调查数据的研究可靠性就被质疑。Yang Tao 和 Dennis（2005）在分析城市少数民族教育收益时，并没有发现少数民族变量和收入变量存在相关性，尽管作者并不关心这两者之间的关系。

其他更多的研究证明了城市少数民族的收入和汉族相比没有明显差异。Cao Huhua（2010）基于新疆的地理数据认为新疆城乡收入差距主要是由少数民族聚居于经济发展落后的贫困地区所造成。这也就是说新疆少数民族收入低是由于或部分由于地理环境差异所致。Hasmath 和 Ho（2015）利用中国家庭收入数据（CHIP），以经济学的方法证实在城市地区的少数民族生存状态和收入不存在数据上的显著相关性。李实和丁赛（2013）通过对宁夏城市回族和汉族的研究发现，一旦对地域变量控制后，回族的收入与汉族的收入相同，甚至还会略高。与上述学者持相反意见的Maurer-Fazio 等人（2007）发现，位于工作年龄的男性少数民族在劳动市场上与同年龄段汉族男性处于平等的地位，但是。通过少数民族女性与汉族女性比较时，少数民族女性处于实质上的弱势地位。

更多的关于城市少数民族的定性研究发现，少数民族仍然面临着晋升的障碍和劳动市场上的歧视。Bian（2002a）发现，社会网络在寻找工作的过程中十分重要，少数民族明显表现出缺少寻找工作特别是好工作的社会网络。臧小威（2008）就国有企事业单位的工作人员分析后发现，在兰州的回族相比于汉族，要获得一份在国有企业的工作将面临更加显著的障碍。Huang（2008）的研究回应了 Bian（2002a）关于寻找就业机会时社会网络重要性的发现。Hasmath（2011）通过访谈了解到，由于有些雇主所表现出来的歧视，特别是一些汉族雇主认为雇佣少数民族是一种麻烦，因此，少数民族倾向于在特大城市自我选择收入较低的就业职位。总体而言，这些定性研究大多关注少数民族和汉族相比的实质性收入差异，而且职业范围也更加宽泛。

上述关于农村少数民族的研究文献，大多证实了农村少数民族相比农村汉族更加容易陷入贫困，尽管是否由于地理区位差异造成贫困还在争论。而关于城市少数民族的文献研究并没有发现少数民族在收入上比汉族存在明显的劣势（事实上很多城市少数民族因特殊优惠政策获得了额外收入）。然而，在为数不多的利用调查数据分析城市少数民族和汉族收入差距的研究中，因研究方法中没有有效地将不同民族的影响与年龄、工作经验和教育水平的影响进行分离，因而将收入差距只是归因于年龄、工作经验和教育水平。案例研究和访谈研究发现了劳动力市场上对少数民族存在的歧视，招聘方也对雇佣少数民族表现出十分谨慎。那么，为什么定性研究和定量研究存在如此差异呢？很多定量研究中说明城市少数民族和汉族收入平等的变量都是特别限定的，本章的下部分内容将探讨分析收入差距的假设前提，并试图验证上述假设在研究中的应用。

二　相关理论的讨论

迄今为止的经济学研究文献认为少数民族在劳动力市场的就业收入和汉族相差无几，所以没有少数民族歧视或至少是经济学研究方法观察到的歧视。不同族别特别是那些民族文化同汉族文化明显不同的少数民族自认为受到歧视的假设有：

1. 雇佣方和受雇的少数民族都意识到存在对少数民族的歧视，但这种歧视的影响微乎其微。

2. 如果少数民族感受到了歧视，就会自动采用补偿性策略（例如选择不同的职业发展路径，提高教育水平），从而使得自己和汉族的收入差距缩小。

3. 如果歧视真的存在，然而研究结果却发现少数民族和汉族的就业收入没有差异，这说明研究没有能够充分体现汉族和少数民族在人口统计学上的差异，也就是说该种研究方法存在缺陷。

如果第一个假设是正确的，那么就能够说明少量的歧视依旧存在，即现有的系统性歧视不会显著影响到城市少数民族居民的生活。中央政府和地方政府现已出台的各种有利于少数民族的优惠政策和措施的目的是帮助少数民族提升经济竞争力，事实证明的确获得了很大的成功。如果第二个假设在数据上得到了证实，这就意味着通常的成功路径已经不适用于少数民族，少数民族由于缺少机会转而建立更有效的社会网络。此外，教育资源的公平与开放对少数民族的重要性就不言而喻了。其他国家的经验也证实了这点。（Collins，1983；Hasmath，2012；Raijman 和 Tienda，2000）。如果这种补偿性策略在研究数据中得到证实，那就表明了政府对于少数民族的优惠政策，使得少数民族获得的收入与汉族相当。第三个假设如果得到了数据支持，那也就是说针对少数民族的系统性歧视不仅存在而且值得重视，因为少数民族自身已经无法克服劳动力市场歧视带来的损失。从公共政策的角度看，新的更具倾向性的政府措施将是必要的，以帮助城市少数民族实现与汉族的经济机会平等。

第三种解释要得到证实是非常复杂的，因为不同的少数民族各自情况有所不同。学界关于汉族对少数民族的偏见已经有大量的研究，许多少数民族因民族文化与汉族文化差异不显著（如回族、壮族）很少感受到歧视，而民族文化和汉族文化差异显著的少数民族会容易感受到汉族对他们的区别对待（Blum 2001）。有相当部分的城市少数民族为了避免与汉族的差异性影响其工作，会逐渐了解并接受汉族文化。下部分内容将基于数据检验上述三个解释对于一般少数民族和边缘化的少数民族在劳动力市场中是否存在。

三　调查数据说明

本章使用的数据是"西部民族地区经济社会状况家庭调查数据（2011年）"（Chinese Household Ethnicity Survey 2011，简称 CHES 数据）和 2010年人口普查数据。之所以使用两套数据，原因是 CHES 数据虽然包括了内蒙古、湖南、广西、贵州、青海、新疆、宁夏七个省区，但不是完全性的随机抽样，如果调查样本中的少数民族要代表该地区的整个族群就需要使用权重加以调整。2010 年人口普查数据是通过随机抽样获得，更能代表不同少数民族的整体。所以对 CHES 数据的调整也是基于 2010 年人口普查数据完成的。

　　权重将以无偏估计的真实人口参数加以确定。然而，由于权重（基于人口普查数据）是根据汉族和少数民族的人数，而不是进一步细化为具体的少数民族特性，因而在不同少数民族群体之间进行比较时，应谨慎下结论。CHES 数据包括了城市和农村调查样本。本章将民族文化与汉族文化差异明显的少数民族归为"有差异的"少数民族，在调查数据中主要包括藏族、维吾尔族和哈萨克族。根据工作的专业性将工作类型分为蓝领和白领；企业性质区分为政府部门和事业单位、国有企业、私营企业等。

表 9 – 1　少数民族和汉族的调查样本统计描述

变　　量	汉族	少数民族	"有差异"的少数民族 *	其他少数民族
劳动年龄的个人特征				
年龄（岁）	43	41	39	41
女性所占比例（%）	51	48	46	48
就业人员比例（%）	72	74	78	73
男性就业人员比例（%）	79	80	82	80
女性就业人员比例（%）	64	64	74	67
从事专业性工作人员比例（%）	53	60	68	59
政府部门事业单位或国有企业工作人员比例（%）	48	56	64	55
本民族语言流利	n/a	37	80	26
普通话流利	54	54	42	56
拥有城镇户口（%）	9	88	97	88
共产党员比例（%）	29	32	26	34
平均受教育年限（年）	10.8	11.8	13.2	11.3
家庭特征				
家庭人口规模（人）	3.1	3.2	3.4	3.2
家庭收入（元）	29654	33767	40023	32935
劳动年龄家庭成员人均收入（元）	14792	16396	19974	15893
家中已婚女性的公公的教育程度 **	2.4	2.6	2.9	2.5
家中已婚女性的公公从事技术性工作的比例（%）	25	29	43	27

变　量	汉族	少数民族	"有差异"的少数民族 *	其他少数民族
家中已婚男性岳父的受教育程度 **	2.4	2.7	2.8	2.6
家中已婚男性岳父从事技术性工作的比例(%)	20	27	34	26
住房所在地 ***	1.4	1.4	1	1.4
样本量	3975	3087	542	2545

注：n/a = 未回答；* 有差异的少数民族包括藏族、维吾尔族和哈萨克族；** 数值越高代表受教育年限越多；*** 数值越小越靠近市中心。

表9 – 1显示，少数民族的就业情况略好于汉族，特别是民族文化和汉族文化有明显差异的少数民族（本章仅包括调查样本中的藏族、维吾尔族和哈萨克族受访者）的就业状况也没有处于不利地位。具体而言，少数民族和汉族的调查样本在年龄、性别比例、就业比例和男性就业比例的数值上都没有明显差异。和汉族相比，少数民族特别是"有差异"的少数民族女性就业比例略高。少数民族从事专业性工作或在政府部门、事业单位或国有企业工作的比例略高于汉族，而"有差异"的少数民族该两项比例更高。和汉族相比，少数民族的平均受教育年限高出了1年，"有差异"的少数民族高出了2.4年。表9 – 1中不同民族的工作和教育统计结果互相支持，表明少数民族采用了补偿性策略和不同的职业路径，即通过获得更高的教育水平在政府部门、事业单位或国有企业中找到工作机会而非依赖社会网络。

使用语言的统计结果显示，"有差异"的少数民族掌握本民族语言的比例高于其他少数民族，但相应的普通话水平更低。城镇调查样本中的少数民族，尤其是"有差异"的少数民族拥有城镇户口的比例略高于汉族。这也就说从农村转移到城镇的少数民族及"有差异"的少数民族比例更低。古斯塔夫森和丁赛（2009b）的研究发现，由于少数民族与汉族在语言和生活习俗等方面的差异，使很多农村少数民族不倾向于转移到城市。本章使用的 CHES 城镇调查数据中汉族的农村转移人数比例高于少数民族和"有差异"的少数民族，这些没有城镇户口的汉族农村打工者常常从事的是教育水平要求低、收入低、不稳定的工作。但如果将没有户口的汉族农村移民剔除后，少数民族和"有差异"的少数民族的平均受教育年限依然高于汉族。这意味着城镇少数民族和"有差异"的少数民族是有意识地追求更高的教育水平。在理论上，少数民族通过提高教育水平以正式渠道获得较好的就业机会是因为没有建立更有效的社会网络关系。

在家庭特征中汉族和少数民族在家庭规模上的差异不明显。"有差异"的少数民族在家庭特征上与汉族和其他少数民族有较为明显的差异。"有差异"的少数民族的家庭收入和劳动年龄家庭成员人均收入最高，均高出汉族家庭约35%。其他少数民族的家庭收入和劳动年龄家庭成员收入也高于汉族家庭，只是差距小于前者。表9-1中的数据可以部分解释少数民族工作类型和教育程度与汉族显著差异在收入上的体现。为进一步了解家庭背景对就业的影响，本章关注到在亲属关系中，家庭已婚女性的公公的教育水平在少数民族中往往更高，特别是对"有差异"的少数民族来说；同时，统计数据还显示其更可能从事专业性工作。"有差异"的少数民族家庭该比例是43%，汉族家庭该值是25%，两者相比，前者高出后者的72%，这表明教育程度和职业选择的偏好在很长一段时间是一致的。表9-1给出的少数民族受访者岳父的教育程度和工作类型数据也与此类似。对这些观察结果有两种可能的解释。首先是城市少数民族，特别是"有差异"的少数民族，在较早时期获得了显著的就业和教育优势，社会资本的惯性一直使少数民族特别是"有差异"的少数民族随着时间的推移继续保持这些优势。第二种解释也是作者的观点，由于政府实施的倾向少数民族的优惠政策使得少数民族的成功途径在过去的两代人中已经固定。也就是说更正式的官方渠道更易于使少数民族在职业上走向成功，这一有吸引力的倾向少数民族的工作策略显然应予以保持。

上述统计性描述的结果，可以支持劳动力市场没有歧视或如果存在系统性歧视也不影响少数民族的职业获得机会的结论。假设没有歧视或如果存在系统性歧视也不影响少数民族的职业获得机会是通过歧视性补偿策略得到的结果，应如何探究该过程？为此，本章下面将通过回归方法以帮助理解这一假设是否成立。

四　回归结果讨论

劳动力市场的歧视主要通过工资报酬的差异来衡量，如果说具有相同生产率的劳动力只是因为分属于不同的族群从而形成收入差距，就可认为劳动力市场中存在歧视。通常的方法是运用标准的明瑟（Mincer）收入函数进行收入的回归分析，以探讨是否有收入歧视。具体公式为：

$$\ln(Y) = \beta_0 + \beta_2 S + \beta_2 E + \beta_2 E^2 + \beta X + u$$

式中 Y 是家庭收入[①]，S 是教育年限，E 是经验，E^2 是经验的平方，X 是包括一系列解释变量的向量，u 是残差。经验是通过年龄与受教育年限估计出进入劳动力市场的时间。解释变量的向量中包括了少数民族虚拟变量、家庭户主是否已婚、性别、普通话是否流利、家中劳动年龄的成员数量、家庭户主父亲的教育水平[②]。具体的回归结果在表 9 - 2 中。

表 9 - 2 少数民族和汉族收入函数的回归结果

变量(10% ~90% 的置信区间)	系数值	标准差	t 值	Pr > |t|
少数民族(0,1)	-0.01	0.07	-0.15	0.88
户主父亲从事过专业性工作(0,1)	0.08	0.06	1.30	0.19
家中劳动人口数量(1~3)	0.17	0.04	4.35	0.00
家庭抚养人数(0~2)	-0.08	0.03	-2.58	0.01
普通话是否流利(0,1)	0.16	0.06	2.60	0.01
女性(0,1)	-0.08	0.07	-1.20	0.23
教育年限(7~15)	0.06	0.01	4.62	0.00
是否已婚(0,1)	0.21	0.15	1.41	0.16
经验(12~42)	0.00	0.01	0.09	0.93
经验的平方	0.00	0.00	0.02	0.99
地区虚拟变量				
广西	0.06	0.07	0.94	0.35
贵州	0.16	0.07	2.47	0.01
宁夏	0.35	0.08	4.65	0.00
青海	0.15	0.06	2.38	0.02
新疆	0.36	0.06	5.87	0.00
内蒙古	0.03	0.08	0.43	0.66
常数项	9.37	0.39	23.78	0.00
r - squared	0.26			

注：被解释变量 = Ln（家庭收入）（9.49 ~ 11.37），参照地区是湖南，样本量是1534，表中深色字体是作者强调的内容。

[①] 本章使用的家庭收入仅包括工资性收入不包括自有住房房租收入和转移支付收入。其原因是为了让分析更为集中。

[②] 家庭户主母亲的教育水平在汉族和少数民族间也有差异，但考虑到共线性问题所以将此变量省略。

表 9 - 2 的回归结果与之前的一些研究成果较为接近。少数民族虚拟变量在回归方程中并不显著，说明没有针对少数民族的收入歧视。即使假设少数民族虚拟变量是显著的，汉族比少数民族在收入上仅仅高出了 1%，因此再次说明少数民族并没有和汉族在收入上有显著差异。户主父亲从事过专业性工作会增加家庭收入，说明社会资本和财富的代际转移对城市居民的收入获得有重要影响。大部分控制变量都是统计显著，并与预期相符。教育年限也被证明是显著的，每增加一年的教育会使家庭收入增加两到三个百分点。然而，经验和经验的平方并不显著，鉴于已有的绝大多数研究成果都证实，经验和教育是必不可少的影响收入的重要因素，那么这个与众不同的结果的可能解释是，民族地区调查样本中的部分劳动力的就业时间可能早于劳动力市场建立的时间。换言之，很多在劳动年龄中但年龄较大的就业者的就业岗位的获得不是通过劳动力市场的竞争而是来自政府的行政安排。伴随着劳动力市场的竞争加剧，这些劳动者的相当部分已经以内退或早退的方式离开了劳动力市场，因此工作经验也就不起作用了。

表 9 - 3 给出了 45 岁以下和以上样本的回归分析结果（选择 45 岁的原因是在 1979 年时对应的年龄是 18 岁，可能已经就业）。

表 9 - 3　少数民族和汉族的家庭收入回归分析结果

变量(10% ~90% 的置信区间)	年龄≥45 岁		年龄 <45 岁	
	系数值	Pr > |t|	系数值	Pr > |t|
少数民族(0,1)	- 0.03	0.76	0.02	0.81
户主父亲从事过专业性工作(0,1)	0.06	0.51	0.08	0.19
家中劳动人口数量(1 ~3)	0.17	0.00	0.08	0.41
家庭抚养人数(0 ~2)	- 0.11	0.00	- 0.04	0.43
普通话是否流利(0,1)	0.16	0.07	0.18	0.03
女性(0,1)	- 0.13	0.17	- 0.03	0.63
教育年限(7 ~15)	0.05	0.01	0.07	0.00
是否已婚(0,1)	- 0.09	0.55	0.53	0.00
经验(12 ~42)	- 0.03	0.61	0.04	0.15
经验的平方	0.00	0.65	- 0.001	0.25

续表

变量（10%～90%的置信区间）	年龄≥45岁		年龄＜45岁	
	系数值	Pr > |t|	系数值	Pr > |t|
地区虚拟变量				
广西	0.05	0.60	0.06	0.55
贵州	0.09	0.34	0.26	0.01
宁夏	0.26	0.05	0.45	0.00
青海	0.03	0.77	0.27	0.00
新疆	0.34	0.01	0.43	0.00
内蒙古	-0.03	0.77	0.14	0.20
常数项	10.52	0.00	8.71	0.00
R 平方	0.28		0.27	
样本量	740		794	

注：被解释变量＝Ln（家庭收入）（9.49～11.37），参照地区是湖南，表中深色字体是作者强调的内容。

与表9-2的回归结果相比，少数民族虚拟变量的回归系数依然不显著；但表9-3中经验、经验的平方和户主父亲是否从事专业性工作的回归系数与之前的回归分析结果有所不同。在45岁以上年龄的受访人群中，上述三个变量的回归结果都不显著，与我们的预期相反。而小于45岁的受访人群中，在统计显著的边缘，同时也接近我们的预期，这表明不同年龄人群的就业收入影响因素会有差异。对此的解释是，由于我国经历了计划经济向市场经济的转型，在"文化大革命"中，父母受教育程度和职业状况对子女职业选择的影响不大。1979年后，年轻一代依靠父母或其他机会获得工作机会情况越来越多（Bian 和 Ang，1997）。因此，在表9-3中户主父亲是否从事专业性工作就比起45岁及以上人群的回归系数要接近显著。表9-3的回归结果支持出原先的结论，即少数民族身份并没有对收入产生影响，也就是说少数民族在劳动力市场中并没有处于劣势[①]。

为比较"有差异"的少数民族和汉族在收入上的差异，表9-4给出了相应的回归结果。

[①] 在城镇样本中，汉族家庭户主年龄小于45岁的样本中报告没有收入的比例为16%，而少数民族家庭户主年龄小于45岁的样本中该比例是7%。这似乎说明了少数民族比汉族更容易找到工作。

表9-4　"有差异"的少数民族和汉族的收入函数回归结果

变量(10%~90%的置信区间)	(1)全体		(2)年龄≥45岁		(3)年龄<45岁	
	回归系数	Pr>|t|	回归系数	Pr>|t|	回归系数	Pr>|t|
"有差异"的少数民族(0,1)	-0.20	0.03	-0.30	0.039	-0.23	0.04
户主父亲从事过专业性工作(0,1)	0.07	0.24	0.05	0.223	0.08	0.22
家中劳动年龄人口数(1~3)	0.17	0.00	0.18	0.565	0.06	0.57
抚养人数(0~2)	-0.06	0.06	-0.10	0.594	-0.03	0.59
普通话是否流利(0,1)	0.17	0.01	0.17	0.077	0.16	0.08
女性(0,1)	-0.09	0.20	-0.14	0.542	-0.04	0.54
教育年限(7~15)	0.07	0.00	0.06	0	0.07	0.00
已婚(0,1)	0.21	0.16	-0.09	0	0.55	0.00
工作经验(12~42)	0.00	0.76	-0.02	0.193	0.04	0.19
工作经验的平方	0.00	0.95	0.00	0.311	-0.001	0.31
地区变量						
广西	0.08	0.26	0.06	0.416	0.09	0.42
贵州	0.16	0.03	0.08	0.015	0.26	0.02
宁夏	0.40	0.00	0.27	0	0.52	0.00
青海	0.16	0.00	0.03	0	0.30	0.00
新疆	0.40	0.00	0.37	0	0.50	0.00
内蒙古	0.04	0.62	-0.04	0.166	0.16	0.17
常数项	9.23	0.00	10.21	0	8.62	0.00
R平方	0.27		0.33		0.31	
样本量	1053		506		547	

注：被解释变量＝Ln（家庭收入）（9.49~11.37），参照地区是湖南，表中深色字体是作者强调的内容。

　　表9-4与表9-3的控制变量完全一样，表9-4中，无论是全体、年龄在45岁及以上还是年龄在45岁以下的"有差异"的少数民族的回归结果中，少数民族这一虚拟变量都为负值且统计上显著。而且年龄在45岁及以上的"有差异"的少数民族变量回归系数值最大，但是否意味着比年龄在45岁及以上的汉族的收入要低15%是值得商榷的。因为使用权重对收入进行调整时，其计算的依据是特定地区而非该族群整体。但我们得到的结果至少是可以代表该地区的少数民族，如果该地区又是该族群的聚居区，因此也可以代表该族群的整体情况，即权重的偏差并不严重。

　　上述回归结果是基于截面数据，可以得知少数民族在就业市场上的对待效应（Treatment Effect），少数民族身份和很多协变量相关。换言之，劳动力市场的对待效应不是随机外生的，而是和许多变量有关联的，如表9－1中的各变量相互之间都有影响。为了弥补这一缺陷，本章采用了近年来经常使用的倾向赋值匹配法（propensity score matching）。

表9－5　平均对待效应的分值匹配结果

	系数值	标准差	t 值	Pr > |t|	样本量
（1）全体	－0.10	0.10	－0.98	0.33	1716
（2）年龄≥45 岁	－0.26	0.17	－1.51	0.13	828
（3）年龄＜45 岁	0.07	0.10	0.75	0.45	896

细致的倾向赋值匹配法，可以剔除分析非随机抽样的对待效用的估计偏差（平野等，2003）。该方法的核心思想为，将样本中的对待效用分析对象视作非对待效应分析对象，并匹配以相应的数值。但很多学者对匹配方法各有看法因而还没有被公认为最好的匹配方法（Caliendo 和 kopeinig，2008）。本章所采用的是研究文献中使用较多，较为标准的"最临近匹配法"（*Nearest Neighbour*）。该方法通过 Nnmatch 计算程序得到，这一方法可以不影响权重的使用（Abadie 等，2004）

表9－5 给出了少数民族在劳动力市场的对待效用估计结果。与之前的回归结果相比，表9－5 的数据在解释时更为复杂。全体少数民族中对待效应为负值但在统计上不显著；年龄在45 岁及以上的系数值也为负但接近统计显著，意味着年长者在劳动力市场中可能受到了歧视；年龄在45 岁以下的少数民族系数值为正且统计上不显著。也就是说，年龄在45 岁及以上的少数民族会使家庭收入降低15%，年龄在45 岁以下的少数民族会增加家庭收入7%（虽然在统计上都不显著）。匹配方法用于"有差异"的少数民族，但由于可匹配的"有差异"的少数民族的样本量较小，因此匹配后得到的结果很不稳定。但总体上，"有差异"的少数民族的对待效应系数是负值。

上述计量分析表明，大多数少数民族，尤其是非"有差异"的少数民族年轻人，在劳动力市场中没有收入歧视。然而，相比汉族，"有差异"的少数民族较年长者在收入上较低。由于这种差异，"有差异"的少数民族追求更好的教育水平作为一种补偿策略。这也是政府对少数民族在高等教育中的优惠政策所起的作用。总体而言，多数少数民族在劳动力市场不受就业收入歧视，这与之前的很多研究结果是一致的。同时，本章还发现"有差异"的少数民族通过获得较高的教育水平并找到在政府部门、事业单位或国有企业工作的机会来获得补偿，这与之前的补偿策略假说是一致的。

五　简要结论

本章的分析研究结果证实，在劳动力市场没有少数民族受到歧视，如果存在一定的歧视也通过少数民族因教育水平的提升，获得较好的工作机会而得到补偿。现有的文献中采用定性研究方法的报告认为少数民族在劳动力市场遭受歧视，而采用计量经济学方法研究后并没有发现少数民族和汉族之间的收入差距。这一分歧有三种可能的解释：（1）少数民族遭受歧视的感觉比起实际存在，更多的是一种无法科学衡量的自我感知；（2）少数民族通过教育提升途径获得较好的工作机会使得他们的平均收入与汉族没有差异（3）计量模型不完备或调查数据不能给出全面的结论。

本章通过使用收入回归模型发现几乎不存在针对少数民族全体特别是45岁以下的少数民族人群的歧视。对于"有差异"的少数民族，尤其是45岁及以上的人群，他们的少数民族身份会影响到收入，表现出一定的收入歧视。但少数民族精英群体通过良好教育的补偿方式获得了较高的工作收入。

从公共政策的角度来看，少数民族的优惠政策需要更加集中，优惠范围应只针对贫困少数民族，帮助他们提高教育水平。从更大的意义上说，这些结果有力地表明了少数民族对待就业竞争的反应策略。他们积极地寻求替代途径和策略，以实现在就业市场的成功。如果少数民族优惠政策的范围没有变化，会使得政策差别对待的汉族利益受损，同时对贫困少数民族的支持力度不足。

消除歧视是各国共同追求的理想。提供有利于少数民族的优惠政策和可供选择的机会仍然是各国政府寻求实现民族平等的重要工具。而中国在这方面的工作成效较为显著，但随着经济发展劳动力市场的情况也会随之发生变化，今后应该强化公共政策对这些变化及时做出反应。

参考文献

Abadie A., Herr, J. L., Imbens, G. W., Drukker, D. M. 2004. "NNMATCH: Stata Module to Compute Nearest-Neighbor Bias-Corrected Estimators, Statistical Software Components". Boston College Department of Economics. Available at: https://ideas. repec. org/c/boc/bocode/s439701. html.

Appleton, S, Song, L. and Xia, Q. 2005. "Has China Crossed the River? The Evolution of Wage Structure in Urban China during Reform and Retrenchment. " *Journal of Comparative Economics* 33.

Bian, Y. 2002a. "Chinese Social Stratification and Social Mobility", *Annual Review of Sociology* 28.

Bian, Y. 2002b. "Institutional Holes and Job Mobility Processes: *Guanxi* Mechanisms in China's Emergent Labor Markets. " In *Social Connections in China: Institutions, Culture and the Changing Nature of* Guanxi, edited by T. Gold, D. Guthrie, and D. Wank, 117 – 135. Cambridge: Cambridge University Press.

Bian, Y. and Ang. S. 1997. "Guangxi Networks and Job Mobility in China and Singapore", *Social Forces* 75 (3).

Blum, S. D. 2001. *Portraits of "Primitives": Ordering Human Kinds in the Chinese Nation.* Lanham, MD: Rowman and Littlefield.

Caliendo, M. and Kopeinig, S. 2008. "Some Practical Guidance for the Implementation of Propensity Score Matching", *Journal of Economic Surveys* 22 (1).

Cao, H. 2010. "Urban-Rural Income Disparity and Urbanization: What Is the Role of Spatial Distribution of Ethnic Groups? A Case Study of Xinjiang Uyghur Autonomous Region in Western China", *Regional Studies* 44 (8).

Collins, S. M. 1983. "The Making of the Black Middle Class", *Social Problems* 30 (4)

Gustafsson, B. and Sai, D. 2009a. "Temporary and Persistent Poverty Among Ethnic Minorities and the Majority in Rural China", *Review of Income and Wealth* 55.

Gustafsson, B. and Sai, D. 2009b. "Villages Where China's Ethnic Minorities Live", *China Economic Review* 20 (2).

Gustafsson, B. and Shi, L. 2003. "The Ethnic Minority - Majority Income Gap in Rural China during Transition", *Economic Development and Cultural Change* 51 (4).

Hannum, E. and Xie, Y. 1998. "Ethnic Stratification in Northwest China: Occupational Differences between Han Chinese and National Minorities in Xinjiang, 1982 – 1990", *Demography* 35 (3).

Harrell, S. 1996. *Cultural Encounters on China's Ethnic Frontiers*. Seattle: University of Washington Press.

Hasmath, R. 2008. "The Big Payoff? Educational and Occupational Attainments of Ethnic Minorities in Beijing", *European Journal of Development Research* 20 (1).

Hasmath, R. 2011a. "From Job Search to Hiring to Promotion: The Labour Market Experiences of Ethnic Minorities in Beijing", *International Labour Review* 150 (1/2).

Hasmath, R. 2011b. "The Education of Ethnic Minorities in Beijing", *Ethnic and Racial Studies* 34 (11).

Hasmath, R. 2012. *The Ethnic Penalty: Immigration, Education and the Labour Market*. Burlington, VT and Surrey, UK: Ashgate

Hasmath, R. 2014. "What Explains the Rise of Ethnic Minority Tensions in China?" Paper presented to the American Sociological Association Annual Meeting (San Francisco, CA, August 16 – 19).

Hasmath, R. and Ho, B. Forthcoming. "Job Acquisition, Retention, and Outcomes for Ethnic Minorities in Urban China", *Eurasian Geography and Economics*.

Hasmath, R. and Hsu. J. 2007. "Social Development in the Tibet Autonomous Region: A Contemporary and Historical Analysis", *International Journal of Development Issues* 6 (2).

Heckman, J. J. , Lochner, L. J. and Todd, P. E. 2003. "Fifty Years of Mincer Earnings Regressions", National Bureau of Economic Research Working Paper. Available at: http://www.nber.org/papers/w9732.

Hirano, K. Imbens, G. W. and Ridder, G. 2003. "Efficient Estimation of Average Treatment Effects Using the Estimated Propensity Score", *Econometrica* 71 (4).

Huang, X. 2008. "Guanxi Networks and Job Searches in China's Emerging Labour Market: A Qualitative Investigation", *Work, Employment and Society* 22 (3),

Johnson, E, N. and Chow, G. C. . 1997. "Rates of Return to Schooling in China", *Pacific Economic Review* 2.

Maurer-Fazio, Margaret. 2012. "Ethnic Discrimination in China's Internet Job Board Labour Market", *IZA Journal of Migration* 1 (1).

Maurer-Fazio, M. , Hughes, J. and Zhang, D. 2007. "An Ocean Formed from One Hundred Rivers: The Effects of Ethnicity, Gender, Marriage, and Location on Labour Force Participation in Urban China", *Feminist Economics* 13 (3/4).

Mincer, J. and Jovanovic, B. 1979. "Labour Mobility and Wages", National Bureau of Economic Research Working Paper. Available at: http://www.nber.org/papers/w0357.

Raijman, R. and Tienda, M. 2000. "Immigrants' Pathways to Business Ownership: A Comparative Ethnic Perspective", *International Migration Review* 34 (3).

Shi, L. and Sai, D. 2013. "An Empirical Analysis of Income Inequality between a Minority and the Majority in Urban China: The Case of Ningxia Hui Autonomous Region",

The Review of Black Political Economy 40 （3） .

Unger, J. 1982. *Education Under Mao: Class and Competition in Canton Schools*, 1960 – 1980. New York: Columbia University Press.

Yang, D. T. 2005. "Determinants of Schooling Returns during Transition: Evidence from Chinese Cities." *Journal of Comparative Economics* 33.

Zang, X. 2008. "Market Reforms and Han-Muslim Variation in Employment in the Chinese State Sector in a Chinese City", *World Development* 36 （11） .

第十章　汉族和少数民族城镇收入差距的影响因素

一　引言

自改革开放后，不同民族间的收入差距在不同空间层面上似乎都有所加剧。从全国、三大地区和不同省区来看，中国少数民族与汉族在教育成果（Rong 和 Shi, 2001; Hannum, 2002）、职业绩效（Hannum 和 Xie, 1998）、收入（Ding 和 Li, 2013; Guifo 和 Hamori, 2009; Xiaowei 和 Li, 2001）和健康状态（Elu 和 Price, 2013 West 和 Wong, 1995; Zhang 和 Kanbur, 2005）等方面相比处于劣势。同时，自然地理条件的空间差异引起的民族不平等似乎也造成了文献研究成果前后不一致的矛盾。例如，丁赛、李实和迈尔斯（Ding、Li 和 Myers, 2012）指出 1995～2007 年中国经济的快速增长使得城市汉族和少数民族的就业收入差距先缩小后扩大。而事实上，少数民族与汉族男性收入差距扩大了，少数民族和汉族女性的收入差距先缩小随后又扩大。

中国城市中不同民族的收入差距与城乡差距都引起了关注。古斯塔夫森和李实（Gustafsson 和 Li, 2003）研究发现 1988～1995 年中国农村家庭人均收入贫富差距加大。他们还指出，少数民族地区农村劳动力流向城市不仅使得少数民族地区农村经济发展受到影响，还导致了少数民族与汉族之间的收入差距扩大。古斯塔夫森和丁赛（Guastafsson and Ding, 2006）的研究发现，农村村落中少数民族的家庭在人均收入、家庭人均财产及购买耐用消费品等方面远不及汉族家庭。

中国民族间的收入差距受空间维度影响很大，这表明在评估该问题时详尽而明确地考虑地理因素就极其重要（Li 和 Wei, 2010; Long 等 2011;

West 和 Wong，1995；Wu，2014；Zhang 和 Kanbur，2005）。与汉族相比，居住在农村的少数民族人口更多，并且大部分少数民族集中在欠发达的西部地区。即便在省或自治区内，少数民族也大多集中于发展相对落后的地区。此外，由于大部分的家庭调查不将迁入城市地区的农民工包括在抽样范围内，样本选择以户籍所在地而非居住地为基础（Sicular、Ximing、Gustafsson 和 Shi，2007）。因此，获得的城市调查在很大程度上不能体现外迁的少数民族人口的状况。

在本章，我们将对民族地区不同民族收入差距做出分析。首先，从空间、选择性偏差两方面对调查数据进行解释。"西部民族地区经济社会状况家庭调查数据（2011 年）"（Chinese Household Ethnicity Survey 2011；以下简称 CHES 数据）包括了七个省区，这些调查地区少数民族人口密度比较高，这就使得我们在研究汉族与少数民族收入差异的决定因素时可以较好地克服选择性偏差的影响。事实上，使用最广泛的中国家庭收入分配调查数据（CHIP 数据）中，自治区或省级样本数量与这些区域在全国人口中所占比例并不协调，因此需通过权重进行调整（Song、Sicular、Ximing，2013）。同样地，本章的分析也将采用权重调整的办法。

本章的研究重点就是对民族间收入差距进行分解分析。首先，将人力资本变量、地理空间变量、语言能力变量、宗教信仰变量等这些影响收入的因素分别放入汉族和不同少数民族的收入方程中进行估算。其次，通过分解分析方法得到不同影响因素对收入差距的影响程度。通过调整样本选择性偏差，我们得到了汉族和少数民族收入差距的 50% 源于教育；如果不进行调整，那么区位条件差异似乎就是民族间收入差距产生的原因。

二 研究数据说明

在分析城市地区汉族与少数民族收入不平等的决定因素时，我们采用了 CHES 数据，其调查区域覆盖了新疆维吾尔自治区、内蒙古自治区、宁夏回族自治区、广西壮族自治区、青海省、贵州黔东南苗族侗族自治州及湖南省，调查对象包括这些地区农村及城市家庭共计 10516 户，41733 人，调查内容包括了农村和城市家庭的收入支出状况、就业失业情况、教育程度、时间使用、社会保障、个人健康评估等。该数据的具体介绍在附录中。

根据"西部民族地区经济社会状况家庭调查数据（2011 年）"得到的家庭收入计算结果，我们发现收入缺失值是非随机分布的。家庭人均收入是收入方程中的因变量，如果模型的因变量缺失值是非随机分布模式，那么建立在该模型基础上的参数评估就不能客观反映人们的利益，缺失值就会造成参数评估的偏差。

表 10-1 是汉族和少数民族样本中家庭收入缺失值的分布情况。如果仅以收入大于 0 的样本统计收入时漏算了约 17% 的家庭，并且漏算汉族家庭数目最多。与漏算家庭收入相关的因素分析表明，信仰伊斯兰教、不能熟练掌握汉语的少数民族与家庭收入缺失值现象的出现密切相关。基于这种家庭收入缺失值的条件似然性，我们可以对以下汉族和少数民族收入不平等的决定因素做出分析。

表 10-1　家庭收入缺失值分布

		家庭收入为 0 或缺失	家庭收入大于 0
全体	数量	549	2710
	百分比（%）	16.9	83.2
汉族	数量	347	1605
	百分比（%）	18.0	82.0
少数民族	数量	202	1105
	百分比（%）	15.5	84.5

数据来源：CHES 2011。

三　分析结果

表 10-2、表 10-3、表 10-4 给出了权重调整后对家庭人均收入的三种估算结果，即普通最小二乘法（OLS）、固定效应的最小二乘法以及赫克曼（Heckman）选择模型。每种方法又都应用于全体、汉族和少数民族的具体分析。在所有的回归方程中，解释变量均包括人力资本（户主年龄，户主是否接受过中学教育或等同于大学及以上教育水平）、宗教（家庭户主是否是穆斯林）、语言（户主是否能熟练掌握普通话口语/写作技能，在汉语口语/写作能力上是否受限以及是否精通普通话）、区位（户主是否有农业户口或是否居住在五大自治区内）及其他因素（户主是否为女性，是

否为少数民族，是否为共产党，是否从事农业、林业、牧业或渔业，是否为国企员工）。

表 10 – 2　普通最小二乘法参数估计（权重调整后）

因变量:家庭人均收入	全体	汉族	少数民族
常数项	9.358 ***	9.336 ***	9.422 ***
女性	– 0.0721 **	– 0.1052 **	– 0.0335
信仰伊斯兰教	– 0.2550 **	– 0.2766 ***	– 0.1307 *
农业户口	0.0113	0.0642	– 0.0448
少数民族	0.0748 **	—	—
教育程度			
大学及以上	0.1895 ***	0.1410 **	0.2237 ***
高中	0.1065 **	0.1008	0.1195 *
普通话能力			
熟练掌握	0.1269 ***	0.1562 ***	0.0954 *
一般水平	– 0.0080	– 0.0229	0.0091
初级水平	0.2840	– 0.0158	– 0.3484 ***
听不懂也不会说	– 0.5571 **	– 0.4593	– 0.6643 ***
共产党员	0.0143	0.0045	0.0186
从事农、林、牧或渔业	0.0282	– 0.0419	0.0181
年龄	0.0022	0.0022	0.0029
居住在自治区	0.3058 ***	0.3605 ***	0.1819 ***
国企员工	0.0600	0.0750	0.0548
调查样本量	3222	1932	1290

注：表中 * 代表在 10% 水平下显著，** 代表在 5% 水平下显著，*** 代表在 1% 水平下显著。

本章通过权重对 CHES 数据进行了调整，权重的确定是依据调查样本的城市所在省区的人口比例，并分别计算了城市汉族和少数民族的人口比例。之前很多研究因为没有使用不同民族人口的权重调整使得空间因素导致的民族间收入差距因偏差出现了扩大，而这种不同民族人口的权重调整恰好可以最小化这种偏差，同样，这种权重还可以最小化样本收入差距分析中空间概率引起的参数估计偏差。

通常，不同家庭的收入这一因变量与地理空间变量之间存在特定关系，若不将这种相关性考虑在内就会导致参数估计的偏差（Conley，2010）。在这种情况下，本章对 2011 年 CHES 数据进行不同民族家庭的权重计算时考虑到地理空间的影响，因此采用了空间差异的权重确定，即空间距离越小权重越高，空间距离越大权重越低，这将使得未被注意的空间相关性参数估计误差减小或降为零。

对于整个样本来说，表10-2中的普通最小二乘法结果表明，少数民族对家庭人均收入有积极显著的影响。因此，在此加权样本分析中，城市少数民族在家庭人均收入方面似乎比汉族有优势。汉族和少数民族分别估计的普通最小二乘法的参数表明，宗教、是否农村户口、不精通普通话是汉族与少数民族收入不平等的最重要因素。穆斯林少数民族及不精通普通话这两个变量对家庭人均收入有极大的负面影响，但是如果不精通普通话的穆斯林少数民族是生活在自治区就会对其家庭人均收入产生积极作用。

表 10-3　固定效应参数估计（权重调整后）

因变量:家庭人均收入	全体	汉族	少数民族
常数项	9.428 ***	9.395 ***	9.468 ***
女性	− 0.0604	− 0.0915 *	− 0.0274
信仰伊斯兰教	− 0.3502 ***	− 0.3512 **	− 0.0842
农业户口	0.0073	0.0615	− 0.0492
少数民族	0.0696	—	—
教育程度			
大学及以上	0.1638 ***	0.1477 *	0.1968 ***
高中	0.0958 *	0.1046	0.1007
普通话能力			
熟练掌握	0.1229	0.1324	0.1007 *
一般水平	0.0025	− 0.0157	0.0242
初级水平	0.2592	0.0137	− 0.3529 ***
听不懂也不会说	− 0.5534 **	− 0.4367	− 0.6489 ***
共产党员	0.0191	0.0030	0.0360
从事农、林、牧或渔业	− 0.0383	− 0.0565	− 0.0013
年龄	0.0026 *	0.0033	0.0027
居住在自治区			
国企员工	0.0596	0.0952 *	0.0367
调查对象数量	3222	1932	1290

注：表中 * 代表在 10% 水平下显著，** 代表在 5% 水平下显著，*** 代表在 1% 水平下显著。

由于普通最小二乘法计算结果没有将可导致参数估计偏差的异质性考虑在内，所以表10-3将之前未观察到的省份固定效应结果——常数项放在表的第一排予以报告。表中数据显示，以这种方式控制未被注意到的异质性使得少数民族变量对家庭人均收入的影响微乎其微，但同时增大了信仰穆斯林的群体对家庭人均收入的负面效应。2011 年 CHES 数据的调查范围包括七个地区，至少对于这七个地区而言，信奉伊斯兰教似乎是少数民族与汉族收入不平等的主要影响因素。

表 10 - 4　赫克曼（Heckman）选择参数估计（权重调整后）

因变量：家庭人均收入	全体	汉族	少数民族
常数项	9.591***	9.663***	9.559***
女性	-0.0770**	-0.1153**	-0.0264
信仰伊斯兰教	-0.2668***	-0.2057**	-0.1296
农业户口	-0.0708	0.0261	-0.1905**
少数民族	0.0919**		
教育程度			
大学及以上教育	-0.0481	-0.1743**	0.0695
高中	0.0452	0.0370	0.0756
普通话能力			
熟练掌握	0.0627	0.1746**	-0.0584
一般水平	0.0020	0.0437	-0.0394
初级水平	-0.0608	0.0215	-0.1705
听不懂也不会说	-0.4338	0.0557	-0.8630***
共产党员	-0.0555	-0.0728	-0.0428
从事农、林、牧或渔业	-0.0010	-0.0010	0.0020
年龄	0.0032	-0.0002	0.0080***
居住在自治区	0.3075***	0.3780***	0.1657***
国企员工	0.1698***	0.2348***	0.1077*
调查样本量	3233	1939	1294

注：表中 * 代表在 10% 水平下显著，** 代表在 5% 水平下显著，*** 代表在 1% 水平下显著。

鉴于非随机抽样模式除了存在家庭人均收入缺失值外，还可能引起最小二乘法和固定效应参数估计的选择性偏差，表 10 - 4 是赫克曼（Heckman）选择参数估计结果。由于引起缺失值的决定因素是回归变量的一个子集，并且我们在利用赫克曼两步法时没有排除限制，因此，赫克曼选择参数估计的一个至关重要的识别假设是选择性危险——反米尔斯（Mills）比率呈完全非线性（Puhani，2000）。

在赫克曼选择方程中，决定少数民族家庭人均收入的显著积极因素包括年龄、在自治区居住、受雇于国企；而对少数民族收入有显著消极影响的因素有两个，分别是：农业户口和听不懂也不会说普通话；决定汉族收入的显著积极因素是在国有企业就业和熟练运用普通话。在该样本中，汉族妇女和受过良好教育的经历拉低了收入。需要注意的是，汉族样本分析中国有企业变量和自治区变量的估计系数要大于少数民族相应变量值，这里的估计系数可以解释为国有企业就业回报和居住于自治区回报。汉族的这些回报高于少数民族。少数民族不能熟练运用普通话所带来的负面影响远远大于汉族精通普通话的积极影响，这也就意味着少数民族由于不能熟练掌握语言而使家庭人均收入低于精通普通话的汉族家庭。

然而，赫克曼选择方程结果说明受教育程度对少数民族收入没有影响，汉族中受教育程度最高的群体其收入较低，当然，教育这一问题也受其他因素的影响。这些研究结果表明，对少数民族和汉族来说，同一因素对居民家庭收入的影响是有差异的。通常情况下，当汉族和少数民族的预测值大致相同时，其中一方就会用基本特征差异来解释观察到的结果的差异。在这种情况下，所有的三个模型分析结果中，汉族与少数民族之间的大多数估计系数有着本质的不同。为了解析少数民族与汉族相比在这些地区的家庭收入优势，以下将进行分解分析。

四 城市少数民族的家庭收入优势

传统观点认为，少数民族家庭收入落后于汉族家庭收入，本章在城市居民的未加权样本中观察到了这一情况。表 10-5 报告了 CHES 调查样本中城市受访家庭人均收入的自然对数的分析结果。如果不将样本权重考虑在内，少数民族家庭收入对数是 9.7385，而汉族为 9.8317。对数差异等同于少数民族与汉族收入百分比差异，使用未加权的计算数据时可表示为 -9.32%。运用权重以后汉族和少数民族的收入对数分别为 9.6402 和 9.6669，这表示它们之间有 2.67% 的收益率差距。两次计算的结果不同并不是后者计算中只包括了大于 0 的家庭收入所致。如表 10-1 所示，城市样本中汉族和少数民族相比，汉族的缺失收入或零收入更多。因此，样本中少数民族收入增加的原因不是从分析中排除了零收入者。如果加上这些零收入者，汉族家庭人均收入均值的减少幅度大于少数民族家庭人均收入均值的下降程度。

表 10 - 5　普通最小二乘法参数估计

		汉族	少数民族	汉族 - 少数民族百分比差异
未控制				
	未加权	9.8317	9.7385	- 9.32%
		0.0148	0.0182	
	加权	9.6402	9.6669	2.67%
		0.0241	0.0228	
普通最小二乘法回归		—	—	7.48%
				0.0356
固定效应回归		—	—	6.96%
				0.0356
赫克曼选择回归		—	—	9.19%
				0.0365

注：因变量是家庭人均收入的自然对数，且经权重调整。表中斜线数字是报告的标准差。

　　表 10 - 5 还从普通最小二乘法、固定效应和赫克曼选择回归再现少数民族变量的估计系数。其他变量如语言、地理位置和行业使得中西部省份城市地区的少数民族估计优势从 7% 上升为 9% 。表 10 - 5 中的数据还表明，在中西部省区内的同一城市中，与汉族家庭相比，少数民族的家庭收入具有相对优势。

表 10 - 6　家庭收入加权与未加权的影响因素分析结果

解释变量	汉族				少数民族			
	未加权数据		加权数据		未加权数据		加权数据	
	家庭收入包括0或缺失	家庭收入大于0	家庭收入包括0或缺失	家庭收入大于0	家庭收入包括0或缺失	家庭收入大于0	家庭收入包括0或缺失	家庭收入大于0
信仰伊斯兰教	0.86	0.19	0.11	0.06	40.10	30.23	8.28	8.70
正规教育年限								
大学及以上	10.37	14.47	6.84	11.24	13.86	19.06	10.74	14.15
大专	18.73	18.77	20.38	16.40	17.33	23.94	16.55	23.46
高中	46.69	44.67	47.44	47.67	36.63	30.89	50.15	36.83
职业技术学校	10.95	11.79	12.28	11.83	8.91	12.29	10.56	10.96
初中以下	8.93	8.80	7.75	10.53	18.32	11.65	10.65	12.65

续表

解释变量	汉族				少数民族			
	未加权数据		加权数据		未加权数据		加权数据	
	家庭收入包括0或缺失	家庭收入大于0	家庭收入包括0或缺失	家庭收入大于0	家庭收入包括0或缺失	家庭收入大于0	家庭收入包括0或缺失	家庭收入大于0
普通话能力								
熟练掌握	70.03	69.37	57.73	62.93	48.02	64.41	53.46	64.29
初级水平	4.32	3.37	6.67	4.57	3.47	5.06	1.10	4.76
听不懂也不会说	1.15	0.62	2.33	0.52	2.48	1.81	0.96	0.97
年龄（岁）	49.01	47.32	50.44	50.63	46.61	45.34	49.56	46.87
居住在自治区	69.16	82.87	15.51	38.83	63.37	68.05	14.28	22.63

利用权重调整后的少数民族家庭人均收入大于汉族家庭人均收入，也就是说，在家庭收入上少数民族家庭相对于汉族家庭来说具有明显优势。为了凸显这一优势，表10-6分别用加权样本、未加权样本，包括0值和缺失值的全部家庭样本及不包括0值和缺失值的样本，将宗教、地理位置、教育水平和语言技能这几个方面的影响变量回归结果进行汉族和少数民族的比较。在未加权情况下，居住在自治区的汉族家庭，全样本或只包括家庭收入大于0的样本中对家庭人均收入的影响分别为69.16%及82.87%，居住在自治区的少数民族家庭的这一比例分别为63.37%和68.08%。经过权重调整后，上述结果发生了变化很大。居住在自治区的汉族份额变为15.51%及38.83%，少数民族变为14.28%及22.63%。总之，未加权数据高估了汉族和少数民族在自治区居住对家庭人均收入的影响。表10-6还显示，未加权数据高估了信仰伊斯兰教对汉族和少数民族家庭人均收入的影响比例，高估了汉族所受教育对家庭人均收入的影响，同时低估了少数民族普通话水平差对家庭人均收入的影响。

着眼于收入家庭的加权数据就会发现，与汉族相比，城市少数民族存在一些显著优势。14.15%的少数民族家庭户主受过大学教育，而只有11.24%的汉族家庭户主受过大学教育；23.46%的少数民族家庭中有人受过大学教育，而只有16.40%的汉族家庭中有人受过类似教育。有利于城市少数民族取得更高收入的其他因素包括：少数民族的年龄优势；相比于汉族，少数民族群体的平均年龄更年轻（47/51），同时具有超强的语言能力。

城市少数民族所享有的家庭收入优势不是由诸如教育、地理位置等因素的高回报率带来的。相反，这一优势来源于对这些因素的估计过高。看到这一点，我们就可以对样本中的汉族和少数民族进行分解分析。分解结果可分为可解释部分和不可解释部分，解释部分也就是回归分析中各变量对汉族和少数民族家庭人均收入差距的解释程度，残差为不可解释部分。通过 STATA 13.1 软件，在本章第三部分分析家庭人均收入影响因素的三种方法基础上，再利用 Oaxaca 分解将观察到的汉族与少数民族家庭之间的收入差距进一步分解为：（1）部分原因为禀赋差异；（2）部分原因为系数差异；（3）部分原因为系数与自变量间的相互作用。

表 10-7　汉族和少数民族家庭人均收入差距的分解结果

变量	普通最小二乘法	赫克曼选择	省份固定效应
其他	-14.6%	-26.8%	-15.9%
	(0.0047)	(0.0118)	(0.0046)
宗教	43.1%	17.8%	67.5%
	(0.0066)	(0.0077)	(0.0075)
地理位置	84.8%	31.2%	58.6%
	(0.0066)	(0.0069)	(0.0062)
教育-年龄	4.6%	77.4%	8.2%
	(0.0082)	(0.0190912)	(0.0081)
语言	-17.9%	0.4%	-18.4%
	(0.0066)	(0.0073)	(0.0068)

表 10-7 给出了汉族和少数民族家庭人均收入差距的分解结果。基于赫克曼模型的分解结果表明，由人力资本变量中教育和年龄解释的家庭人均收入差距百分比解释了超过四分之三的汉族和少数民族家庭人均收入差距。语言能力不能解释城市少数民族收入的优势，同样，宗教也不能解释城市少数民族收入优势。而教育年限和年龄这两个人力资本变量放在一起便可以解释汉族与少数民族人均家庭收入差距存在的部分原因。

五　简要结论

通过对调查数据进行加权和校正选择性偏差，本章发现在民族地区，与城市汉族家庭相比，城市少数民族家庭人均收入更高。少数民族在家庭人均收入上的这种优势并非来源于少数民族的优惠待遇。在许多情况下，模型中的系数有利于汉族，而不是少数民族。例如，优秀的语言技能对汉族产生积极影响，与之形成对照的是，普通话能力差对少数民族产生更大的负面效应。

相反，城市少数民族享有的明显收入优势归功于这样一个事实：西部民族地区的城市少数民族与这些地区的汉族居民相比，大学毕业率更高、平均年龄更低。这一发现正好与吴晓刚（2012）的近期研究相吻合，他认为西部省份及自治区的城市少数民族一方面受益于走出农村地区的移民，另一方面通过自主创业及教育发展获得的成功促进区域发展。然而，我们之前的研究中发现了对城市少数民族的收入歧视（Ding Li、Myers，2012）。但该结论是基于西部地区之外更广阔的区域，甚至是从全国的视角出发，而不是从绝大多数少数民族聚居的民族自治地区出发。此外，少数民族面临的工资差异在本章与少数民族家庭收入优势相对立。

本章所探讨的主要内容为城市少数民族在家庭人均收入上的优势，其实很多替代性解释都可以论述这一优势。一种解释是，一些自治区有少数民族大学，并且这些大学优先录取所在区域的少数民族学生。就像美国历史上的黑人大学，这些民族大学在文化上有助于更多的少数民族学生受到高等教育。吴晓刚（2012）提出的另一种解释是，自治区的城市地区为农村地区少数民族提供创业的可能性。这种创业前景可能弥补城市劳动力市场的歧视性就业障碍。还有另一种猜测是，"民俗旅游"是许多城市少数民族地区的收入来源，事实上，一些民族大学也开设了旅游专业。

总之，城市少数民族家庭收入优势凸显了年轻劳动力从农村向城市转移的活力，这一活力揭示了提高教育程度等因素对少数民族的作用。这一优势不能归结为少数民族地区城市反向歧视或优惠待遇的结果。恰恰相反，这一优势似乎是由居住在这些地区的少数民族与汉族的个人属性的真正差异造成的。

在对家庭人均收入的回归中，因变量包括了控制空间相关性和非随机缺失值的权重参数估计分析，其结果证实了产生家庭收入差异的主要原因是人力资本差异。计算结果确实也表现出了普通话熟练程度方面对家庭人均收入影响的巨大差异。高文书、史密斯（Smyth，2011）和赵晨、陆铭等（2014）研究发现了中国城市劳动力市场上农民工熟练的普通话所带来的丰厚回报。本章的研究结果也同这一发现相一致。但是，少数民族不能熟练掌握普通话所带来的损失超过了汉族熟练掌握普通话所带来的收益，因此，这些回报上的差异不能完全解释西部地区城市少数民族家庭收入高于汉族这一现象。

本书其他章节探讨了汉族与少数民族间巨大的收入差距以及少数民族所面临的劣势，本章则不同于其他章节的认为少数民族家庭收入的优势很大部分来源于政策力量的观点。相关的政策建议是：（1）在教育上促进民族地区的民族大学不断成长和壮大；（2）尽快打破劳动力转移的壁垒。

参考文献

Chen, Zhao, Ming Lu, and Le Xu. 2014. "Returns to Dialect：Identity Exposure Through Language in the Chinese Labor Market," *China Economic Review*, 30.

Conley, Timothy G. 2010. "Spatial Econometrics," in Steven N. Durlauf and Lawrence E. Blume（Eds.）*Microeconometrics*, Macmilllan Publishers, Hampshire UK.

Ding, Sai, Li. Shi and Samuel L.. Myers, Jr., 2012. "Inter-temporal Changes in Ethnic Urban Earnings Disparities in China,", in *Rising Inequality in China：Challenges to a Harmonious Society*, ed. Shi Li et al., Cambridge University Press, New York NY.

Elu, Juliet U., and Gregory N. Price. 2013. "Does Ethnicity Matter for Access to Childhood and Adolescent Health Capital in China? Evidence from the Wage-Height Relationship in the 2006 China Health and Nutrition Survey." *Review of Black Political Economy* 40.

Gao, Wenshu, and Russell Smyth. 2011. "Economic Returns to Speaking Standard Mandarin Among Migrants in China's Urban labour market," *Economics of Education Review* 30.

Guifu, Chen, and Shigeyuki Hamori. 2009. "Economic Returns to Schooling in Urban China：OLS and the Instrumental Variables Approach." *China Economic Review*, 20.

Gustafsson, Bjorn and Sai Ding. 2014. "Why Is There No Income Gap between the Hui Muslim Minority and the Han Majority in Rural Ningxia, China?" *China Quarterly*, 220.

Gustafsson, Bjorn and Sai Ding. 2006. "Villages Where China's Ethnic Minorities Live",

IZA Discussion Paper No. 2418, Bonn DE.

Gustafsson, Bjorn and Shi Li. 2003. "The Ethnic Minority-Majority Income Gap in Rural China during Transition," *Economic Development and Cultural Change*, 51.

Hannum, Emily, and Wang Meiyan. . 2006 "Geography and Educational Inequality in China." *China Economic Review*, 17.

Hannum, Emily. 2002. " Educational Stratification by Ethnicity in China: Enrollment and Attainment in the Early Reform Years," *Demography*, ; 39.

Hannum, Emily, and Yu Xie. 1998. "Ethnic Stratification in Northwest China: Occupational Differences between Han Chinese and National Minorities in Xinjiang, 1982 – 1990." *Demography* 35.

Li, Shi and Sai Ding. 2013. "An Empirical Analysis of Income Inequality Between a Minority and the Majority in Urban China: The Case of Ningxia Hui Autonomous Region," *Review of Black Political Economy*, 40.

Li, Yingru, and YH Dennis Wei. 2010. "The Spatial-Temporal Hierarchy of Regional Inequality of China, . " *Applied Geography*, 30.

Long, Hualou, Jian Zou, Jessica Pykett, and Yurui Li. 2011. "Analysis of Rural Transformation Development in China since the Turn of the New Millennium. " *Applied Geography*, 31.

Myers Jr, Samuel, Gao Xiaoyan, and Britt Cecconi Cruz. 2013. "Ethnic Minorities, Race, and Inequality in China: A New Perspective on Racial Dynamics," *Review of Black Political Economy*, 40.

Puhani, Patrick A. 2000. " The Heckman Correction for Sample Selection and its Critique," *Journal of Economic Surveys*, 14.

Rong, Xue Lan, and Tianjian Shi. 2001. "Inequality in Chinese Education." *Journal of Contemporary China*, 10.

Song, Jin. Sicular, Terry. Yue, Ximing. 2013. "Appendix II: The 2002 and 2007 CHIP Surveys: Sampling, Weights, and Combining the Urban, Rural, and Migrant Samples," In eds. Shi Li, Hiroshi Sato, Terry Sicular, *Rising Inequality in China: Challenges to a Harmonious Society.* , Cambridge University Press, New York, NY.

Sicular, Terry, Yue Ximing, Björn Gustafsson, and Li Shi. 2007. "The Urban-Rural Income Gap and Inequality in China," *Review of Income and Wealth* 53.

West, Loraine A. , and Christine Wong. 1995. "Fiscal Decentralization and Growing Regional Disparities in Rural China: Some Evidence in the Provision of Social Services. " *Oxford Review of Economic Policy.* 11.

Wu, Jiaping. 2012. "The Rise of Ethnicity under China's Market Reforms. " *International Journal of Urban and Regional Research*, 38.

Wu, Xiaogang, and Guangye He. 2014. "Changing Ethnic Stratification in Contemporary China." *University of Michigan PSC Research Report* 14 – 819, Ann Arbor,

MI.

Xiaowei, Zang, and Li Lulu. 2001. "Ethnicity and Earnings Determination in Urban China," *New Zealand Journal of Asian Studies* 3.

Zhang, Xiaobo, and Ravi Kanbur 2005. . "Spatial Inequality in Education and Health Care in China." *China economic review*, 16.

第十一章　汉族和少数民族家庭
流动模式及影响因素

一　引言

最近几十年，有关国内少数民族劳动力流动的研究迅速增加，这些研究主要集中在三个方面：（1）流动的决定因素和性质（Hare，1999；Zhu，2002；Zhang 和 Song，2003；Zhao，2003；Gustafsson 和 Yang，2014）（2）农民工在劳动力市场的就业（Hannum 和 Xie，1998；Zhao，1999；Fan，2002b；Knight 和 Yueh，2004，2008）（3）流动和经济发展之间的关系（Rozelle et. al.，1999；Ma，1999；Fan，2005；Murphy，2008；Cai and Wang，2008）。

上述第一方面的研究内容也是本章的研究重点，但现有文献几乎只集中在汉族家庭的流动模式和决定因素上，农村少数民族在中国的大规模劳动力流动过程中是什么样的状况，因目前缺乏系统的论据，我们尚不明晰。为了解和分析少数民族农村家庭选择参与流动过程的可能性，可以通过观测其在地理上的流动（或者是固定）程度，这个过程还可能会提供一些迹象（或是推测）表明中国少数民族面临的劳动力市场的接受（或是排斥）程度。

事实上，从和第二方面研究内容有关的文献来看，研究结果说明，历史上中国的少数民族在各种社会经济指标上都落后于汉族（Poston 和 Shu，1987）。自 20 世纪 70 年代末中国改革开放以来，新的劳动力市场的出现又导致了社会分层，少数民族有可能比汉族面临更糟糕的情况，如他们在收入潜力方面，更可能会受到来自职业分层和劳动市场歧视的风险。

有文献认为流动通常是改善贫困农村地区家庭生活最可行的选择。这一支持流动的观点普遍被认为是因为家庭的流动会使得他们的非农活动多样化，从而产生新的收入和储蓄的形式（Murphy，1999；Zhao，2002），减少负面冲击导致的脆弱性（（Giles 和 Yoo，2007）。并且在某些情况下，这使家庭采取更先进有利的农业技术进行生产，否则这一观点不可能一直被奉行（Bright et al.，2000）。然而根据从调查中得知的农村劳动力转移情况，本章同上述观点并不完全一致。

由于农村劳动力流动（也称为劳动力转移①）的积极作用，在中国各地（以及在许多发展中国家），鼓励并刺激劳动力转移已成为一项战略，这是"农村生计多样化"和扶贫方式的重要组成部分（Murphy，1999）。为了不断完善劳动力转移政策，分析流动模式和不同民族选择流动的决定因素就至关重要。以民族的观点考虑，流动过程的变化已经导致了流动者的生活和工作质量的不同，还将导致潜在的民族差异化收益和有关流动的收入分配不公平现象。

本章试图探讨民族贫困地区农村劳动力转移过程的主要影响因素。对汉族、回族、藏族、维吾尔族、苗族、侗族五个不同的民族群体和其他少数民族，即包括上述五个民族之外调查样本中又涉及的彝族、壮族、布依族、朝鲜族、瑶族、哈萨族克、傣族等。本文直接将汉族与这六类②少数民族进行比较，采用不同的描述性统计和模型分析方法。

本章的其余部分如下：第二部分简要概述了流动理论，并继续专注于民族地区不同民族的流动状况；第三部分介绍了分析流动的模型和数据；第四部分提供汇总统计的结果；第五部分介绍了模型计算结果；而第六部分是结论的归纳。

二 研究背景

（一）理论框架

新古典流动理论认为，外出移民是由一组"推拉"因素所决定的（李斯特，1966），在经济发展的区域差异下，个人会选择流动到使其获得工

---

① 本章中劳动力流动和劳动力转移的含义一致，因此两者可相互替代。
② 在我们的数据观察中共有 34 个少数民族，然而，许多个体的民族子分组是小样本。为了避免小样本和模型退化问题，将 28 个民族合并成一个民族类别"其他"。

资溢价最高的地方（Ranis 和 Fei，1961；Sjaastad，1962；Todaro，1969；Harris 和 Todaro，1970）。Sjaastad（1962）等人进一步强调人力资本的作用，即流动被看作是对人力资本的投资，认为使用"个人投资决定迁移过程"的方法会更好。相反，新古典主义"均衡"理论，则强调使用历史结构性的方法来研究劳动力流动的结构性需求和资本诱导对流动的影响（Massey，1988）。

劳动力流动经济学（NELM）（Katz 和 Stark，1986；Stark 和 Bloom，1985；Stark 和 Taylor，1989），近来发展很快，强调新古典主义理论和历史结构分析方法的结合。劳动力流动新经济学强调家庭的作用，并确定以住户为分析单位，强调流动是一个家庭的选择策略，试图最大限度地提高家庭收入，让收入来源多样化，以及使风险最小化（Mincer，1978；Katz and Stark，1986）。

（二）中国农村劳动力的流动

中国的户籍制度是 20 世纪 50 年代开始实施的，其目的是便于政府分发口粮，控制人口流动，并有效阻止了农村人口向城市的转移（Chan，1994）。20 世纪 50 年代和 80 年代初之间，中国农村家庭转移到城市的概率微乎其微。20 世纪 80 年代初的经济体制改革，开放政策和对于流动性限制的放松刺激了农民的积极性，使农村地区庞大的劳动力群体逐渐参与到劳动力的转移过程中。此外，由于耕地和人均农业收入的不足，而边际劳动生产率有限，严重制约了农业生产，这也导致了大批农民离开故土和农村（Zhu 和 Luo，2010）。因此，改革和农业剩余劳动力的结合促使了这场人类历史上最大规模的国家内部流动运动，并在很大程度上推动了中国的经济增长"奇迹"。

城乡不同的户籍制度使得一定的流动性限制依然存在，中国的劳动力转移仍然分为"暂时"和"永久"两种类型。前者的流动在很大程度上是非正式的，缺乏正式的户口为其提供法律上停留在转移目的地的保障（Chan，1994、2009）。"流动性转移"是暂时性移民的最大组成部分，对其的定义是流动人口在没有本地户口的居住地居住至少 6 个月的行为。

由于农村劳动力拥有的是农村户口，不同民族的暂时性移民将面临所到城市很多的障碍（Fan，2002a）。例如，暂时性移民无法进入那些能提供更好经济回报的部门就业；他们大多从事脏、累、差的工作。由于其在城市中没有户口，常常把农村耕地作为将来回到农村家乡的安全保障（Du 和 Bai，1997）。出于这个原因，很多暂时性移民希望返回其户口所在地。

虽然大多数暂时性移民又重新返回家乡，但在外出时间里获得的经验，可解释流动过程所产生的潜在的差别报酬。较短的流动周期对应的是较低的获得收入能力和较差的发展新资本和技能的前景；而长期流动表现出一定程度的迁移成功，并有可能获得更多的收入和加大资本积累。事实上，Wang 和 Fan（2006）在他们的分析中找到了四川省和安徽省的长期流动和转移成功之间的一个正相关关系。家中有长期劳动力流动的家庭可能会收到外出者寄来的大量汇款，长期移民即使最终回归到家乡，长期的流动过程中他们会学习更多的技能，并更加容易成为当地的企业家。

（三）中国农村少数民族劳动力流动

根据 2010 年的人口普查数据，少数民族只占全国总人口的 8.4%，虽然比例很小，但有近 1.12 亿人，其中大部分都集中在中国偏远的西部省区。很多研究证实，民族身份在日常生活中发挥着重要作用的（Gustafsson 和 Sai，2009）。总体上，有关少数民族的研究文献还不多见，这主要是因为国家调查数据往往缺少对不同民族个体收入和劳动力参与信息的采集。（Bhalla and Qiu，2006）。此外，中国少数民族人口整体比例小，这也使得在数据调查中选取适当样本量进行有意义的跨族群比较尤为困难。

尽管针对少数民族的研究存在很多困难，但新的研究揭示了有关中国少数民族的社会和经济情况，古斯塔夫森和杨修娜（Gustafsson 和 Yang，2014）利用 2005 年人口普查的民族分组信息研究了农村劳动力流动的决定因素和模式。在研究中发现，少数民族倾向于减少参与流动活动，特别是维吾尔族和藏族。在某些情况下，回族和朝鲜族的民族身份与流动类型不相关，而且往往比汉族有更多的流动可能性。作者认为，少数民族流动率较低的原因可能是由于凝聚效应，或是因为少数民族流动后可能面临更大的困难，诸如进入城市劳动力市场的困难，尤其是面临更多语言问题的维吾尔族和藏族。有相同观点的豪威尔（Howell，2011）考察了新疆乌鲁木齐的劳动力市场，发现对于维吾尔族和汉族而言，民族身份是他们能否找到理想工作的影响因素之一，尽管维吾尔族流动人口有高于均值的受教育程度，但也大都在低技能和低收入的岗位工作。

三　模型构建和数据说明

本章对劳动力流动的分析，首先采用 Logistic 模型，其次是混合效应方法。Logistic 模型采用对数形式可以表示为：

$$y = \log\left(\frac{p}{1-p}\right) \tag{1}$$

y 代表家庭中有一个家庭成员外出流动的"成功"可能性。P 是流动发生的概率。方程（1）被转换为一个线性模型，表示为：

$$Y = \beta_0 + \beta_1 X + E \tag{2}$$

其中 β_0 为截距，X 为解释变量的向量，β_1 为向量的相应系数，E 是残差项。将流动看作一个虚拟变量（1 = 是，0 = 否）。我们定义流动家庭为1，代表至少有一位 16～65 岁的家庭成员离开居住地或暂时在其他地方工作，否则为 0（非流动家庭）①。分析制约流动的众多因素时，采用了不同层次的研究方法（Massey 和 España.，1987）。这是因为大多数的地理和社会经济现象往往是分层的，个人必然会受到所在群体的影响。因此，同一群体的个体表现出类似的组内特征，而不同组之间的差异往往会更明显，这也就是环境的异质性影响的结果。

基于大多数数据的层次结构，基本的 Logistic 模型将低估标准差并产生有偏差的结果，这是因为单个样本的观测并不是完全独立的。虽然每一个家庭都是从调查地区随机抽取的，但在同一村庄内的家庭会更相似。为解决这个问题，本章选择了混合效应模型。该模型被定义为：

$$logit(\pi_{iv}) = \beta_{ov} + \beta_1 X\, iv \tag{3}$$

其中，

$$\beta_{0v} = \beta_0 + u_{0v} \tag{4}$$

且 $u_{oj} \sim Normal\ (0,\ \sigma_{uo}^2)$。混合效应模型与 logistic 模型的主要区别是随机部分或残差项的变化。在常规模型中残差部分被简单的定义为一个

---

① 据预计，家庭中有在外工作的移民家庭成员可能会改变家庭经济行为，因为会获得新形式的收入和储蓄。

值，而在混合效应模型中的残差部分是基于数据中的层次结构，即进行了村一级的划分①。

根据粮农组织的研究（1998），流动决策过程主要是由物质资本和人力资本两组因素决定的，包括农业生产的效益和风险预期（流动决策中家庭的参与情况，在当地的非农就业机会）以及个人能力（教育程度）。

与其他研究文献相一致，本章也采用了一组家庭变量：平均受教育水平（年）、从事本地非农生产活动（1 = 是，0 = 否）、男性所占比例、平均年龄、家庭抚养率、少数民族和省级虚拟变量。本章将不包括转移收入的家庭人均收入作为迁移前所在家庭的人均收入，并通过对其取对数进行回归分析。

有研究证实，农村少数民族劳动力流动性比汉族的流动性差（Gustafsson 和 Yang，2014），可能的原因之一是在目标劳动力市场实际或预计的歧视程度产生了作用。家庭收入或教育程度更高的家庭，既有可能减少流动的选择也有可能增加流动的选择。事实上，诸多研究文献对中国农村劳动力转移是积极的选择还是消极被动的选择存在着争论。根据Massey 等人（1994）的发现，最贫困的家庭没有外出流动的资源，而最富裕家庭面临的是机会成本，因此，这两类家庭都不会选择迁移。另有研究证实，年轻、相对受过良好教育的成年人越来越多地倾向于外出流动（Clark，1986；Lucas，1997）。与此相反，根据 Borjas（1987）的发现，逆向选择效应会导致地区间收入分配的更加不平等。事实上，中国不同地区间（农村和城市、内陆和沿海）收入差距持续扩大（Kanbur and Zhang，1999，2004）。在中国的巨大城乡差异下可能会更容易导致农村劳动力的流动。

劳动力流动往往以男性为主（樊胜根，2002a），因此，预计在男性比例较高的家庭中，流动的概率会增加。一方面抚养率可能会增加农业居民的流动率，这样会保障家庭土地的有效使用，提高农业劳动效率（Zhao，1999）；同时从事农业和非农生产的家庭可以分散风险，所以更有可能进行流动。另一方面具有较高抚养率的家庭，因为需要抚养孩子所以也会不选择流动。

---

① 混合效应分析将针对村级层面分两方面分析，其中固定部分是村庄的相同点，随机部分是不同村庄的变化。残差项的变化（即随机效应）反映了村庄与该村所在地区均值相比的差异，或村内的差异。

本章采用了"西部民族地区经济社会状况家庭调查数据（2011年）"（Chinese Household Ethnicity Survey 2011），数据的详细介绍请见附录。

四　不同民族农村劳动力的流动情况

调查数据中汉族的样本量最多，在总样本中有超过 2500 个受访家庭，青海的藏族有近 300 户受访家庭，本章将青海的藏族作为样本量最小的分析对象。流动家庭的比例在不同民族中有所差异。

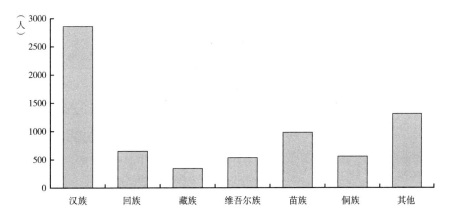

图 11－1－A　不同民族受访家庭样本量

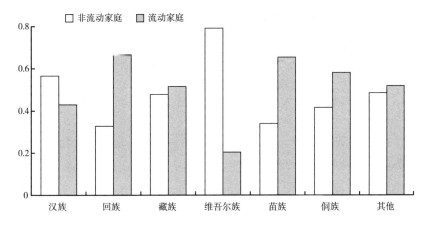

图 11－1－B　流动家庭在不同民族受访家庭中的比例

　　图 11 - 1 - A 给出了调查地区的农村家庭数量分布，图 11 - 1 - B 是有外出务工的家庭成员的流动家庭和没有外出务工家庭成员的非流动家庭在各自族群中的比例。与汉族家庭约 56% 的流动率相比，维吾尔族家庭只有 22% 的流动率。而回族以超过 65% 的流动率位居第一。

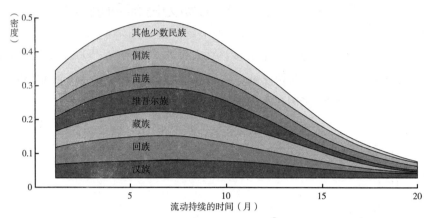

图 11 - 2 - A　家庭平均流动周期的持续时间

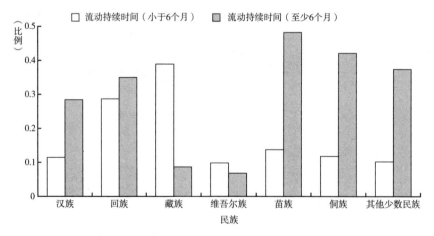

图 11 - 2 - B　流动时间比例至少为六个月和少于六个月的比例

　　图 11 - 2 - A 是汉族、回族、藏族、维吾尔族、苗族、侗族和其他少数民族七类民族家庭平均流动时间，图 11 - 2 - B 是平均流动至少 6 个月的家庭的比例①。

---

① 本章对移民的界定采用了国家统计局的方法，即以 6 个月为分界点，如果外出农民工离开了家乡 6 个月及以上就被认为是移民。

汉族受访家庭中外出务工成员的流动持续时间分布比较均匀，而其余六个不同类型的少数民族受访家庭外出务工成员的流动持续时间在五个月左右达到顶峰，超过 10 个月的流动家庭比例明显减少。图 11－2－B 中农村藏族和维吾尔族外出流动家庭中超过 6 个月的比例明显低于其他民族。

表 11－1 描述了流动和非流动家庭的主要特征。比较发现，不同类型的家庭在这些主要指标上有明显差异。流动家庭往往在人均预期的收入和教育水平上低于非流动家庭。这些结果对本章的观点提供了一些初步支持，流动是一种逆向选择（Borjas，1987）。符合我们预期的是，从事本地非农工作的家庭，有较少的耕地面积量，总体规模更大，更偏于年轻化，具有较低的抚养率，相应地更容易流动。

表 11－1　非流动家庭和流动家庭的特征描述统计

特征	非流动家庭均值	流动家庭均值	特征	非流动家庭均值	流动家庭均值
预期收入（元）	3969	2836 ***	规模	3.94	4.76 ***
受教育程度（年）	4.5	4.6 ***	年龄（岁）	38.73	35.99 ***
非农工作	0.58	0.93 ***	男性比例（%）	0.56	0.52 ***
耕地面积（亩）	3.55	1.34 ***	抚养率（%）	0.5	0.32 ***

注：* p＜0.1；** p＜0.05；*** p＜0.01。利用省区的消费价格平减指数和样本权重调整后计算得到的平均值。

表 11－2　不同民族受访家庭特征的描述统计

特征	汉族	回族	藏族	维吾尔族	苗族	侗族	其他
	3383	3758	3459	2856	2879	2457	3727
受教育程度（年）	4.58	3.73	3.85	4.49	4.48	4.32	4.60
非农工作	0.75	0.69	0.60	0.63	0.93	0.90	0.82
耕地面积（亩）	2.46	6.07	2.31	2.44	0.92	1.22	2.49
家庭规模（人）	4.31	4.60	4.75	4.57	4.88	4.88	4.50
年龄（岁）	37.58	31.59	32.87	30.65	36.50	35.50	37.60
男性比例（%）	0.56	0.49	0.50	0.52	0.53	0.40	0.41
抚养率（%）	0.39	0.57	0.44	0.55	0.47	0.43	0.42

注：汉族是参照组。利用省区消费价格平减指数和样本权重计算得到的平均值。"其他少数民族"包括彝族，壮族，布依族，朝鲜族，侗族，瑶族，哈萨克族，傣族等等。

表 11－2 分别对汉族和少数民族家庭的家庭特征进行汇总统计。结果表明，汉族和各少数民族群体的平均值存在显著差异。汉族家庭人均收入

高于维吾尔族、苗族和侗族，但低于回族、藏族和其他少数民族。

汉族家庭的受教育年限相比于另外的五类少数民族（除"其他少数民族"）均值更高。汉族家庭同回族、藏族和维吾尔族家庭相比，更可能从事本地非农业工作，但低于苗族、侗族和"其他少数民族"的非农就业概率。平均而言，汉族家庭有更多的人均耕地（除回族外），家庭规模较小，男性比例较高，并且相对于其他各少数民族家庭有较低的抚养率。

从表 11－1 中得到一个有趣的发现，流动行为似乎是一个逆向选择，这意味着家庭人均预期收入较低的家庭更容易流动。图 11－3 进一步显示了不同民族群体的选择效应，通过密度分布情况表明了流动后的预期收入变化。不同民族（不包括维吾尔族）的家庭人均收入[①]分布是稍向左倾斜的，这意味着非流动家庭平均比移民家庭享有更高的人均预期收入。这一发现证实了流动的逆向选择效应仍然存在于大多数少数民族家庭中。

我们观察到汉族之外的少数民族非流动家庭（包括维吾尔族和其他少数民族）的收入扩张效应（相对较低的顶点）表明，家庭人均收入更高的家庭往往选择不流动的可能性更大。与所有其他民族一样，维吾尔族流动家庭与维吾尔族非流动家庭拥有大致相同的人均预期收入。我们观察到维吾尔族以及"其他少数民族"的流动家庭的这一扩张效应，是因为在收入低端的家庭选择流动的比例更高。

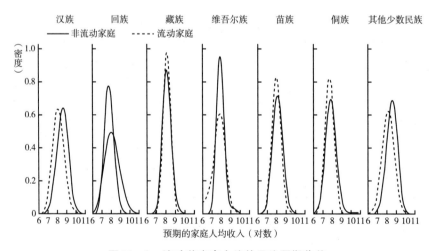

图 11－3　流动前家庭人均的平均预期收益

---

① 计算平均值时使用基于 2010 年人口普查数据，以冲减少数民族家庭的过量采样的样本权重。

五　不同民族劳动力流动的模型估算结果

表 11 - 3 给出了五个流动模型的估计结果①；模型（1）至模型（3）对家庭中流动成员的外出时间界定为 1 个月。Logistic 回归模型（1）作为基础模型，这一模型只分析了民族身份对劳动力流动的影响。模型（2）在模型（1）的基础上增加了家庭特征。模型（3）是在模型（2）的基础上利用了混合效用方法，即包括了随机效应②。在模型（4）中，我们重新定义了流动家庭的时间，如果平均迁移持续时间段是至少 6 个月的迁移家庭被赋值为 1，否则为 0。最后，模型（5）增加了一个用于预测家庭人均收入的非线性项。

表 11 - 3　不同民族外出流动决策影响因素的估算结果

	如果家庭中流动成员外出时间 > =1 个月，赋值 1 否则是 0			如果家庭中流动成员外出时间 > =6 个月，赋值 1 否则 0	
	（1）	（2）	（3）	（4）	（5）
回族	0.218*** (0.010)	0.048*** (0.012)	0.048 (0.103)	-0.298*** (0.098)	-0.302*** (0.098)
藏族	0.058*** (0.013)	-0.123*** (0.016)	-0.629*** (0.122)	-1.740*** (0.151)	-1.719*** (0.151)
维族	-0.268*** (0.011)	-0.199*** (0.023)	-1.276*** (0.200)	-2.150*** (0.225)	-2.177*** (0.224)
苗族	0.199*** (0.008)	0.088*** (0.010)	0.335*** (0.081)	0.238*** (0.080)	0.264*** (0.080)
侗族	0.143*** (0.011)	-0.014 (0.013)	-0.395*** (0.096)	-0.394*** (0.097)	-0.403*** (0.096)
其他少数民族	0.067*** (0.008)	0.023*** (0.008)	0.015 (0.068)	-0.028 (0.068)	-0.028 (0.068)
预期收入		-0.133*** (0.015)	-0.803*** (0.113)	-1.203*** (0.114)	-6.998*** (1.231)

---

① 考虑到不可观测的区位因素，所有模型均包括省级虚拟变量。

② 当结果的实质性的解释包含随机效应时，其性质未变，但如预期的，基本 logistic 迁移模型低估了系数。此外，村级残差的方差 σ_{u0}^2 显著地指示出村之间的异质性的存在，因此，需要进行随机效应分析。出于这个原因，所有的后续模型都将使用混合效应建模方法。

续表

	如果家庭中流动成员外出时间 > =1个月,赋值1否则是0			如果家庭中流动成员外出时间 > =6个月,赋值1否则0	
	(1)	(2)	(3)	(4)	(5)
预期收入的平方					0.302 ***
					(0.064)
受教育程度(年)		0.006 ***	0.240 ***	0.643 ***	0.640 ***
		(0.013)	(0.087)	(0.090)	(0.089)
非农工作		0.158 ***	0.865 ***	1.364 ***	1.363 ***
		(0.006)	(0.043)	(0.051)	(0.051)
耕地面积(亩)		-0.062 ***	-0.444 ***	-0.352 ***	-0.358 ***
		(0.004)	(0.031)	(0.032)	(0.032)
规模		0.352 ***	2.336 ***	1.979 ***	1.990 ***
		(0.009)	(0.066)	(0.068)	(0.068)
年龄		0.042 ***	0.125 *	0.454 ***	0.443 ***
		(0.011)	(0.070)	(0.076)	(0.076)
男性比例		0.010 **	0.061 *	0.090 ***	0.090 ***
		(0.005)	(0.032)	(0.032)	(0.032)
抚养率		-0.180 ***	-1.139 ***	-1.052 ***	-1.057 ***
		(0.006)	(0.039)	(0.042)	(0.042)
地区变量	是	是	是	是	是
随机效应	否	否	否	否	否
样本量	30863	26798	26798	25953	25953
对数似然值	21272.420	15058.560	12723.170	12214.490	12210.090

注: * $p < 0.1$; ** $p < 0.05$; *** $p < 0.01$ 报告了稳健标准差。汉族是参照组。模型 (1) 和 (2) 为 logistic 回归模型;模型 (3) - (5) 为多重 logistic 回归模型 (包括随机效应)。模型 (4) 和 (5) 的因变量改变为只家庭的平均迁移时间至少六个月,而模型 1-3 的迁移时间只有一个月。

在模型 (1) 中,各类少数民族家庭中除维吾尔族家庭,都比汉族家庭外出流动的概率高。在模型 (2) 中增加了家庭层面的特征,并在模型 (3) 中引入随机效应,这导致了不同民族外出流动结果的一些变化,藏族家庭和侗族家庭的系数变为负值;"其他少数民族"的系数值在模型 (3) 中变得不显著,这表明相对于汉族,其他少数民族没有更多流动或不流动的可能。

在模型 (4) 中重新定义了家庭流动的时间,即只考虑迁移时间至少6

个月的流动家庭，其估算结果同前三个模型的估计结果有所不同。首先，回族的系数成为负值（统计显著）。其次，藏族和维吾尔族系数为负值且绝对值增加。第三，苗族的系数值为正但显著降低。最后，"其他少数民族"的系数仍然不显著。

家庭人力资本、物质资本以及其他一般人口学特征的估计结果与理论预期一致。家庭人均预期收入的增加会降低外出流动的可能性，尽管这种影响在模型（5）中是非线性的。代表人力资本的教育年限在模型（3）～（5）中显著，且教育年限的增加会增加外出流动的可能性，。

其余的家庭特征系数在所有模型中都显著。就家庭物质资本而言，参与本地非农就业和有较低的人均耕地面积的家庭更容易流动。家庭人口特征的估计结果表明，家庭规模更大，年龄更长，家中有更高男性比例和有较低抚养率的家庭都相对更容易流动。

下面将着重对人力资本，物质资本和其他农户特征影响不同民族劳动力流动的具体作用加以分析。

表 11 - 4　家庭物质资本和人力资本对不同民族劳动力流动的影响

（1）	（2）	（3）	（4）	（5）
预期收益 X				
回族	- 0. 272 （0. 270）			
藏族	- 1. 933 *** （0. 491）			
维吾尔族	- 1. 011 *** （0. 323）			
苗族	0. 453 ** （0. 202）			
侗族	0. 875 *** （0. 259）			
其他少数民族	- 0. 797 *** （0. 158）			
受教育程度(年) X				
回族		- 0. 676 *** （0. 221）		
藏族		- 1. 492 *** （0. 372）		

续表

（1）	（2）	（3）	（4）	（5）
维吾尔族		4.506 *** （0.768）		
苗族		- 0.306 （0.215）		
侗族		1.724 *** （0.314）		
其他少数民族		- 0.051 （0.201）		
非农工作 X				
回族			- 0.638 *** （0.156）	
藏族			- 0.775 *** （0.272）	
维吾尔族			0.233 （0.263）	
苗族			1.399 *** （0.173）	
侗族			- 0.375 * （0.204）	
其他少数民族			0.931 *** （0.144）	
耕地面积（亩）X				
回族				- 0.401 *** （0.091）
藏族				0.248 （0.190）
维吾尔族				0.145 （0.172）
苗族				0.472 *** （0.106）
侗族				0.371 *** （0.137）
其他少数民族				0.123 ** （0.062）

续表

（1）	（2）	（3）	（4）	（5）
地区变量	是	是	是	是
随机效应	是	是	是	是
样本量	25953	25953	25953	25953
对数似然值	12174.930	12159.610	12130.040	12185.160

注：* p<0.1；** p<0.05；*** p<0.01. 所有模型的估计使用了多层模型方法（包括随机效应）；流动家庭的界定为是否有一个家庭成员外出流动至少六个月的时间（是＝1）或没有（没有＝0）。汉族是参照组。模型（1）、（2）、（3）和（4），分别为预期的人均家庭收入、学校教育水平、非农就业（1＝0）和人均耕地（亩）。

表 11－5　家庭人口特征对不同民族劳动力流动的影响

（1）	（2）	（3）	（4）
男性比例 X			
回族	−0.040 (0.116)		
藏族	0.071 (0.234)		
维吾尔族	−0.192 (0.202)		
苗族	−0.095 (0.090)		
侗族	−0.011 (0.117)		
其他少数民族	−0.078 (0.091)		
规模 X			
回族		−0.142 (0.208)	
藏族		−0.050 (0.444)	
维吾尔族		1.024 *** (0.391)	
苗族		1.456 *** (0.167)	
侗族		0.399 * (0.205)	

续表

（1）	（2）	（3）	（4）	
其他少数民族		0.797 *** （0.171）		
年龄 X				
回族			− 0.469 ** （0.230）	
藏族			0.137 （0.582）	
维吾尔族			− 0.747 （0.488）	
苗族			− 0.095 （0.194）	
侗族			0.410 （0.271）	
其他少数民族			0.185 （0.202）	
抚养率 X				
回族				0.728 *** （0.118）
藏族				1.104 *** （0.271）
维吾尔族				0.607 ** （0.239）
苗族				0.682 *** （0.100）
侗族				− 0.115 （0.148）
其他少数民族				0.167 （0.115）
地区变量	是	是	是	是
随机效应	是	是	是	是
样本量	25953	25953	25953	25953
对数似然值	12213.390	12165.290	12208.330	12170.810

注：* $p < 0.1$，** $p < 0.05$，*** $p < 0.01$。所有模型的估计使用了多层模型方法（包括随机效应）；流动家庭的界定为是否有一个家庭成员外出流动至少六个月的时间（是 =1）或没有（没有 =0）。汉族是参照组。模型（1）、（2）、（3）和（4）分别对家庭的男性比例、平均家庭规模、每户平均年龄（岁）、抚养率进行了分析。

表 11-4 和表 11-5 考察了家庭人力资本和物质资本，以及家庭其他人口特征对不同少数民族劳动力流动决定的影响。两个模型都设定了家庭流动时间至少是 6 个月的虚拟变量（是为 1，否为 2），与表 11-3 中的控制变量完全一致；以及相应的地区变量，混合效用方法中的随机效应。由于相同变量的结果大体一致，仅给出了交互项的回归结果。

表 11-4 的模型（1）表明，相对于汉族家庭，如果预期家庭收入会增加，苗族、侗族家庭的流动可能性也会增加，但减少了藏族、维吾尔族和其他少数民族的流动可能性，对回族并没有任何影响。模型（2）显示，相对于汉族家庭，增加家庭平均教育年限会增加维吾尔族和侗族家庭的流动可能性，而对回族、藏族和苗族家庭有反作用，对于其他少数民族家庭不起作用。

模型（3）显示，相对于汉族家庭，参与非农工作的家庭成员比例越高越会增加苗族和"其他少数民族"的流动可能性，而对回族、藏族和侗族的流动有反作用，这一指标对维吾尔族不起作用。模型（4）显示，相对于汉族家庭，增加人均耕地面积将会提高苗族、侗族和"其他少数民族"的流动可能性，对于回族的流动有反作用，而对藏族和维吾尔族的流动没有影响。

表 11-5 中模型（1）显示，相对于汉族家庭，家庭中男性所占的比例的增高不会对任何少数民族的流动率起到调节作用。模型（2）表明，相对于汉族家庭，家庭规模的扩大为维吾尔族、苗族、侗族和"其他少数民族"提高了流动的可能性，但这一变量对回族和藏族没有作用。模型(3)表明，相对于汉族家庭，增加家庭平均年龄会减少回族的流动率，但这对其他少数民族的流动没有影响。

模型（4）显示，相对于汉族家庭，家庭抚养率的增加为回族、藏族、维吾尔族、苗族和"其他少数民族"提供了流动的正效应，但对其他少数民族和侗族的迁移没有任何影响。

六　简要结论和总结

本章的分析集中于西部民族地区不同少数民族的农村劳动力流动。总体而言，家庭劳动力的流动在不同少数民族中有所不同，且受到家庭特点的影响。在一般情况下，虽然有着家庭特征的影响，但大多数少数民族家庭与汉族家庭相比，在劳动力流动上有着参与少、时间短的共同特点。

基准模型的初步结果显示，藏族、苗族、侗族、回族和其他少数民族（维吾尔族除外）相对于汉族表现出了较高的流动性，但控制了家庭的特点和随机效应后，得到了完全不同的结果。不同少数民族的虚拟变量都为负值或无统计意义（例如苗族），这表明大部分少数民族相对于汉族，劳动力流动的可能性更低。当我们进一步考虑时间的不同时发现，藏族、维吾尔族、侗族比汉族更不可能进行为期至少 6 个月的流动，只有苗族和其他少数民族是例外。

本章对不同民族农村劳动力流动的研究发现在许多方面与古斯塔夫森和杨修娜（Gustafsson 和 Yang，2014）的结论相一致，他们基于 2005 年人口普查数据对有关中国少数民族流动模式和决定因素进行了分析，并且是除本文外有关不同民族劳动力流动唯一已知的公开发表的英语学术期刊中的研究结果。他们的研究发现少数民族群体与汉族相比往往流动性较低（不包括回族、朝鲜族）。根据我们的调查结果，在 2011 年，少数民族群体与汉族相比在迁移过程中仍然不太活跃，许多家庭没有选择流动，流动的平均持续时间也短于汉族家庭。

有关少数民族流动比例低、流动时间短的解释至少有两方面：首先，少数民族群体因个人或文化偏好选择不进行流动，或流动的时间较短；其次，少数民族群体对流动成本的预期比汉族家庭高，如缺乏对市场中的目标信息，或在市场上感觉到被歧视。少数民族外出流动者面临更高的寻找工作机会的成本，这同样可以解释为何其流动的持续时间较短。也就是说，如果少数民族群体在目标区域中寻找工作不成功，大多会选择重返原住地。

本章分析的主要缺点是无法辨别所获得的结果究竟是来自于文化因素和偏好，还是信息不对称和劳动力市场的歧视和排斥。要在这两个不同的解释之间进行辨别，需要对流动体验进行更多的考察和深入研究，例如探究不同少数民族在同一目标区域内寻找工作的时长、所从事产业的布局、地理位置分布、收入等。如果低流动率不是由于文化差异等原因造成的，那就要求有更多的政策机制跟进，以确保潜在的将要流动的少数民族劳动力有机会获得同样的信息和就业机会。

本章虽然还不能在两个不同的解释之间做出明确的分辨，但依然可以认为，不管为什么少数民族群体一般流动较少且流动时间较短，少数民族家庭与汉族家庭相比将可能享受不到因流动产生的利益（Wang 和 Fan，2006），这可能会导致民族间的不平等。这是因为少数民族家庭较少的流动（或较短时间的流动）与汉族的流动相比（流动时间较长，流动比例较高）不太可能会收到转移在外的家人的汇款。只有较长时间的外出者会获得更深层次的技能提升，将其在原住地农村的角色向当地企业中的角色进行转换，最终实现市民化。

在进一步分析家庭某些人力资本和有形的物质资本的变化是否将促进少数民族流动率接近汉族流动率时发现，提高教育程度，例如提高维吾尔族和侗族的受教育年限将会增加流动概率；鼓励苗族和其他少数民族参与本地非农就业也会增加他们的流动概率。很明显，在某些情况下改善少数民族家庭的人力资本和有形资本会增加其流动率。这些发现关乎农村劳动力转移政策，将增加少数民族流动的积极性以提高在贫困偏远地区的农村少数民族的福利。

参考文献

Bhalla, A. and Qiu, S. （2006）. *Poverty and inequality among Chinese minorities*. Routledge（Studies in the Chinese Economy 22），New York.

Borjas, G. （1987）. Self-selection and earnings of immigrants. *American Economic Review*, 77.

Brandt, L. and Holz, C. A. （2006）. Spatial Price Differences in China：Estimates and Implications. *Economic development and cultural change*, 55（1）.

Bright, H., Davis, J., Janowski, M., Low, A., and Pearce, D. （2000）. Rural Non-Farm Livelihoods in Central and Eastern Europe and Central Asia and the Reform Process：A Literature Review. *World Bank Natural Resources Institute Report Working Paper* 2633.

Cai, F. and Wang, D. （2008）. Impacts of Internal Migration on Economic Growth and Urban Development in China. In*Migration and Development Within and Across Borders：Rsearch and Policy Perspectives on Internal and International Migration*, pages 245 – 272. International Organization for Migration and Social Science Research Council.

Chan, K. （2009）. The Chinese Hukou System at 50. *Eurasian Geography and Economics*, 50（2）.

Chan, K. W. （1994）. *Cities with Invisible Walls：Reinterpreting Urbanization in Post – 1949 China*. Oxford University Press, Hong Kong.

Clark, W. （1986）. *Human Migration*. Sage, Beverly Hills, Califonia.

Du, Y. and Bai, N. (1997). *Zouchu Xiangcun* (*Leaving the Village*). Jingji Kexue Chubanshe (Economic Science Press)., Beijing.

Fan, C. (2002a). The Elite, the Natives, and the Outsiders: Migration and Labor Market Segmentation in Urban China. *Annals of the Association of American Geographers*, 92 (1).

Fan, C. C. (2002b). The Elite, the Natives, and the Outsiders: Migration and Labor Market Segmentation in Urban China. *Annals of the Association of American Geographers*, 92 (1).

Fan, C. C. (2005). Interprovincial Migration, Population Redistribution, and Regional Development in China: 1990 and 2000 Census Comparisons. *The Professional Geographer*, 57 (2).

FAO (1998). *The State of Food and Agriculture. FAO*, Rome.

Giles, J. and Yoo, K. (2007). Precautionary behavior, migrant networks, and household consumption decisions: An empirical analysis using household panel data from rural China. *Review of Econics and Statistics*, 89 (3): 534 – 551. Gustafsson, B. and Sai, D. (2009). Villages where China's ethnic minorities live. *China Economic Review*, 20 (2).

Gustafsson, B. and Shi, L. (2003). The Ethnic Minority-Majority Income Gap in Rural China during Transition. *Economic Development and Cultural Change*, 51 (4).

Gustafsson, B. and Yang, X. (2014). Migration among China's Larger Ethnic Minorities and the Majority: A Study Based on the 2005 Census Sample Survey. *Unpublished mimeo*.

Hannum, E. and Xie, Y. (1998). Ethnic Stratification in Northwest China: Occupational Differences between Han Chinese and National Minorities in Xinjiang, 1982 – 1990. *Demography*, 35 (2).

Hare, D. (1999). 'Push' versus 'pull' factors in migration outflows and returns: Determinants of migration status andspell duration among China's rural population. *Journal of Development Studies*, 35 (3).

Harris, J. and Todaro, M. (1970). Migration, Unemployment and Development: A Two-Sector Analysis. *The American Economic Review*,, 60 (1).

Hazmath, R. (2011). From job search to hiring and promotion: The labour market experiences of ethnic minorities in Beijing. *International Labour Review*, 150 (1 – 2).

Howell, A. (2011). Labor Market Segmentation in Urumqi, Xinjiang: exposing labor market segments and testing the relationship between migration and segmentation. *Growth and Change*, 42 (2).

Howell, A. (2013). Chinese Minority Income Disparity in the Informal Economy: A cross-sectoral analysis of Han-Uyghur labour market outcomes in Urumqi. *China: An International Journal*, 11 (3): 1 – 23 (December).

Kanbur, R. and Zhang, X. (1999). Which regional inequality? The evolution of rural-urban and inland-coastal inequality in China, 1983 – 1995. *Journal of Comparative*

Economics, 27（4）.

Kanbur, R. and Zhang, X. （2004）. Fifty Years of Regional Inequality in China A Journey through Central Planning, Reform, and Openness. *WIDER Research Paper No.* 2004/ 50, 5.

Katz, E. and Stark, O. （1986）. Labor Migration and Risk Aversion in Less Developed

Countries. *Journal of Labor Economics*, 4（1）.

Knight, J. and Yueh, L. （2004）. Job mobility of residents and migrants in urban China. *Journal of Comparative Economics*, 32（4）.

Knight, J. and Yueh, L. （2008）. Segmentation or competition in China's urban labour market? *Cambridge Journal of Economics*, 33（1）.

Lee, E. . （1966）. A Theory of Migration. *Demography*, 3（1）.

Lucas, R. E. （1997）. Internal Migration in Developing Countries. In Rosenzweig, M. and Stark, O. , editors, *Handbook of Population and Family Economics.* Elsevier Science Publishing, Amsterdam, 1b edition.

Ma, Z. （1999）. Temporary migration and regional development in China. *Environment and Planning* A, 31（5）.

Massey, D. （1988）. Economic Development and International Migration in Comparative Perspective. *Population and Development Review*, 14（3）.

Massey, D. S. , Arango, J. , Hugo, G. , Kouaouci, A. , Pellegrino, A. , and Taylor, J. E. （1994）. An Evaluation of International Migration Theory: The North American Case. *Population and Development Review*, 20（4）.

Massey, D. S. and Espana. , F. G. （1987）. The social process of international migration. *Science*, 237.

Maurer-Fazio, M. , Highes, J. , and Zhang, D. （2009）. A Comparison and Decomposition of Reform-Era Labor Force Participation Rates of China's Ethnic Minorities and Han Majority. *International Journal of Manpower*, 31（2）.

Mincer, J. （1978）. No Title. *Journal of Political Economy*, 86（5）.

Murphy, R. （1999）. Return migrant entrepreneurs and economic diversification intwo counties in south Jiangxi, China. *Journal of International Development*, 11: 661672.

Murphy, R. （2008）. Introduction: Labour Migration and Social Development in China. In Murphy, R. , editor, *Labour Migration and Social Development in Contemporary China*, page 224. Routledge.

Poston, D. and Shu, J. （1987）. The demographic and socioeconomic composition of China's ethnic minorities. *Population and Development Review*, 13（4）.

Ranis, G. and Fei, J. （1961）. A Theory of Economic Development. *The American Economic Review*, , 51（4）.

Rozelle, S. , Taylor, J. E. , and DeBrauw, A. （1999）. Migration, Remittances, and Agricultural Productivity in China. *American Economic Association*, 89 (2).

Sjaastad, L. (1962). The costs and return of human migration. *The Journal of Political Economy*, 70 (5).

Stark, O. and Bloom, D. (1985). The New Economics of Labour Migration. *The American EconomicReview*, 75 (2).

Stark, O. and Taylor, J. (1989). Relative deprivation and international migration. *Demography*,, 26 (1).

Todaro, M. (1969). A Model of Labor Migration and Urban Unemployment in Less Developed Countries. *The American Economic Review*, 59 (1).

Wang, W. W. and Fan, C. (2006). Success or failure: selectivity and reasons of return migration in Sichuan and Anhui, China. *Environment and Planning A*, 38.

第十二章　汉族与少数民族城乡贫困的比较

　　民族地区是贫困人口最多、贫困面积最大、贫困发生率最高的地区。2011 年，民族八省区①的农村贫困发生率是 26.5%，高出全国 12.7% 的农村贫困发生率近 14 个百分点，是 2006 年至今的差距最高值（国家民委，2011）。2012 和 2013 年数据显示，民族八省区的农村贫困发生率同全国农村平均水平之差从 10.9 个百分点下降至 8.6 个百分点（宁亚芳，2014）。自 2013 年底至今，全国已完成 8900 万贫困人口的建档立卡工作，精准扶贫在各地广泛实施，现行标准下我国 7017 万的贫困人口将在 6 年时间内实现全部脱贫（黄俊毅，2015）。长期以来，总体少数民族的农村贫困发生率要高于汉族已成为共识，而学界对此的论证主要基于民族地区的研究成果，鲜少针对族群的具体研究，尤其从城乡和民族两个维度对不同民族的贫困现状和贫困发生原因的分析在学界还不多见。

　　民族地区的农村贫困问题是学界关注的长期热点之一，Gustafsson 和 Ding（2009）利用 2002 年中国家庭收入调查数据（CHIP 2002）研究后发现，在 2000~2002 年，民族地区的少数民族贫困发生率是同地区汉族贫困发生率的 2 倍，同时还证实了恶劣的自然地理条件是致贫的重要原因。Hannum 和 Wang（2012）利用同样的数据，在全国范围内比较后发现，少数民族的农村贫困发生率是汉族的 6 倍。高梦涛、毕岚岚（2014）基于滇、桂、黔的农户面板数据研究发现，2003~2009 年该地区从收入角度看，兼具绝对意义和相对意义的亲贫增长；对于最贫困的穷人亲贫增长的影响比较低，经济增长对于西南民族地区减贫效应逐步递减，顽固性贫困现象突出。刘小珉（2013）采用与本文同一数据中的广西、贵州和湖南农村样本，研究证实少数民族农户贫困发生率、贫困深度和贫

---

① 中国少数民族八省区包括内蒙古自治区、宁夏回族自治区、新疆维吾尔自治区、西藏自治区、广西壮族自治区和少数民族分布集中的贵州、云南、青海三省。

困强度都高于汉族农户。被调查农户拥有的人力资本、经济资本和社会资本均在不同程度上对贫困发生率产生作用，地区发展不平衡等也是重要的影响因素。Gradín（2015）利用 CHIP 数据在对不同地区进行分解后发现，少数民族致贫的原因主要是居住地是山区、教育水平低和经济发展滞后。

我国经济发展和社会转型过程中，城市贫困问题由隐形转变为显性并越来越受到关注。李实、John Knight（2002）利用 1999 年覆盖六省市的家庭收入调查（CHIP）数据，通过综合考虑收入标准和消费标准，把中国城镇贫困分为三种类型，即持久性贫困、暂时性贫困和选择性贫困。王有捐（2006 年）的研究发现，个人受教育水平、社会地位和工作收入越低，陷入贫困的概率越高，而失业是导致城市贫困最重要的因素。此外，城市贫困人群具有地域特征，即贫困人口多集中在中西部地区，东部经济发达地区相对较少。叶响裙（2013）认为致贫的原因主要有体制改革与经济转型产生了大量下岗和失业人员，社会保障制度尚不完善，疾病和贫困人口的自身原因等。根据 2010 年人口普查数据，全国城市少数民族人数占总人口数的 4.39%；远低于全国乡村少数民族人口所占的 11.35%。由于城市人口中少数民族比例明显低于农村，而且成为城市居民的少数民族中很多是通过上学、参军等提高人力资本的方式（丁赛等，2013），因而和农村相比，城市少数民族的贫困问题并不突出，相应的针对民族地区城市尤其是不同民族的城市贫困的微观研究还不多见。

同上述成果相比，本章对贫困研究的视角是多重的，既有绝对贫困和相对贫困的划分，也有 0～15 岁儿童贫困人口、16～60 岁劳动年龄贫困人口和 60 岁以上老年贫困人口的区别，此外还兼顾了城乡和民族的差异。

一　调查数据和研究方法

本文使用的是"西部民族地区经济社会状况家庭调查数据（2011年）"（Chinese Household Ethnicity Survey 2011，以下简称 CHES 数据），该数据调查由中央民族大学经济学院和中国社会科学院民族学与人类学研究所民族经济研究室于 2012 年 6 月共同完成，调查期间得到了七个地区当地政府和统计部门的大力帮助，涵盖了新疆维吾尔自治区、内蒙古

自治区、宁夏回族自治区、广西壮族自治区、青海省、贵州黔东南苗族
侗族自治州（以下简称贵州）和湖南省七个地区的城镇、农村家庭调查
样本。调查样本的抽样采用城乡分层随机抽样方法，强调对各个地区主
体民族的家庭调查，同时考虑到使用数据分析研究时所需要的民族聚居
区和非民族聚居区、不同自然地理条件、经济社会发展水平的差异等
（丁赛，2014）。

　　该调查数据包括了 35 个民族的样本。根据 2010 年全国人口普查数据，
少数民族人口规模排名前 12 位的民族中有 9 个民族纳入了研究数据，具体
为：壮族、回族、维吾尔族、苗族、土家族、藏族、蒙古族、侗族和瑶
族。七个地区的农村家庭样本有 7257 户，个人样本数 31671；城镇家庭样
本 3259 户，个人样本数 9921；农村少数民族样本占比是 62.95%，城镇少
数民族样本占比 44.78%；远高于 2010 年人口普查数据中七个地区农村少
数民族人口 35.38% 的比例和城市少数民族人口 16.34% 的比例①。考虑到
少数民族调查样本量所占比重高于七个地区的少数民族人口比例，因而采
用省区农村和城市不同民族人口加权的方法对家庭人均收入进行相应的调
整。

　　本文对贫困的分析研究立足于贫困类型和不同年龄两个角度，对民族
地区汉族和少数民族城乡贫困的度量采用 FGT 指数，即：贫困发生率 FGT
（0），贫困差距率 FGT（1）和平方贫困距 FGT（2）。

　　表达式为：$\mathrm{FGT}\ (\alpha)\ =\dfrac{1}{N}\ \sum\limits_{i=1}^{q}\left(\dfrac{z-y_i}{z}\right)\ (\alpha=0,\ 1,\ 2)$

　　式中 N 代表总人数，q 代表家庭人均收入在贫困线下的人数，Z 是贫
困线，y_i 代表第 i 个人的家庭人均收入。

　　之后，采用 Probit 模型对城乡贫困发生的原因进行了分析。本文将城
乡样本按年龄划分为 0~15 岁儿童人口、16~60 岁劳动人口和 60 岁以上
老年人口。与针对贫困群体的整体分析相比，这样的划分不仅能更清晰地
了解不同年龄段的贫困分布和发生影响因素，也符合我国目前大力推进的
精准扶贫和精准减贫要求。为了能体现城乡一体，在贫困发生的解释变量
上，均选择了以家庭为单位的人力资本和社会资本以及不同民族家庭和省
区变量等。

---

　　①　根据《中国 2010 年人口普查分民族人口资料》计算得到。

二　民族地区汉族与少数民族的城乡贫困状况

（一）绝对贫困和相对贫困的界定

1990 年，世界银行根据 1985 年的购买力平价数据，将绝对贫困标准确定为每天收入 1 美元。2008 年，世界银行将标准提高到每天收入 1.25 美元。目前，世界银行 2 美元/天的贫困线被认为是绝对贫困线。本文中七个地区汉族和少数民族的农村贫困状况也从绝对贫困和相对贫困两个方面进行界定。首先，将国家 2011 年公布的家庭人均纯收入 2300 元的贫困标准作为绝对贫困线。对于 2300 元的贫困线在 2011 年到底对应多少美元，在学界有不同的意见，其主要原因是基于购买力平价的换算，同时还要考虑物价变动因素。归纳起来，主要有以下观点：一是 2300 元按照当年汇率计算只相当于 0.99 美元/天，约为 1 美元/天；二是 2300 元已经超过 1.25 美元/天（谢雪琳、付晶晶，2011）；三是 2300 元根据 2005 年购买力平价计算已经达到 1.6 ~ 1.8 美元/天（新华网，2011）。本文参照世界银行 2 美元/天作为七个地区农村汉族和少数民族的相对贫困标准。如果假定 2300 元的贫困线相当于世界银行 1 美元/天的绝对贫困标准，2 美元/天的世界银行贫困标准对应的是 4600 元。对于相对贫困标准的确定还有一种通行的方法即收入均值的 50%，如果以 2010 年全国农村居民人均纯收入 5919 元的 50% 计算，应为 2959.5 元。考虑到后者与 2300 元的绝对贫困标准较为接近，本文以 4600 元作为相对贫困标准对民族地区的汉族和少数民族的农村贫困家庭和个人进行界定。

与农村不同，虽然 2011 年公布了全国统一的城市低保标准，但各个省区根据自身经济发展情况或高或低地自行确定了城市低保标准。本文对七个地区城市中汉族和少数民族贫困的分析也将通过绝对贫困和相对贫困两个标准加以界定。七个地区的城市绝对贫困标准采用各地的低保标准，相对贫困标准采用低收入标准。2011 年全国 31 个省区大多根据 2010 年各地的城镇居民可支配收入的 40% ~ 50% 来确定低收入家庭，因此本文也以各地城镇居民可支配收入的 40% 作为相对贫困标准。

表 12 - 1　七个地区城市低保标准和低收入家庭标准

单位：元

地　区	低保标准（省区）	省区低保线与全国低保线的比值（全国低保线为100）	低收入家庭标准（以家庭人均可支配收入的40%为标准）	地区低收入家庭标准与全国低收入家庭标准的比值(全国为100)
内蒙古	4122	119.4	8163	93.6
青　海	2830	82.0	6241	71.5
宁　夏	2932	84.9	7032	80.6
新　疆	2405	69.7	6205	71.1
广　西	2896	83.9	7542	86.4
贵　州	3251	94.2	6598	75.6
湖　南	2918	84.6	7538	86.4
全　国	3451	100.0	8724	100.0

注：表中数据根据《中国统计年鉴 2011》计算得到。

从表 12 - 1 可看出，七个地区的低保和低收入家庭标准存在差异。内蒙古的城市低保和低收入家庭标准在七个省区中位居第一，新疆的低保和城市低收入家庭标准均位居最后，两者的低保标准相差 49.7 个百分点，低收入家庭标准相差 22.5 个百分点。

（二）民族地区汉族和少数民族城乡贫困状况

1. 民族地区汉族和少数民族的城乡贫困差异

贫困人口主要集中在农村，而农村贫困人口主要集中在少数民族地区。按照国家统计局对城乡家庭收入的定义，通过 CHES 数据发现，七个调查地区以国家农村贫困线衡量的少数民族家庭绝对贫困发生率 FGT（0）和代表贫困深度的 FGT（1）指数均高于汉族家庭；表明贫困强度的 FGT（2）除内蒙古和贵州外其余五个地区也是少数民族高于汉族。三个指数相比，FGT（0）的汉族和少数民族差异最大，FGT（1）的民族差异居中，FGT（2）的民族差异相对最小。同时，新疆和广西两个地区的汉族和少数民族在三类贫困指数中的差异最为显著，而且新疆和广西农村汉族和少数民族在三类贫困指数上的差异基本一致，FGT（0）上都达到了 30 个百分点左右；FGT（1）的差异为 17 个百分点；FGT（2）的差异在两个地区也都是 16 个百分点左右。在相对贫困标准下，依然是少数民族的贫困发生率明显高于汉族，其总体状况和差异同绝对贫困标准下的七个地区基本一致。

表 12-2 城乡汉族和少数民族贫困状况

	农 村							城 市						
	2300 元贫困线			4600 元贫困线			样本量	城市低保标准			城市低收入家庭标准			样本量
	FGT(0)	FGT(1)	FGT(2)	FGT(0)	FGT(1)	FGT(2)		FGT(0)	FGT(1)	FGT(2)	FGT(0)	FGT(1)	FGT(2)	
七个地区														
总 体	19.67	8.55	5.62	53.35	22.70	13.43	31671	2.48	1.03	0.70	14.38	4.84	2.48	9921
汉 族	15.79	7.00	4.72	45.41	18.35	10.82	11494	2.55	1.04	0.70	13.93	4.76	2.49	5250
少数民族	25.75	10.97	7.04	65.80	29.52	17.52	19528	2.22	1.00	0.67	16.10	5.12	2.46	4671
内蒙古														
总 体	11.02	5.09	3.51	37.05	13.56	7.81	3653	5.09	2.49	1.60	16.85	6.71	3.89	1284
汉 族	10.99	5.08	3.52	37.48	13.62	7.81	2740	4.63	2.22	1.40	16.29	6.40	3.64	726
少数民族	11.56	5.19	3.30	30.56	12.66	7.73	879	7.67	3.99	2.73	19.96	8.50	5.29	558
青海														
总 体	9.80	3.18	1.84	47.74	15.33	7.25	4867	1.45	0.30	0.20	12.59	3.58	1.52	1488
汉 族	7.43	2.41	1.42	42.22	12.44	5.64	1762	1.42	0.30	0.22	12.30	3.50	1.50	1077
少数民族	14.14	4.60	2.61	57.84	20.62	10.21	2970	1.85	0.23	0.03	16.49	4.67	1.76	411
宁夏														
总 体	17.64	6.52	3.9	49.72	20.68	11.59	4224	3.32	2.23	1.75	16.37	6.07	3.59	1547
汉 族	15.58	6.15	3.88	44.70	18.16	10.37	2170	3.31	2.22	1.71	14.46	5.57	3.41	817
少数民族	22.04	7.32	3.93	60.40	26.04	14.20	1979	3.37	2.31	1.94	26.42	8.65	4.52	730
新疆														
总 体	23.38	12.19	8.85	45.56	23.78	16.18	4118	1.92	0.74	0.49	5.57	2.36	1.44	1490
汉 族	2.63	0.39	0.09	8.98	3.03	1.33	1180	1.39	0.61	0.49	1.39	1.08	0.88	649
少数民族	32.60	17.43	12.74	61.79	32.99	22.77	2913	4.22	1.33	0.51	23.67	7.87	3.88	841
广西														
总 体	23.17	12.81	9.49	52.85	25.84	17.26	4806	2.21	0.31	0.07	16.73	5.38	2.55	1548
汉 族	12.52	6.50	5.13	42.75	16.74	10.01	1614	2.51	0.36	0.09	17.41	5.60	2.69	1044
少数民族	42.29	24.12	17.30	70.97	42.15	30.25	3103	0.53	0.02	0.00	12.90	4.11	1.76	504
贵州														
总 体	19.22	5.02	1.98	73.3	26.76	12.74	5487	0.17	0.04	0.01	8.31	2.20	0.75	917
汉 族	13.49	4.38	2.09	69.25	21.98	10.12	956	0.00	0.00	0.00	12.65	3.52	1.21	299
少数民族	20.00	5.11	1.97	73.85	27.41	13.10	4398	0.29	0.06	0.01	5.44	1.33	0.45	618
湖南														
总 体	46.25	21.55	14.33	83.28	43.89	29.27	4516	1.78	0.51	0.37	20.66	5.95	2.58	1647
汉 族	45.52	21.38	14.28	83.12	43.55	29.01	1072	2.81	0.75	0.55	26.61	7.98	3.65	638
少数民族	53.93	23.36	14.92	85.05	47.56	32.01	3286	0.79	0.29	0.20	14.99	4.03	1.56	1009

注：表中由收入计算的贫困发生率经过了省区民族人口加权，在计算 FGT 指数时家庭人均纯收入为负值的视同 0 值。农村调查数据中民族身份缺失样本量为 649。

表 12 - 2 中的数据表明，七个地区城市低保线下的城市少数民族绝对贫困发生率略低于城市汉族，城市汉族与少数民族绝对贫困发生率均低于农村，而且两者差异较之农村明显缩小。在西北的四个省区中，宁夏城市少数民族和汉族的绝对贫困发生率差异不大，内蒙古、青海和新疆的城市少数民族绝对贫困发生率都明显高于城市汉族。在南方，除贵州的城市汉族没有绝对贫困人口而低于同地域少数民族的绝对贫困发生率外，广西和湖南的城市少数民族绝对贫困发生率都低于城市汉族。同西北相比，南方城市汉族和少数民族的绝对贫困发生率差异略小。

城市低收入家庭标准下，七个地区城市汉族相对贫困发生率低于城市少数民族，西北四个省区的城市少数民族相对贫困发生率都高于城市汉族，南方三个省区的城市汉族相对贫困发生率都高于城市少数民族。城市汉族和少数民族的相对贫困发生率差异在南方三个省区低于西北四省区。

七个不同地区的农村汉族和当地主体少数民族中，内蒙古汉族和蒙古族的绝对贫困发生率几乎一样；贵州汉族和苗族、侗族的平均差异接近 6 个百分点；青海的汉族和藏族、宁夏的汉族和回族之间的贫困发生率差异也都是 6 个百分点；湖南汉族和土家族的贫困发生率差异为 12 个百分点；广西汉族和壮族、新疆汉族和维吾尔族的贫困发生率差异最高，达到了 30 个百分点。

在七个地区的城市中，内蒙古的蒙古族家庭绝对贫困发生率高出当地汉族该数值 75%，其数值是七个地区中最高的；青海城市的藏族家庭绝对贫困发生率低于汉族，但城市回族家庭的贫困发生率高于城市汉族家庭；宁夏城市汉族和回族家庭的绝对贫困发生率差异不大；新疆城市维吾尔族家庭的绝对贫困发生率高出城市汉族家庭的 2.6 倍，城市哈萨克族没有贫困家庭；湖南土家族城市家庭绝对贫困发生率较高，超出汉族家庭 1.5 倍；广西汉族城市家庭绝对贫困发生率高出当地壮族家庭绝对贫困发生率 2.9 倍；贵州汉族城市家庭的贫困发生率低于侗族家庭贫困发生率，苗族中也没有贫困家庭。

2. 民族地区不同年龄的汉族和少数民族城乡贫困状况

贫困人群中儿童和老年的贫困状况越来越引起关注。儿童贫困状况深刻影响其成长乃至成人后的健康、教育状况，贫困代际转移能否有效阻断，直接关系到今后的减贫成效。老年贫困状况因减贫可能性低，更需社

表 12 − 3　汉族和具体民族的城乡贫困状况

民族	农　村							城　市						
	内蒙古	青海	宁夏	新疆	湖南	广西	贵州	内蒙古	青海	宁夏	新疆	湖南	广西	贵州
汉　族	10.99	7.43	15.58	2.63	45.52	12.52	13.49	4.63	1.42	3.31	1.39	2.81	2.51	0
蒙古族	11.58							8.12						
回　族			13.01	22.04	16.96					3.36	3.49			
藏　族		13.72							0.91					
维吾尔族				33.48							5.01			
苗　族					55.67	40.10	21.15					0	0	0
壮　族						42.66							0.65	
侗　族					29.78	40.08	16.82					1.15	0	1.82
瑶　族						23.27							0	
土家族					57.88							7.04		
哈萨克族				7.20							0			
撒拉族		38.06												
其他少数民族	9.76	24.69	10.00	7.84	58.88	75.97	22.77	0	0	0	0	0	0	0
全　体	11.02	9.80	17.64	23.38	46.25	23.17	19.22	5.09	1.45	3.32	1.92	1.78	2.21	0.17

注：表中由收入计算的贫困发生率经过了省区民族人口加权。

会公共服务的有效跟进。在政策层面，儿童贫困人群、老年贫困人群和劳动人口贫困人群要对应不同的扶贫政策，以更好地实现精准扶贫、精准减贫。

本文将调查样本按年龄划分为三类，即年龄在 0 ~ 15 岁的儿童，16 ~ 60 岁的劳动人口和 60 岁以上的老人。在绝对贫困标准下，民族地区农村 16 ~ 60 岁劳动人口的贫困发生率最低，七个地区整体上老年贫困发生率略高于儿童贫困发生率，但汉族中老年贫困发生率高于儿童贫困发生率近 5 个百分点；少数民族老年贫困发生率低于儿童贫困发生率仅 1 个百分点。在具体的省区中，内蒙古、宁夏、广西的老年贫困发生率高于儿童贫困发生率；青海、新疆、湖南、贵州的老年贫困发生率低于儿童贫困发生率。分民族和地区看，内蒙古、宁夏、新疆、广西的农村汉族老年贫困发生率高于儿童贫困发生率，但贵州和湖南的农村汉族老年贫困发生率低于儿童贫困发生率；新疆少数民族的老年贫困发生率与儿童贫困发生率基本一样；内蒙古、宁夏、青海、广西、贵州和湖南的少数民族老年贫困发生率都低于儿童贫困发生率。七个地区不同年龄人群的少数民族贫困发生率基本都高于汉族贫困发生率，只有内蒙古60岁以上少数民族老人的贫困发生率低于汉族老人16个百分点；新疆和广西的三个不同年龄人群的贫困差异最大，汉族贫困发生率平均低于少数民族贫困发生率32个百分点和31个百分点。

在相对贫困标准下，三个不同年龄段的农村贫困发生率差异同绝对贫困标准下的情况大致相同。除内蒙古汉族的贫困发生率在三个年龄段都明显高于少数民族外，其余地区汉族贫困发生率都基本低于少数民族，尤其是新疆和广西的民族差异更为显著。

和农村相比，在绝对贫困标准下，七个地区的城市中不同民族和不同年龄间的差异都明显缩小，且汉族的贫困发生率高于少数民族贫困发生率。总体上，少数民族老年贫困发生率最低，劳动人口贫困发生率居中，儿童贫困发生率相对最高；汉族劳动人口贫困发生率最低，其次是老年贫困发生率，儿童贫困发生率也是相对最高。不同地区三个年龄段和不同民族的贫困发生率表现不一致，内蒙古汉族与少数民族三个年龄段的贫困发生率情况有所区别，汉族的老年贫困发生率最高，劳动人口贫困发生率最低；而少数民族家庭的老年贫困发生率最低，劳动人口贫困发生率最高。青海城市汉族的贫困发生率从高到低排序依次是劳动人口、老年和儿童；少数民族贫困发生率的排序为儿童、劳动人口和老年。宁夏城市汉族和少数民族老年的贫困发生率较之劳动人口和儿童都是最低的，汉族儿童的贫困发生率最高，少数民族劳动人口的贫困发生率最高。新疆城市汉族和少数民族在三个年龄段的差异于七个地区中最明显，尤其是新疆城市少数民族儿童贫困发生率位居七个地区所有年龄段之首。

南方三省区都是城市劳动人口的贫困发生率最低，且广西和湖南的城市汉族贫困发生率都低于城市少数民族。

相对贫困标准下七个地区的总体趋势与绝对贫困标准下的状况表现出了一致性，虽然相对贫困标准下的差异值略大于绝对贫困标准下的差异。此外，只有青海汉族、宁夏少数民族、广西汉族、贵州汉族和湖南少数民族的三个年龄段的贫困发生率差异同绝对贫困标准下的贫困发生率排序有所不同。

表 12-4 汉族和少数民族不同年龄段下的城乡贫困发生率

单位：%

	农村						城市					
	2300元贫困线			4600元贫困线			城市低保标准			城市低收入家庭标准		
	0~15岁儿童	16~60岁劳动人口	60岁以上老年人	0~15岁儿童	16~60岁劳动人口	60岁以上老年人	0~15岁儿童	16~60岁劳动人口	60岁以上老年人	0~15岁儿童	16~60岁劳动人口	60岁以上老年人
七个地区												
总体	23.28	17.97	24.74	60.21	50.68	59.05	3.04	2.40	2.27	18.45	13.75	13.03
汉族	17.92	14.33	22.78	51.06	43.00	53.53	3.07	2.45	2.53	17.61	13.22	13.58
少数民族	29.17	24.23	27.89	70.26	63.91	67.97	2.95	2.23	0.95	21.73	15.66	10.29
内蒙古												
总体	11.20	9.98	19.32	42.76	34.91	46.79	5.50	4.83	7.39	19.21	15.96	23.26
汉族	10.76	9.9	20.08	43.60	35.23	47.73	5.55	4.19	7.81	20.11	14.88	25.39
少数民族	15.69	11.26	3.69	34.25	29.91	27.51	5.04	8.11	3.98	11.08	21.55	5.97
青海												
总体	11.81	9.08	10.74	55.43	44.79	52.48	0.83	1.64	1.20	19.36	11.80	9.29
汉族	8.33	7.08	8.20	51.79	38.94	46.99	0.60	1.64	1.26	18.08	11.61	9.43
少数民族	17.22	12.92	15.39	61.09	56.03	62.53	5.39	1.60	0	45.04	13.96	6.18
宁夏												
总体	21.79	15.61	22.38	58.78	46.32	51.68	4.52	3.21	1.24	21.76	15.96	6.46
汉族	18.54	14.03	21.24	51.95	42.21	48.19	4.91	3.08	1.45	18.41	14.21	7.25
少数民族	26.24	19.50	25.36	68.10	56.41	60.87	2.87	3.93	0	36.11	25.67	1.85

续表

	农村						城市					
	2300元贫困线			4600元贫困线			城市低保标准			城市低收入家庭标准		
	0~15岁儿童	16~60岁劳动人口	60岁以上老年人	0~15岁儿童	16~60岁劳动人口	60岁以上老年人	0~15岁儿童	16~60岁劳动人口	60岁以上老年人	0~15岁儿童	16~60岁劳动人口	60岁以上老年人
新疆												
总体	28.80	21.32	25.36	52.13	43.41	44.88	3.34	1.70	0.59	7.85	5.33	1.77
汉族	3.02	2.40	3.74	8.54	8.70	12.15	1.92	1.39	0	1.92	1.39	0
少数民族	36.19	30.69	36.92	64.62	60.62	62.36	8.08	3.11	5.39	27.64	22.89	16.17
广西												
总体	25.33	22.17	27.11	56.55	51.13	59.60	3.21	1.77	3.69	19.67	16.36	16.10
汉族	14.14	11.77	15.44	46.80	40.64	52.21	3.12	2.07	4.12	19.76	16.99	17.39
少数民族	48.07	40.73	44.31	76.37	69.85	70.50	3.93	0.22	0	19.00	13.16	5.31
贵州												
总体	23.19	17.44	21.71	79.41	71.16	74.03	0.31	0.18	0	9.47	8.11	8.17
汉族	18.89	12.19	12.50	75.00	66.51	75.00	0	0	0	16.99	11.92	12.59
少数民族	23.69	18.17	23.01	79.92	71.81	73.90	0.47	0.28	0	5.44	5.75	2.81
湖南												
总体	57.05	43.41	48.88	86.94	83.47	79.00	1.90	1.88	1.13	26.16	19.47	21.00
汉族	56.86	42.53	48.52	86.93	83.33	78.70	3.49	3.11	1.00	36.00	25.76	22.09
少数民族	58.65	52.81	53.49	87.02	84.97	82.83	0.44	0.77	1.29	17.04	13.81	19.58
样本量(人)	6418	21960	3293	6418	21960	3293	1653	7262	1006	1653	7262	1006

三 民族地区城乡汉族和少数民族贫困的影响因素

对贫困影响因素的分析大多使用 Probit 或 Tobit 模型，本文也采用基于 Probit 模型的边际效应分析方法。贫困标准（Probit 模型的被解释变量）是城乡绝对贫困标准。农村三个年龄段人群的贫困发生解释变量包括了六类因素：人力资本、社会资本、农业生产状况、民族家庭类型、地理条件和所在省区。城市三个年龄段人群的贫困发生解释变量包括了五类因素：人力资本、社会资本、就业状况、民族身份和所在省区。其中，城市和农村所在省区变量完全一致。

农村儿童、劳动人口和老年人口贫困影响的解释变量中都包括了表示家庭特征的家庭劳动人口中的男性比例和家庭劳动人口中不健康成员的比例；代表社会资本的家庭劳动人口中党员比例和乡村干部比例；以汉语方言掌握能力和家庭劳动人口教育水平来衡量的人力资本变量；居住地位于平原、丘陵或山区的自然地理条件变量；以及以贵州为参照的六个省区虚拟变量。相对不同的是，分析 1634 名儿童贫困发生的解释变量还包括了父母平均受教育年限、家中劳动人口平均年龄、家中儿童数量、儿童是否与父母同住及以汉族家庭为参照的 10 类少数民族家庭虚拟变量。对 4638 位劳动人口贫困发生的解释变量另有其自身的受教育年限、家中劳动人口的平均年龄、家庭人口规模及以汉族家庭为参照的 12 类少数民族家庭虚拟变量。对 880 位老年贫困者的解释变量除三类人口共同的解释变量外还涉及了家庭劳动人口平均受教育年限、家中劳动人口平均年龄、老人是否和子女及孙子女共同生活。由于老年贫困人口的样本量较少，因而只是针对汉族家庭划分了北方少数民族家庭和南方少数民族家庭。

表 12-5 中的数据显示，对三类不同年龄的人口，受教育程度低对贫困发生都有显著的负作用，这也与很多研究成果相一致。家庭人均耕地面积小对贫困的显著负作用得到了证实。农村居住地的自然地理条件对儿童、劳动人口和老年人口的贫困发生影响都很显著。相对于山区，居住在平原或丘陵地区的贫困发生可能性都要低，其中居住在平原的贫困发生可能性最低。家中儿童数量、家庭人口规模以及老人与子女或孙子女共同居住都对贫困发生有显著的正向作用。相对于汉族家庭，少数民族家庭的贫困发生概率更高。劳动人口中的社会资本变量都对贫困发生有显著的负作用，老年

人口中该变量不起作用，家庭劳动人口中乡村干部的比例在儿童贫困发生中也有显著的负作用。语言能力差只会提高老年人口的贫困发生概率。

表 12 - 5　民族地区基于 Probit 模型下的农村不同年龄段人群贫困的边际效应

变量	0～15 岁儿童		16～60 岁劳动人口		60 岁以上老人	
	dy/dx	Std. Err.	dy/dx	Std. Err.	dy/dx	Std. Err.
受教育年限			- 0.0036 ***	0.0011		
家庭劳动人口平均受教育年限					- 0.0103 ***	0.0034
父母平均受教育年限	- 0.0063 ***	0.0027				
家中劳动人口平均年龄	- 0.0029 **	0.0013	- 0.0018 ***	0.0006	- 0.0013	0.0009
家中儿童数量	0.0425 ***	0.0062				
家庭人口规模			0.0436 ***	0.0021		
老人是否和子女或孙子女共同居住					0.2598 ***	0.0420
家庭劳动人口中的男性比例	- 0.0001	0.0005	- 0.0004	0.0002	- 0.0013 ***	0.0004
家庭劳动人口中的党员比例	- 0.0007	0.0008	- 0.0014 ***	0.0004	- 0.0006	0.0008
家庭劳动力人口中乡级或村级干部比例	- 0.0015 ***	0.0004	- 0.0010 ***	0.0002	- 0.0007	0.0005
家庭劳动人口中不健康的比例	0.0004	0.0003	0.0007 ***	0.0002	- 0.0003	0.0004
家庭人均耕地面积	- 0.0093 ***	0.0026	- 0.0032 ***	0.0010	- 0.0250 ***	0.0055
家庭人均耕地面积的平方	0.0001 ***	0.0000	0.0000 **	0.0000	0.0003	0.0002
有本民族语言的少数民族家庭劳动人口中汉语方言能力差的比例	- 0.0002	0.0003	0.0001	0.0002	0.0009 **	0.0004
儿童与父母是否同住	0.0106	0.0265				
居住地是平原(0,1)	- 0.2054 ***	0.0282	- 0.1321 ***	0.0157	- 0.1981 ***	0.0427
居住地是丘陵(0,1)	- 0.0686 ***	0.0228	- 0.0547 ***	0.0117	- 0.1392 ***	0.0302
蒙古族家庭			0.0067	0.0256		
回族家庭	0.0648 **	0.0256	0.0580 ***	0.0156		
藏族家庭	0.1064 **	0.0424	0.0773 ***	0.0242		
维吾尔族家庭	0.3760 ***	0.0568	0.3573 ***	0.0313		

续表

变量	0~15岁儿童		16~60岁劳动人口		60岁以上老人	
	dy/dx	Std. Err.	dy/dx	Std. Err.	dy/dx	Std. Err.
苗族家庭	0.0887 ***	0.0262	0.1303 ***	0.0140		
壮族家庭	0.2286 ***	0.0349	0.2354 ***	0.0172		
侗族家庭	0.0219	0.0306	0.0256	0.0161		
土家族家庭	0.1291 ***	0.0463	0.1159 ***	0.0225		
哈萨克族家庭	0.1122 *	0.0674	0.1685 ***	0.0222		
撒拉族家庭			0.0519	0.0449		
北方其他少数民族	0.1714 ***	0.0337	0.1845 ***	0.0315		
南方其他少数民族	0.1563 ***	0.0361	0.3189 ***	0.0191		
北方少数民族					0.0222	0.0327
南方少数民族					0.1020 ***	0.0284
六个地区虚拟变量						
样本量	1634		4638		880	

注: *** 表明在1%的显著水平; ** 表明在5%的显著水平; * 表明在10%的显著水平。不同民族家庭以汉族家庭为参照。

城市0~15岁儿童、16~60岁劳动人口和60岁以上老年人口的贫困发生解释变量包括了家庭人力资本、家庭社会资本、就业者所在单位的性质、少数民族家庭（由于样本量的限制，按南北划分的少数民族身份）。在农村，家庭收入以家庭生产经营为主要来源，而城市家庭基本以就业收入为家庭主要收入来源。因此，农村贫困发生的解释变量包括了代表农业生产情况的耕地和所在地势两个变量，而在城市则以在何种性质单位工作为就业变量。城市儿童和老年人口的解释变量与农村儿童和老年人口有一些出入（比如城市老年人口的贫困发生解释变量包括当年是否就业，是否有养老金或离退休金收入，家中是否有劳动人口等虚拟变量）。

表 12-6　民族地区基于 Probit 模型下的城市不同年龄段人群贫困的边际效应

变量	0~15岁儿童		16~60岁劳动人口		60岁以上老人	
	dy/dx	Std. Err.	dy/dx	Std. Err.	dy/dx	Std. Err.
受教育年限			-0.0018 ***	0.0006	-0.0028 *	0.0017
家中劳动人口平均受教育年限	-0.0082 ***	0.0019				
家中劳动人口平均年龄	0.0134 *	0.0075	0.0011	0.0025		

续表

变量	0～15 岁儿童		16～60 岁劳动人口		60 岁以上老人	
	dy/dx	Std. Err.	dy/dx	Std. Err.	dy/dx	Std. Err.
家中劳动人口平均年龄的平方	－0.0002 *	0.0001	0	0		
家中儿童数量	0.0029	0.0077				
家庭人口规模			0.0087 ***	0.0019	0.0121 *	0.0064
孩子是否和父母同住	－0.0058	0.0126				
老人是否和子女或孙子女同住					－0.0427 ***	0.0172
当年是否就业					－0.0056	0.0186
养老金或离退休金收入					－0.0000 ***	0.0000
家庭劳动人口中的男性比例	－0.0884 ***	0.0359	－0.0347 ***	0.0124		
家庭劳动人口中的党员比例	－0.0263	0.0281	－0.0436 ***	0.0133		
家中是否有劳动人口					0.0008	0.0185
家中成员是否有党员					－0.0295 **	0.0143
家庭劳动人口中户口不在本市的比例	－0.0005	0.0140	0.0048	0.0064		
家庭劳动人口中不健康的比例	0.0050	0.0147	0.0177 ***	0.0065		
有本民族语言的少数民族家庭劳动人口中汉字书写能力差的比例	0.0362 *	0.0195	0.0229 **	0.0094	0.0296	0.0291
家庭劳动人口中在党政机关工作的比例	－0.0270	0.0375	－0.0874 ***	0.0243		
家庭劳动人口中在国有单位工作的比例	－0.0707 ***	0.0231	－0.0376 ***	0.0104		
家庭劳动人口中在私营企业或从事个体经营的比例	－0.0471 ***	0.0182	－0.0505 ***	0.0103		
北方少数民族	0.0067	0.0128	0.0070	0.0055	－0.0244	0.0221
南方少数民族	－0.0377 *	0.0199	－0.0367 ***	0.0079	－0.0640 *	0.0248
六个地区的虚拟变量						
样本量	1626		7265		749	

注：*** 表明在 1% 的显著水平；** 表明在 5% 的显著水平；* 表明在 10% 的显著水平。不同民族家庭以汉族家庭为参照。

表12-6中的数据表明,人力资本的两个变量中,同农村一样,三个年龄段的城市人口受教育水平提升会减少贫困的发生。对于城市少数民族儿童和劳动人口而言,其汉字书写能力对家庭的减贫作用尤其显著。社会资本变量包括的家庭劳动人口中党员的比例,在党政机关、国有单位或私营个体经营的比例以及老年人口家庭中有党员都明显会减少家庭贫困的发生。城市少数民族中的三类人群相对于汉族家庭在贫困方面不存在弱势,特别是南方城市少数民族相对于汉族的贫困发生可能性低。家庭人口特征中只有家庭劳动人口中不健康的比例会显著影响劳动人口贫困的发生。老年人口中,与儿女或孙子女同住、有养老金或离退休金收入会降低贫困发生的概率。

四 简要结论

民族地区通常是指五个自治区和青海、云南、贵州三个多民族省,通常称为"民族八省区",本文使用的西部民族地区经济社会状况家庭调查数据(CHES 2011)包括了民族八省区中的六个省区,即:新疆、内蒙古、宁夏、青海、广西和贵州,以及民族八省区之外土家族聚居的湖南。虽然缺少了西藏和云南,但这七个地区也足以代表西部民族地区。通过分析研究七个地区的汉族和少数民族城乡贫困分布状况和贫困发生的影响因素,得到的主要结论有以下几点。

第一、在绝对贫困标准下,民族地区农村少数民族贫困发生率高于汉族,城市少数民族贫困发生率低于汉族;城市汉族和少数民族的贫困发生率都较之农村要低;城市少数民族的贫困发生率在不同地区与汉族贫困发生率呈现出高低不等的分布,且两者差距低于农村。

农村少数民族贫困发生率FGT(0)和代表贫困深度的FGT(1)指数均高于汉族。表明贫困强度的FGT(2)除内蒙古和贵州外其余五个地区也是少数民族高于汉族,其中广西农村汉族和壮族、新疆农村汉族和维吾尔族的绝对贫困发生率差异显著。城市中,湖南、广西的城市少数民族绝对贫困发生率低于汉族,其余五个地区少数民族绝对贫困发生率略高于汉族;同西北相比,南方城市汉族和少数民族的绝对贫困发生率差异略小。

第二、相对贫困标准下,农村依然是少数民族的贫困发生率明显高于汉族,其总体状况和差异同绝对贫困标准下的七个地区基本一致。城市相对贫困标准即低收入家庭标准下,七个地区城市汉族相对贫困发生率低于城市少数民族，西北四个省区的城市少数民族相对贫困发生率都高于城市汉族，南方三省区的城市汉族相对贫困发生率都高于城市少数民族。城市汉族和少数民族的相对贫困发生率差异在南方三省区低于西北四省区。

第三、将贫困人群按年龄划分后发现，民族地区农村 16~60 岁劳动人口的贫困发生率最低，儿童贫困发生率和老年贫困发生率在不同地区和民族表现出了差异性，新疆和广西的三个不同年龄人群的贫困差异最大。在相对贫困标准下，农村三个不同年龄段的贫困发生率差异同绝对贫困标准下的情况大致相同。农村汉族和少数民族之间，除内蒙古汉族的贫困发生率在三个年龄段都明显高于少数民族外，其余地区汉族贫困发生率都基本低于少数民族，尤其是新疆和广西的农村民族贫困发生差异更为显著。

在城市绝对贫困标准下，七个地区的城市中不同民族和不同年龄间的差异都明显缩小，且汉族的贫困发生率高于少数民族贫困发生率。总体上，少数民族老年贫困发生率最低，劳动人口贫困发生率居中，儿童贫困发生率相对最高；汉族劳动人口贫困发生率最低，其次是老年贫困发生率，儿童贫困发生率也是最高。相对贫困标准下七个地区的总体趋势与绝对贫困标准下的状况表现出了一致性

第四、教育水平的提高、家庭人均耕地面积的增加以及相对于山区的平原和丘陵居住地都会减少农村 0~15 岁贫困儿童、16~60 岁劳动年龄的贫困人口和 60 岁以上的贫困老人的贫困发生概率。家中儿童数量、家庭人口规模以及老人与子女或孙子女共同居住都对贫困发生有显著的正向作用。相对于汉族家庭，少数民族家庭的贫困发生概率更高。劳动人口中的社会资本变量都对贫困发生有显著的负作用，老年人口中该变量不起作用，家庭劳动人口中乡村干部的比例在儿童人口中也有显著的负作用。

城市劳动人口的人力资本、社会资本的提高和就业会减少贫困发生的可能性，家庭人口规模和不健康的家庭成员比例的上升会增大贫困发生的概率。与农村不同的是，南方城市少数民族家庭相对于汉族家庭的贫困发生可能性更低，而北方少数民族没有表现出比汉族家庭更高的贫困发生可能性。

参考文献

Gradín，C.（2015）'Rural Poverty and Ethnicity in China' available as EQUALITAS

Working Paper No 32, http：//equalitas. es/sites/default/files/WP% 20No. % 2032_ 0. pdf.

Gustafsson, B. and Ding, S. （2009） 'Temporary and Persistent Poverty among Ethnic Minorities and the Majority in Rural China', *Review of Income and Wealth*, 55.

Hannum, E. and Wang, M. （2012） 'China. A Case Study in Rapid Poverty Reduction' in Hall, G. H. and Patrinos, H. A. （eds） *Indigenous Peoples*, *Poverty*, *and Development*, Cambridge：Cambridge University Press.

《2014 年农村居民人均纯收入 9892 元》2015 年 01 月 22 日，http：//www. chyxx. com/data/201501/305015. html。

丁赛：《第一章 西部民族地区经济社会状况家庭调查数据概述》，收录于李克强、龙远蔚、刘小珉主编《中国少数民族地区经济社会住户调查（2013）》，北京，社会科学文献出版社，2014 年 10 月版。

丁赛、李实、塞缪尔·迈尔斯：《中国城镇居民民族间收入不平等的跨期变化》，收录于李实、佐藤宏、史泰丽等著《中国收入差距变动分析——中国居民收入分配研究Ⅳ》，北京，人民出版社，2013 年 5 月版。

高梦涛、毕岚岚，2004 年，《亲贫增长的测量——基于滇黔桂农村微观数据分析》，《中国人口科学》第 6 期。

根据国家统计局人口和就业统计司、国家民族事务委员会经济发展司编，2013《中国 2010 年人口普查分民族人口资料》，民族出版社，相关数据计算得到。

黄俊毅，2015，《7017 万贫困人口将在 6 年内脱贫》，《经济日报》10 月 13 日第二版。

李实、John Knight，2002，《中国城市中的三中贫困类型》，《经济研究》第 10 期。

刘小珉，2013，《民族视角下的农村居民贫困问题比较研究——以广西、贵州、湖南为例》，《民族研究》第 4 期。

《民委发布 2010 年少数民族地区农村贫困监测结果》，http：//www. gov. cn/gzdt/2011 – 07/29/content_ 1916420. htm。

宁亚芳：《西部民族地区人口政策缓贫效果检验》，2014，《中国人口科学》第 6 期。

王有捐：《对城市居民最低生活保障政策执行情况的评价》，2006，《统计研究》第 10 期。

《外媒关注中国贫困线新标准》，2011， 《国际先驱导报》，新华网：http：//news. xinhuanet. com/herald/2011 – 12/12/c_ 131295645. htm，最后访问日期：2016 年 8 月 9 日。

谢雪琳、付晶晶，2011，《年收入 2300 元成贫困线新标准 贫困人口或增至 1 亿》，《第一财经日报》11 月 30 日。

叶响裙，2013，《我国城市贫困问题与最低生活保障制度》，《经济研究参考》第 43 期（总 2531 期）。

附录：西部民族地区经济社会
状况家庭调查数据概述

"西部民族地区经济社会状况家庭调查数据（2011 年）"（Chinese Household Ethnicity Survey 2011）是对新疆维吾尔自治区、内蒙古自治区、宁夏回族自治区、广西壮族自治区、青海省、贵州黔东南苗族侗族自治州（以下简写为贵州）和湖南省七个地区的城镇、农村家庭调查。本次调查由中央民族大学经济学院和中国社会科学院民族学与人类学研究所民族经济研究室于 2012 年 6 月共同完成。本调查得到了七个地区各级政府的大力帮助。调查样本的抽样采用国家统计局的城乡分层随机抽样方法，强调对各个地区主体民族的家庭调查，同时考虑到使用数据分析研究时所需要的民族聚居区和非民族聚居区、不同自然地理条件、经济社会发展水平的差异等。调查问卷的内容涉及城乡居民家庭收入和支出，家庭成员就业或失业状况，农村劳动力流动、教育、时间使用、社会保障、主观意愿等方面，城镇和农村的问卷力求保持统一。

一 调查样本的分布情况

表 1 分地区的农村样本分布

地区	县	所占比例（%）	行政村样本	所占比例（%）	家庭样本	所占比例（%）	个人样本	所占比例（%）
七个地区	81	100	757	100	7257	100	31671	100
西北	40	49.38	433	57.20	4020	55.39	16862	53.24
内蒙古	13	16.05	103	13.61	1050	14.47	3653	11.53
宁夏	9	11.11	97	12.81	970	13.37	4224	13.34
青海	10	12.35	133	17.57	1000	13.78	4867	15.37

续表

地区	县	所占比例(%)	行政村样本	所占比例(%)	家庭样本	所占比例(%)	个人样本	所占比例(%)
新疆	8	9.88	100	13.21	1000	13.78	4118	13.00
西(中)南	41	50.62	324	42.80	3237	44.61	14809	46.76
湖南	14	17.28	101	13.34	1007	13.88	4516	14.26
广西	11	13.58	103	13.61	1030	14.19	4806	15.17
贵州	16	19.75	120	15.85	1200	16.54	5487	17.32

注：调查单位是家庭，个人样本是调查家庭成员。

表 2　分地区的城镇样本分布

	市	所占比例(%)	家庭样本	所占比例(%)	个人样本	所占比例(%)
七个地区	53	100.00	3259	100.00	10062	100.00
西北	28	52.83	1950	59.83	5892	58.56
内蒙古	9	16.98	450	13.81	1320	13.12
宁夏	7	13.21	500	15.34	1562	15.52
青海	8	15.09	500	15.34	1494	14.85
新疆	4	7.55	500	15.34	1516	15.07
西(中)南	25	47.17	1309	40.17	4170	41.44
湖南	14	26.42	499	15.31	1686	16.76
广西	7	13.21	500	15.34	1561	15.51
贵州	4	7.55	310	9.51	923	9.17

注：调查单位是家庭，个人样本是调查家庭成员。

　　表 1 和表 2 给出了"西部民族地区经济社会状况家庭调查数据"（2011 年）（Chinese Household Ethnicity Survey 2011）的样本地区分布情况。具体而言，共涵盖了西北四个省区、西南两个省区和中南的一个省，共七个地区的 81 个县、53 个市；个人总样本是 41733 人，其中城镇个人样本 100062 人，农村个人样本 31671 人；家庭总样本是 10516 户，其中城镇家庭样本量是 7257 户，农村家庭样本量是 3259 户；行政村总样本量是 757 个。总体上，西北地区四个省区的样本量大于西南（中南）三个省区的样本量。

二 调查样本的民族分布情况

"西部民族地区经济社会状况家庭调查（2011年）"侧重于少数民族地区和少数民族族群的研究，因而少数民族样本总量要达到学术分析研究的需要量。根据2010年全国人口普查的数据，我国少数民族人口占全国总人口的8.49%。在我们调查的七个地区中，内蒙古自治区少数民族人口占自治区总人口的20.46%；青海省的少数民族人口占全省总人口的46.98%；宁夏回族自治区的少数民族人口为35.15%；新疆维吾尔自治区的少数民族人口比例占59.52%；湖南省少数民族人口占9.97%；广西壮族自治区少数民族人口占37.17%；贵州省少数民族人口占35.7%，其中黔东南苗族侗族自治州少数民族人口占78.27%[①]。本次调查中城镇和农村个人样本在100以上的少数民族及在全国少数民族人口排名的情况为：位居第一的壮族、位居第二的回族、位居第四的维吾尔族、位居第五的苗族、位居第七的土家族、位居第八的藏族、位居第九的蒙古族、位居第十的侗族、位居第十一的布依族、位居第十二的瑶族、位居第十六的黎族、位居第十七的哈萨克族、位居第二十八的土族、位居第二十九的仫佬族、位居第三十四的撒拉族。

表3 调查地区汉族和少数民族的样本分布

农村	汉族(人)	百分比(%)	少数民族(人)	百分比(%)	合计(%)	样本量(人)
七个省区	11494	37.08	19528	62.92	100	31022
西北	7852	47.32	8741	52.68	100	16593
内蒙古	2740	75.71	879	24.29	100	3619
宁夏	2170	52.30	1979	47.70	100	4149
青海	1762	37.24	2970	62.76	100	4732
新疆	1180	28.83	2913	70.45	100	4093
西(中)南	3642	25.24	10787	74.76	100	14429
广西	1614	34.22	3103	65.78	100	4717
湖南	1072	24.60	3286	75.40	100	4358
贵州	956	17.86	4398	82.14	100	5354

---

① 摘自2010年人口普查资料。

续表

城镇	汉族(人)	百分比(%)	少数民族(人)	百分比(%)	合计(%)	样本量(人)
七个省区	5478	55.22	4443	44.78	100	9921
西北	3353	57.72	2456	42.28	100	5809
内蒙古	781	60.83	503	39.17	100	1284
宁夏	821	53.07	726	46.93	100	1547
青海	1099	73.86	389	26.14	100	1488
新疆	652	43.76	838	56.24	100	1490
西(中)南	2125	51.68	1987	48.32	100	4112
广西	1069	69.06	479	30.94	100	1548
湖南	713	43.29	934	56.71	100	1647
贵州	343	37.40	574	62.60	100	917

表4 少数民族在不同省区的具体分布

单位：人

	青海	湖南	宁夏	新疆	广西	内蒙古	贵州	合计
农村								
汉族	1762	1072	2170	1180	1614	2740	956	11494
蒙古族	5	1	3	5	2	838	6	860
回族	884	10	1919	112			1	2926
藏族	1480	1		2				1483
维吾尔族		61		2264	1		1	2327
苗族		1500			399	1	2634	4534
彝族				1			1	2
壮族		8			1730		3	1741
布依族		1					123	124
朝鲜族				2	1	2		5
满族				1		18	2	21
侗族		712	5	12	257	11	1439	2436
瑶族		245			434	4	39	722
土家族		736		1			35	772
哈尼族							2	2
哈萨克族				486			14	500
傣族					1			1
黎族		3			89		2	94
傈僳族			1		1		41	43

续表

	青海	湖南	宁夏	新疆	广西	内蒙古	贵州	合计
佤族					1			1
畲族							53	53
高山族		1						1
拉祜族		6						6
东乡族			50	19			1	70
景颇族					1			1
土族	155	1						156
达斡尔族					1			1
仫佬族					185			185
撒拉族	444			4				448
仡佬族							1	1
普米族			1					1
塔吉克族	2							2
乌孜别克族				1				1
俄罗斯族				3				3
鄂伦春族						5		5
合计	4732	4358	4149	4093	4717	3619	5354	31022
城镇								
汉族	1099	713	821	652	1069	781	343	5478
蒙古族	32	11	22	28	10	460	8	571
回族	159		686	80	1	21	7	954
藏族	125				1		1	127
维吾尔族		1		499				500
苗族		466			15		310	791
彝族							3	3
壮族		5			312		2	319
布依族	2				3		23	28
朝鲜族			2					2
满族	6		14	3	2	12	2	39
侗族	28	125	2	28	28	1	167	379
瑶族		48			97	5		150
白族	5	4						9
土家族	2	256					10	268
哈尼族		5						5
哈萨克族		5		186			13	204
傣族					1			1

续表

	青海	湖南	宁夏	新疆	广西	内蒙古	贵州	合 计
黎族					5			5
傈僳族							1	1
畲族							6	6
高山族							7	7
东乡族		6					3	9
景颇族				5			1	6
土族	24	2					3	29
达斡尔族						4		4
仫佬族							5	5
撒拉族	4							4
亿佬族							2	2
锡伯族				7				7
乌孜别克族				1				1
裕固族	2							2
京族					4			4
鄂伦春族				1				1
合 计	1488	1647	1547	1490	1548	1284	917	9921

注: 有649个调查样本没有少数民族的信息。

　　"西部民族地区经济社会状况家庭调查（2011 年）"数据的样本中，农村少数民族样本比例是 11.35%，城镇少数民族比例低于农村少数民族比例。表 3 和表 4 说明农村少数民族的样本量占比为 62.95%，大于汉族样本量。西北农村汉族和少数民族样本较为均衡，但西（中）南三个地区的少数民族样本比例是 74.76%，明显高于该地区的汉族。农村调查样本在 100 以上的有 14 个少数民族，分别是蒙古族、回族、藏族、维吾尔族、苗族、壮族、布依族、瑶族、土家族、哈萨克族、土族、仫佬族和撒拉族。

　　根据 2010 年人口普查数据，城镇少数民族人口比例是 4.39%，低于农村少数民族人口比例。在"西部民族地区经济社会状况家庭调查（2011 年）"数据中，城镇少数民族的样本比例达到了 44.78%，比汉族城镇人口比例低了 10 个百分点，这和农村样本的民族构成比例不同。样本量在 100 以上的城镇少数民族有 10 个，具体有壮族、回族、蒙古族、维吾尔族、藏族、侗族、瑶族、土家族和哈萨克族。

三 调查样本的年龄、性别、家庭规模分布情况

"西部民族地区经济社会状况家庭调查（2011 年）"数据中城乡调查样本的家庭规模、性别和年龄分布情况为：

表 5　农村调查样本中的家庭规模和性别分布

地区	全体				汉族				少数民族			
	男性	女性	性别比	家庭规模	男性	女性	性别比	家庭规模	男性	女性	性别比	家庭规模
七个地区	16524	15124	109.26	4.4	5988	5506	108.75	4.0	10218	9305	109.81	4.6
西北	8566	8285	103.39	4.2	4015	3837	104.64	3.8	4425	4312	102.62	4.6
内蒙古	1825	1827	99.89	3.5	1397	1343	104.02	3.4	413	466	88.63	3.9
宁夏	2150	2068	103.97	4.4	1122	1048	107.06	4.1	991	988	100.30	4.7
青海	2502	2362	105.93	4.9	917	845	108.52	4.5	1522	1445	105.33	5.2
新疆	2089	2028	103.01	4.1	579	601	96.34	3.5	1499	1413	106.09	4.4
西（中）南	7958	6839	116.36	4.6	1973	1669	118.21	4.6	5793	4993	116.02	4.6
广西	2555	2247	113.71	4.7	882	732	120.49	4.8	1630	1472	110.73	4.6
湖南	2391	2122	112.68	4.5	577	495	116.57	4.5	1734	1552	111.73	4.5
贵州	3012	2470	121.94	4.6	514	442	116.29	4.3	2429	1969	123.36	4.6

注：在性别比中，女性为 100。有 23 个样本缺失性别信息，有 649 个样本缺失民族身份信息。

根据表 5，农村少数民族家庭人口规模大于汉族家庭人口规模，而且不同地区表现出明显的差异性。内蒙古、宁夏、青海和新疆的少数民族家庭人口规模大于当地的汉族家庭人口规模。西（中）南三个地区的少数民族家庭人口规模和汉族的家庭人口规模基本一样。广西农村少数民族家庭人口规模还小于当地汉族家庭；贵州南少数民族家庭人口规模略大于当地汉族家庭。

表 6　城镇调查样本中的家庭规模和性别分布情况

地区	全体				汉族				少数民族			
	男性	女性	性别比	家庭规模	男性	女性	性别比	家庭规模	男性	女性	性别比	家庭规模
七个地区	4990	5063	98.56	3.1	2752	2724	101.03	3.0	2173	2270	95.73	3.2
西北	2891	2994	96.56	3.0	1675	1677	99.88	2.9	1180	1276	92.48	3.2
内蒙古	678	635	106.77	2.9	407	373	109.12	2.9	256	247	103.64	3.0
宁夏	767	795	96.48	3.1	411	410	100.24	3.0	350	376	93.09	3.2

续表

地区	全体				汉族				少数民族			
	男性	女性	性别比	家庭规模	男性	女性	性别比	家庭规模	男性	女性	性别比	家庭规模
青海	730	764	95.55	3.0	544	555	98.02	2.9	182	207	87.92	3.3
新疆	716	800	89.50	3.0	313	339	92.33	2.7	392	446	87.89	3.4
西(中)南	2099	2069	101.45	3.2	1077	1047	102.87	3.2	993	994	99.90	3.2
广西	797	763	104.46	3.1	544	525	103.62	3.2	247	232	106.47	3.0
湖南	851	834	102.04	3.4	368	344	106.98	3.3	463	471	98.30	3.4
贵州	451	472	95.55	3.0	165	178	92.70	2.8	283	291	97.25	3.0

注：性别比中，女性为100，有9个样本缺失性别信息。

表6中的数据说明，西北城镇样本中女性样本量大于男性；但在西（中）南恰好相反，当地的男性样本大于女性样本。西北城镇样本中少数民族家庭人口规模大于汉族家庭，但在西（中）南地区，少数民族和汉族的家庭人口规模基本一致。

在年龄分布上，农村调查样本的平均年龄小于城镇调查样本；少数民族调查样本的平均年龄低于汉族。这一情况同2010年人口普查数据一致。西北调查样本中的汉族和少数民族的年龄差大于西（中）南地区的汉族和少数民族的年龄差。

表7　城乡调查样本中的年龄分布情况

	农村(%)	样本量(人)	城镇(%)	样本量(人)
七个地区	33.92	31639	36.28	10012
汉族	35.88	11490	38.44	5454
少数民族	32.79	19522	33.72	4427
西北	33.09	16846	34.45	5865
汉族	36.12	7852	36.45	3341
少数民族	30.38	8736	31.88	2450
内蒙古	37.22	3652	36.26	1311
汉族	38.37	2740	37.47	781
少数民族	33.70	879	34.69	503
宁夏	31.43	4213	31.26	1557
汉族	34.16	2170	32.93	820
少数民族	28.39	1978	29.54	722

续表

	农村	样本量	城镇	样本量
青海	33.00	4863	1481	37.88
汉族	35.14	1762	39.43	1088
少数民族	31.74	2966	33.54	387
新疆	31.23	4118	32.80	1516
汉族	35.94	1180	34.68	652
少数民族	29.35	2913	31.44	838
西(中)南	34.86	14793	38.86	4147
汉族	35.37	3638	41.60	2113
少数民族	34.74	10786	35.99	1977
广西	34.35	4802	40.14	1560
汉族	33.58	1613	41.37	1069
少数民族	34.85	3103	37.63	479
湖南	36.02	4510	38.29	1686
汉族	37.92	1069	41.77	713
少数民族	35.56	3285	35.59	934
贵州	34.34	5481	37.74	901
汉族	35.55	956	41.97	331
少数民族	34.05	4398	35.28	564

四 调查样本的语言能力和教育水平

我国 55 个少数民族大部分拥有自己的语言和文字，"西部民族地区经济社会状况家庭调查（2011 年）"中，专门针对少数民族语言和作为国家通用语言的普通话能力进行了调查。

表 8 少数民族语言掌握情况

单位：%

城镇 民族	语言水平	本民族语言沟通水平				本民族语言的听说读写能力			
		好	一般	差	样本量	好	一般	差	样本量
西北	蒙古族	48.7	7.1	44.3	452	34.6	11.7	53.7	454
	藏族	29.0	7.3	63.7	124	13.0	8.1	78.9	123
	维吾尔族	91.2	3.0	5.8	498	68.1	15.3	16.7	498
	哈萨克族	56.5	28.5	15.1	186	51.1	21.5	27.4	186
	撒拉族	25.0	25.0	50.0	4	—	—	—	0

续表

城镇	民族	本民族语言沟通水平				本民族语言的听说读写能力			
城镇	语言水平 民族	好	一般	差	样本量	好	一般	差	样本量
西(中)南	苗 族	18.8	18.9	62.3	729	7.9	9.5	82.7	611
	侗 族	21.5	11.8	66.7	279	4.6	4.6	90.9	219
	瑶 族	38.9	11.5	49.6	131	9.6	21.7	68.7	115
	土 家 族	6.3	5.8	87.9	240	3.6	6.7	89.7	193
	壮 族	28.5	10.9	60.6	302	3.6	7.5	88.9	252
农村									
西北	蒙 古 族	65.3	13.9	20.8	819	23.3	34.3	42.4	816
	藏 族	65.4	7.4	27.3	1464	15.9	17.5	66.6	1453
	维吾尔族	78.2	13.1	8.8	2243	45.5	28.7	25.8	2228
	哈萨克族	76.8	12.2	11.0	336	52.1	23.4	24.6	334
	撒 拉 族	76.4	9.8	13.8	441	14.3	85.7	0.0	7
西(中)南	苗 族	55.5	18.8	25.7	4209	2.3	5.0	92.7	2508
	侗 族	48.3	13.7	37.9	2198	2.5	3.9	93.6	1573
	瑶 族	36.0	22.4	41.6	558	1.5	8.3	90.2	204
	土 家 族	19.7	9.5	70.8	645	3.9	3.9	92.1	127
	壮 族	74.4	15.8	9.8	1728	0.5	0.8	98.7	1234

注：回族没有自己的语言和文字。

表8数据表明，除维吾尔族外，农村少数民族对本民族语言的掌握水平好于城镇少数民族；西北地区的城乡少数民族对本民族语言的掌握好于西南地区的城乡少数民族。维吾尔族中掌握本民族语言的比例在十个少数民族中是最高的。在听说读写少数民族语言方面的能力，总体趋势同掌握水平一直。依然是西部地区的城乡少数民族好于西南地区；维吾尔族中听说读写水平高的比例最高。

表9 少数民族掌握汉语方言的水平

城镇	民族	汉语方言沟通水平				汉语听说读写能力			
城镇	民族	好	一般	差	样本量	好	一般	差	样本量
西北	蒙 古 族	68.8	17.5	13.6	462	61.1	24.7	14.2	535
	藏 族	62.8	17.4	19.8	121	42.7	25.0	32.3	124
	维吾尔族	29.3	21.1	49.6	498	18.3	19.9	61.9	498
	哈萨克族	40.3	40.3	19.4	186	31.7	35.5	32.8	186
	撒 拉 族	100.0	0.0	0.0	4	100.0	0.0	0.0	4

续表

城镇	民族	汉语方言沟通水平				汉语听说读写能力			
		好	一般	差	样本量	好	一般	差	样本量
西(中)南	苗族	64.2	22.1	13.7	751	51.0	33.5	15.6	759
	侗族	72.4	16.6	11.0	283	47.0	35.1	17.9	313
	瑶族	55.6	28.6	15.8	133	55.9	30.3	13.8	145
	土家族	59.0	17.2	23.8	261	55.1	29.3	15.6	263
	壮族	49.0	23.7	27.3	300	50.6	34.9	14.5	318
农村									
西北	蒙古族	34.1	37.4	28.6	819	15.3	33.7	51.1	793
	藏族	19.4	17.1	63.5	1464	11.8	14.9	73.2	1031
	维吾尔族	2.2	2.9	94.9	2183	1.6	2.6	95.9	1159
	哈萨克族	17.7	32.6	49.7	334	6.6	14.4	79.0	333
	撒拉族	23.8	40.8	35.4	446	6.1	17.5	76.4	445
西(中)南	苗族	41.2	39.8	19.1	4411	11.8	43.7	44.6	4418
	侗族	42.0	38.3	19.7	2355	14.6	42.9	42.5	2369
	瑶族	35.9	48.0	16.2	675	20.2	41.7	38.1	693
	土家族	73.9	17.3	8.8	716	22.8	34.8	42.4	762
	壮族	35.4	44.1	20.6	1716	18.4	39.5	42.1	1727

注：回族没有自己的语言和文字。

表9中少数民族对于汉语方言的掌握水平表明，城镇少数民族的汉语方言掌握水平和听说读写能力基本都好于农村少数民族，尤其在西北地区更为突出。无论城乡的维吾尔族都是掌握汉语方言水平最低和听说读写能力最差的；在西南地区的城镇壮族是五个民族中是掌握汉语方言水平最差的。

表10 城乡受访者平均受教育年限

单位：年

地区	民族	城镇	样本量	农村	样本量	差距
西北	汉族	10.1	2581	7.3	6206	2.8
	蒙古族	10.2	379	7.6	642	2.6
	回族	9.3	676	5.9	1795	3.4
	藏族	9.2	103	6.3	732	2.9
	维吾尔族	9.7	435	6.9	1618	2.8
	哈萨克族	11.7	156	7.7	188	4
	撒拉族	12.3	4	5.2	224	7.1

续表

地区	民　族	城镇	样本量	农村	样本量	差距
西(中)南	汉　族	10.0	1620	7.1	2511	2.9
	苗　族	10.1	588	6.9	3596	3.2
	侗　族	10.1	266	7.2	1993	2.9
	瑶　族	9.5	109	7.0	458	2.5
	土 家 族	9.9	184	7.0	539	2.9
	壮　族	10.2	218	7.5	1510	2.7

　　表10中城镇样本的受教育年限明显高于农村。西北地区城乡教育年限的差距大于西（中）南地区，特别是信仰伊斯兰教的回族、哈萨克族、撒拉族、维吾尔族的城乡教育年限差距较之其他民族更大。

图书在版编目（CIP）数据

中国少数民族的差异性研究/丁赛等著. -- 北京：
社会科学文献出版社，2016.12
ISBN 978 - 7 - 5097 - 9737 - 2

Ⅰ.①中… Ⅱ.①丁… Ⅲ.①少数民族 - 差异性 - 研
究 - 中国 Ⅳ.①D633.3

中国版本图书馆 CIP 数据核字（2016）第 223161 号

中国少数民族的差异性研究

著　　者／丁　赛　李克强　别雍·古斯塔夫森　佐藤宏　瑞萨·汉斯姆斯 等

出 版 人／谢寿光
项目统筹／邓泳红
责任编辑／陈晴钰　王　展

出　　版／社会科学文献出版社·皮书出版分社　（010）59367127
　　　　　地址：北京市北二环中路甲29号院华龙大厦　邮编：100029
　　　　　网址：www. ssap. com. cn
发　　行／市场营销中心　（010）59367081　59367018
印　　装／北京季蜂印刷有限公司

规　　格／开　本：787mm×1092mm　1/16
　　　　　印　张：17　字　数：283千字
版　　次／2016 年 12 月第 1 版　2016 年 12 月第 1 次印刷
书　　号／ISBN 978 - 7 - 5097 - 9737 - 2
定　　价／79.00 元